「アウトバーンの歴史」正誤表

読者の皆様には大変ご迷惑をおかけします。
ここにお詫びして訂正させていただきます。

10 頁上から 9 行目	誤	コンクリート舗装面の除去に関する指示書
	正	コンクリート舗装面の検査に関する指示書

104 頁下から 1 行目	誤	これは原側を遵守……
	正	これは次の原則を遵守……

116 頁下から 9 行目	誤	1973 年は、
	正	1973 年には、

136 頁下から 6 行目	誤	ドイツ自然環境保護連盟 (BUND)
	正	ドイツ自然環境保護連合 (BUND)

137 頁下から 7 行目	誤	自然・環境保護連合 (BUND)
	正	ドイツ自然環境保護連合 (BUND)

177 頁上から 17 行目	誤	もっともドルか原油と引き合えに
	正	もっともドルか原油と引き換えに

194 頁下から 8 行目	誤	……が恒久法律として
	正	……が恒久法として

227 頁上から 13 行目、18 行目	誤	Im Sraßen
	正	im Sraßen
	誤	Im Straßenbau
	正	im Straßenbau

299 頁注 58 内上から 3 行目	誤	『Ü29』
	正	『U29』

339 頁上から 6 行目、8 行目、17 行目	誤	西ドイツ資金により、
	正	①西ドイツ資金により、
	誤	旧東ドイツ地域での……
	正	②旧東ドイツ地域での……
	誤	道路建設に要する行政手続き、
	正	③道路建設に要する行政手続き、

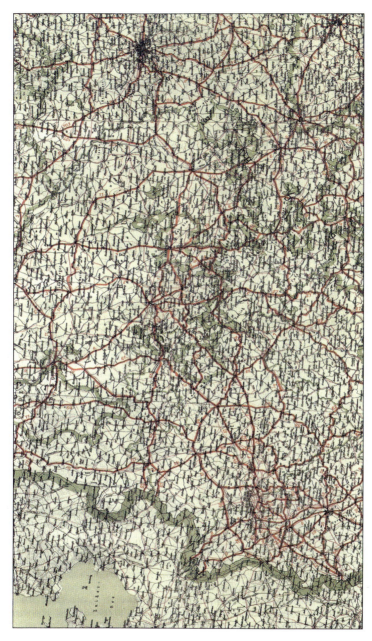

図1-3 1930年帝国長距離道路路線図（抜粋）
(本文8頁参照)

(1)

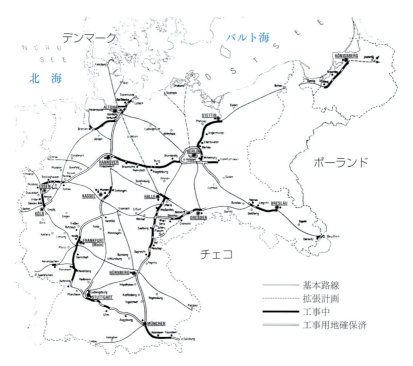

図1-4　1934年12月31日時点の帝国アウトバーン網
（本文12頁参照）

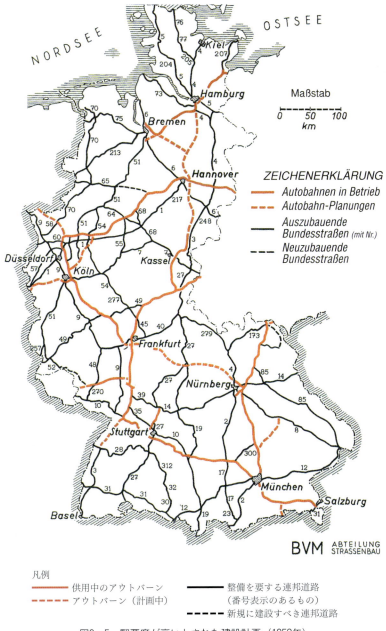

図3−5 緊要度が高いとされた建設計画（1952年）
（本文40頁参照）

(3)

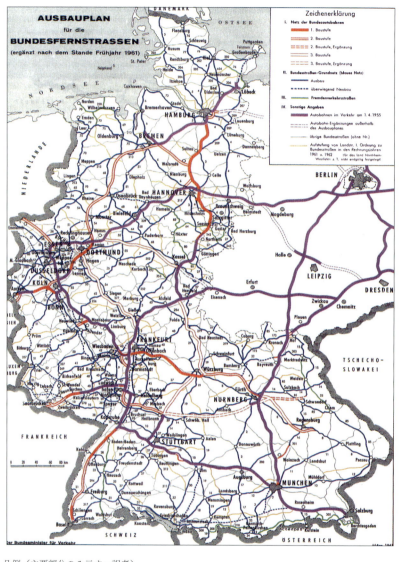

図4−1 連邦長距離道路整備計画（1961年時点の状況に加筆されたもの）
（本文58頁参照）

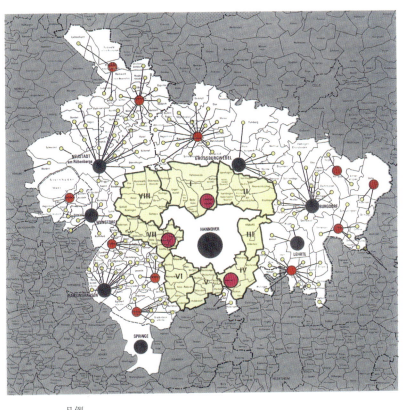

図4-4 核となる地区による地域の区分け（ハノーバーの事例）
（本文74頁参照）

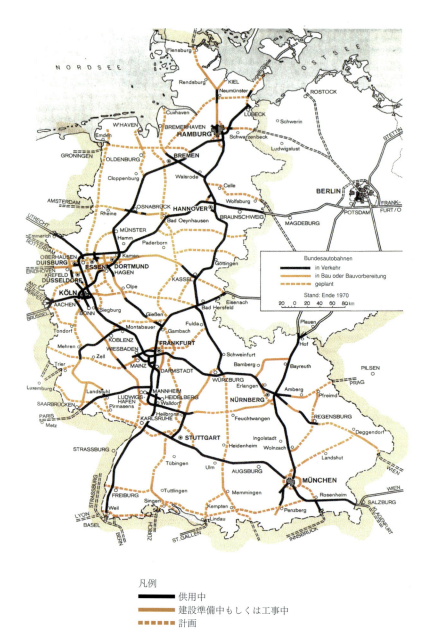

図5-1　1970年時点での連邦アウトバーン網
(本文83頁参照)

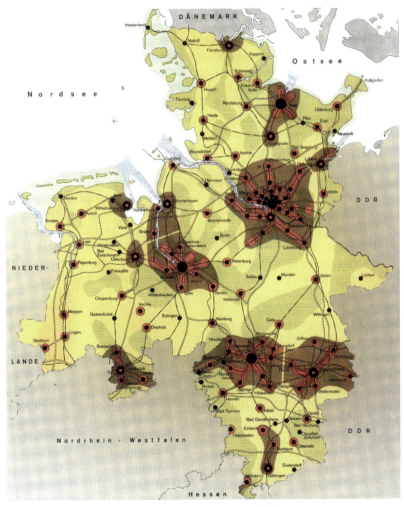

図5-4　北部4州の国土計画構想
(本文106頁参照)

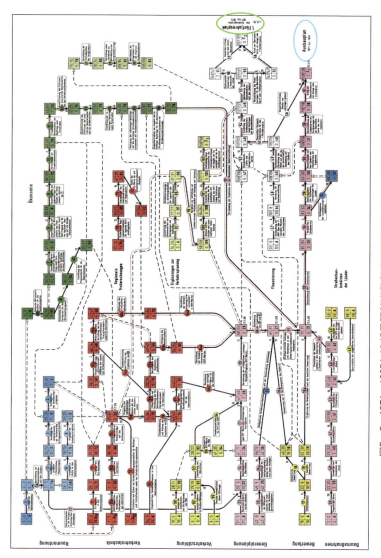

図5-5　1971-1985年連邦長距離道路整備計画策定に向けた活動内容一覧
（本文107頁参照）

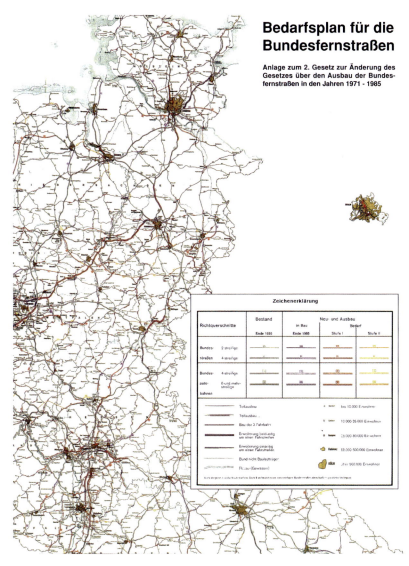

図6-4 連邦長距離道路需要計画 (1971-1985年)
(本文122頁参照)

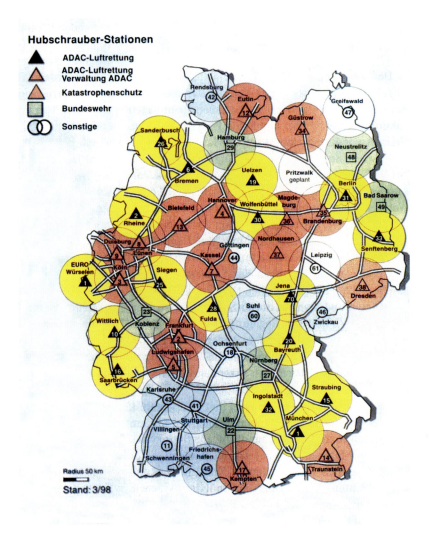

図6-5 ヘリコプター基地の位置図
（本文125頁参照）

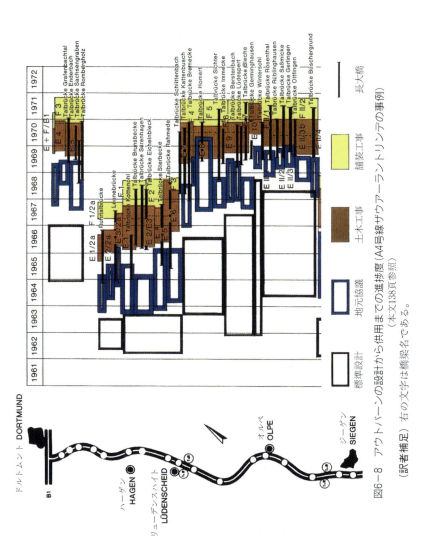

図6-8 アウトバーンの設計から供用までの進捗度（A4号線ザウアーラントリンデの事例）
（本文138頁参照）
（訳者補足）右の文字は橋梁名である。

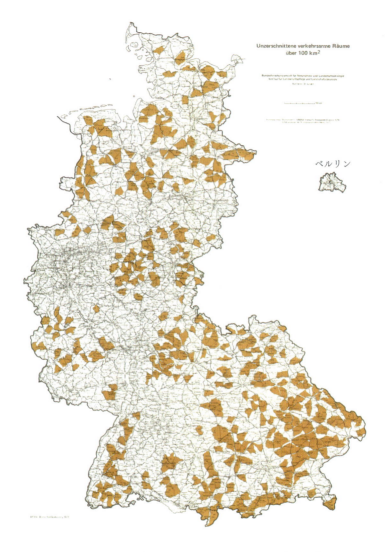

図7-2 交通量が少なく地域が分断されていない箇所（面積が100km^{2}以上）の分布
（本文148頁参照）

図7-5 A57号線ケンデラウ付近のビオトープの計画図（1985年）
(本文164頁参照)

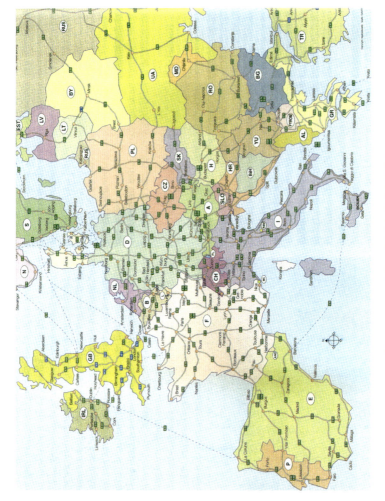

図9-1 ドイツは欧州諸国の中央に位置する。
(本文192頁参照)

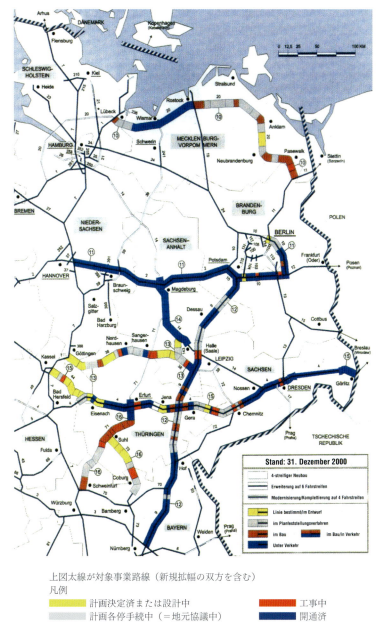

上図太線が対象事業路線（新規拡幅の双方を含む）
凡例
　　　　　計画決定済または設計中　　　　　工事中
　　　　　計画各停手続中（＝地元協議中）　開通済

図9-3　ドイツ統一交通プロジェクト対象路線（2000年12月31日現在）
(本文200頁参照)

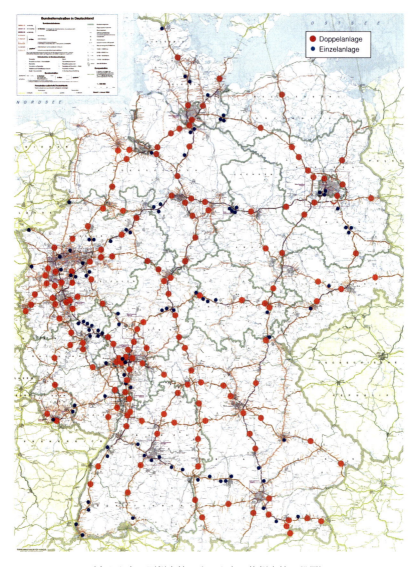

(大きな丸：両側車線、小さな丸：片側車線に設置)

図9-6 連邦アウトバーンの給油所と休憩所

(本文212頁参照)

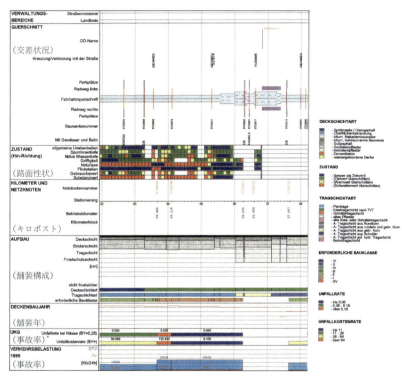

＊事故率：上段（舗装面が湿潤のとき）、下段（乾燥時）

図9−8　ある道路の状況の実例（Ｂ173号線、クロナッハ付近）
（本文216頁参照）

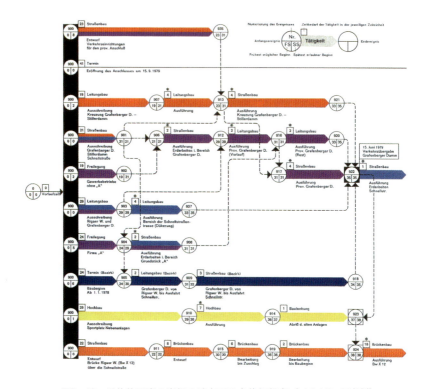

図9-10 具体的工事の当初の時点での全体行程表（ベルリンの事例）
（本文228頁参照）

(18)

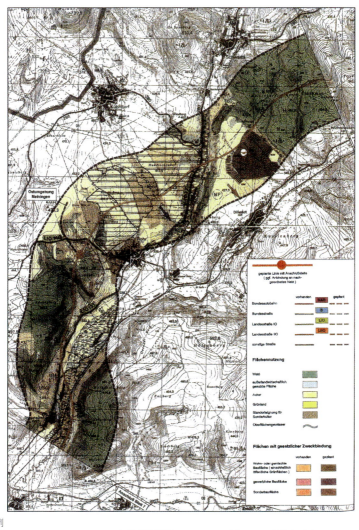

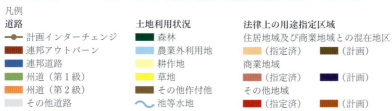

図9−11　A71号線付近の環境適合性評価関連資料
(本文231頁参照)

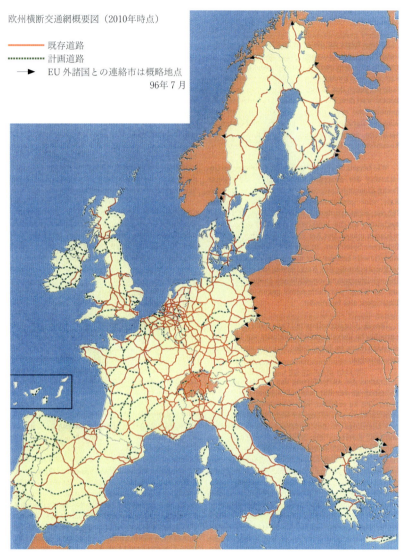

図10−2 欧州横断道路網（TERN）1996
（本文238頁参照）

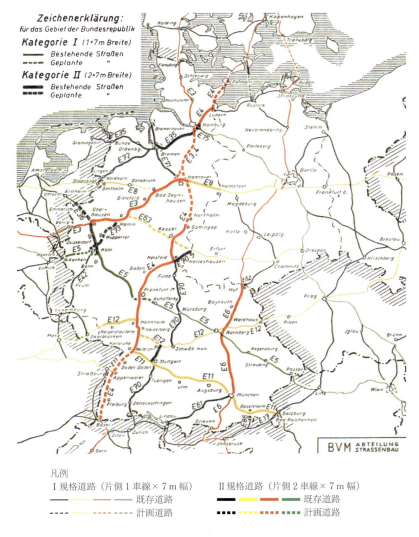

図10-4　1952年時点でのドイツ国内（西ドイツ）の欧州道路
（本文246頁参照）

(21)

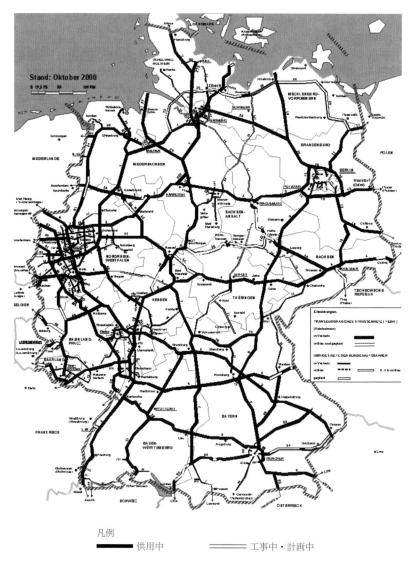

図10−5　ドイツ国内の欧州横断道路網（2000年10月時点）
（本文249頁参照）

図10-6　欧州横断道路網の拡大（TERN と TINA）
（本文253頁参照）

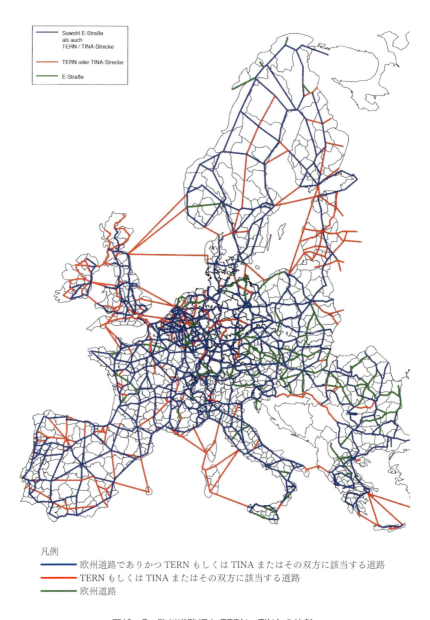

凡例
―― 欧州道路でありかつ TERN もしくは TINA またはその双方に該当する道路
―― TERN もしくは TINA またはその双方に該当する道路
―― 欧州道路

図10−7　欧州道路網と TERN、TINA の比較
(本文257頁参照)

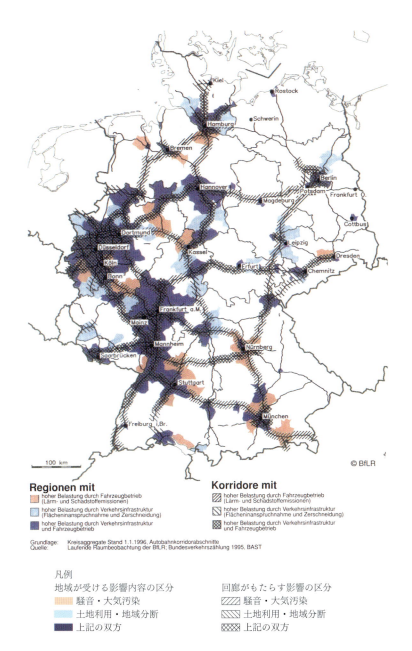

図11-14 ドイツ国内で交通による大きな影響を受ける地域
（本文295頁参照）

写真11−15　ネットワーク間交通誘導表示施設
(本文299頁参照)

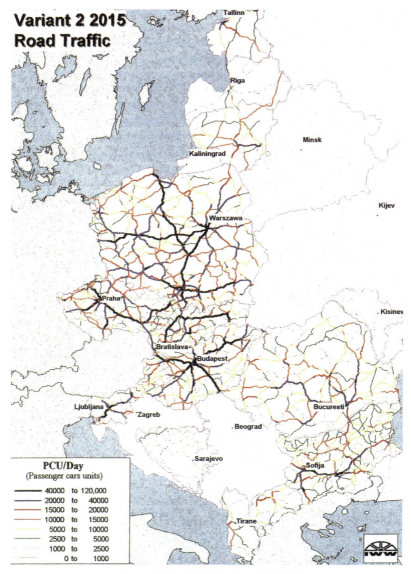

図12-4 TINA 道路網のための交通量予測
（本文312頁参照）

図12-8　データハイウェイ——道路に代わるものなのか？
（本文320頁参照）

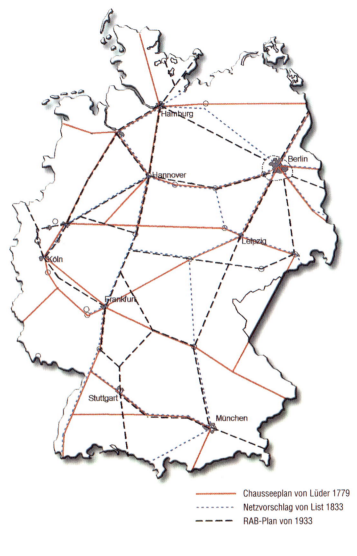

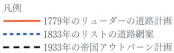

図12-9 リューダーの計画と他の計画の比較
(本文322頁参照)

(29)

訳者追記資料：長距離道路会社（IGA）と連邦長距離道路庁組織の全国配置図
（IGA＝アウトバーン及び他の連邦長距離道路のためのインフラ会社）
（本文348頁参照）

アウトバーンの歴史
―その前史から21世紀まで―

ドイツ連邦共和国交通省【編】

流通経済大学理事／早稲田大学名誉教授
杉山 雅洋【監 修】

公益財団法人　高速道路調査会前審議役兼総務部長
中田　勉【訳・著】

流通経済大学出版会

＊表紙掲載の「交通省」の名称は、最近に至るまで幾度か変更されています。原著発刊当時の名称は、「連邦交通建設住宅省（Bundesministerium für Verkehr, Bau- und Wohnungswesen）」でした。現在の正式名称は、連邦交通デジタルインフラ省（Bundesministerium für Verkehr und digitale Infrastruktur）となっています。本書では記載を簡略にするためすべて「連邦交通省」としました。

訳者はしがき

　本書は、ドイツ連邦交通省が作成した "Fünfzig Jahre Straßenwesen in der Bundesrepublik Deutschland (1949-1999 Ein Rückblick)"（連邦共和国の道路行政50年　その回顧1949－1999）の邦訳です。ドイツ連邦共和国（西ドイツ）が成立した1949年から50年間にわたる戦後のドイツの道路行政について、国土計画、環境政策、交通事故対策等の周辺領域も含めかなり広範囲にわたって叙述していますが、原著はしがきにもあるとおり連邦長距離道路とりわけアウトバーンの歴史に重点をおいた論述がなされています。このため、その内容の相当部分はアウトバーンの通史と捉えられることができる内容になっています。原著の発刊（2000年）からは、若干時間を経過しています。しかし、わが国にはドイツの道路史を取りまとめたこのような書物はなく、また、わが国初の高速道路である名神高速道路の開通からもすでに半世紀を経過する中で、わが国がその手本としたドイツのアウトバーンの現在に至るまでの歴史を振り返ることには少なからず意義のあるものであると考え、原著を「アウトバーンの歴史」として紹介することといたしました。

　その一方で原著の論述は広範囲に渡るため、読者の多くが関心をお持ちであろうと思われるドイツの道路整備の進展の全体像の把握がしにくくなっています。また、論述の対象も20世紀末までに限られています。そこで、原著が取り扱う20世紀末までのアウトバーン整備の進展についての記述を要約（一部加筆）するとともに、それ以降、21世紀の今日に至るまでのドイツ道路行政の進展について新たに稿を起した「補説」（「ドイツの道路整備の歴史的背景と展開」）を付して読者の便を図ることといたしました。アウトバーンを中心としたドイツ道路史の概略を知りたいという読者の方には、まず、この補説をご覧いただきたいと考えております。なお、本書の副題を「その前史から21世紀まで」といたしましたのは、この補説の追加

iii

を踏まえてのことです。

　本書が道路関係に従事する方のみならず、一般の関心を有する方々の参考となれば幸いです。

　原著を紹介していただいたドイツ VIFG 社の Brüggemeier, Willmer の両氏と訳者からの照会に丁寧に回答をしていただいたドイツ連邦交通省の Schmitz 氏に厚く御礼を申し上げます。

Danksagung

Herzlich bedanken möchte ich mich bei Herrn Brüggemeier und Frau Willmer von der VIFG, die mir die Broschüre vorgestellt haben, und Herrn Schmitz vom Bundesministerium für Verkehr, der mir auf meine Fragen ausführliche Antworten gegeben hat.

　平成31年1月

中　田　　勉

監修にあたって

　わが国からみて道路先進国のドイツでは、国民車を意味するフォルクスヴァーゲン（フォルクスワーゲン、VW）と並んでアウトバーンはヒトラーの２大遺産とも呼ばれていました。はからずも、２大遺産はいずれも交通サービスの不可欠な構成要素となっているものです。アウトバーンは速度無制限、全線無料が謳い文句でしたが、近年では速度制限区間も少なくなく、当面貨物車を対象として導入された有料制もアウトバーンだけでなく、これに接続する連邦道路の一部にも及んでいます。これら移行への賛否の問題は別にして、アウトバーンにも時代の波が押し寄せていることから、その変遷の背景と論理を振り返っておくことは、わが国の高速道路政策を検討する上でも意義深いものがあると考えます。

　欧米主要先進国に遅れて自動車交通時代に入ったわが国ではドイツの道路政策、高速道路政策に学ぶことが少なくありませんでした。わが国最初の高速道路である名神高速道路の建設にあたって日本政府の要請で招聘されたワトキンス調査団の『名古屋・神戸高速道路調査報告書』（通称ワトキンス・レポート）が出されたのが1956年８月であり、直後その着工に際して（当時の）日本道路公団が頼りとして呼び寄せた専門家二人のうちの一人がドイツのドルシュ氏でした。ドルシュ氏は連邦交通省の道路局長経験者でもあった道路計画の第一人者で、アウトバーンの父と称されたトット博士の薫陶を受けた方で、その熱心な指導を仰いだのが同公団の若手技術者でした。彼らは「ドルシュ・シューレ（学校）」の生徒として学んだと誇りをもって語っており、その後のわが国高速道路の建設にドルシュ氏の教えが大いに役立ったと明言しております。このことからも、わが国高速道路の揺籃期から技術面でのドイツの影響には極めて大きいものがあったことが判ります。

　その一方で、社会科学専攻者がほとんどであった当時の日本交通学会で

は、外国の政策事例を求める場合には英米を範とする研究者の方が大半で、ドイツの交通政策、道路政策に関心を寄せていたのは限られた方々でした。この点では技術面での研究状況とは幾分異なりますが、例えば、わが国道路交通研究の先駆者であった今野源八郎先生の道路政策論にはドイツ流の考え方が基軸となっていましたし、増井健一先生は（旧）西ドイツ陸上交通政策について数々の貴重な論文を残されておりますことが指摘できます。両先生はご自身の留学体験、研究のための少なからざる訪独体験から、いち早くアウトバーンの先進性を直に感じておられたのです。私自身、両先生から懇切にご指導いただいた中でそのことを度々聞かせていただきました。

　わが国でアウトバーンを主題に紹介したものは決して多くはありませんが、代表的な書物を求めてみれば　Karl Lärmer: Autobahnbau in Deutschland 1933 bis 1945—Zu den Hintergründen—, Akademie Vlg. 1975（三上宏美訳『アウトバーン建設　1933〜45—その背景と論理—』、1983.12　関西大学政治・経済研究所）と Kirschbaum Verlag: Autobahnen in Deutschland 2. Auflage, 1985（岡野行秀監訳『アウトバーン』、1991.3　学陽書房）が挙げられます。前著は（旧）東ドイツの研究者によるヒトラーのアウトバーン建設に係る動機、戦略を綴ったもので、後著は（旧）西ドイツ連邦交通省道路局の監修の下で、出版社である Kirschbaum 社がまとめた一般向けの解説書です。Lärmer 著は、本書（翻訳部分）ではナチスへのトラウマゆえのことでしょうか、その名前を出すことを徹底して控えたとも思われますヒトラーの、アウトバーン政策が中心であり、Kirschbaum 社著は1980年代半ばまでのアウトバーンの歴史、社会・経済的意義、施設とその管理について、図、写真を多用しての解説が主なものとなっています。同書は本書の「補説」でも引用されています（p.331）。

　これらに対し、本書の翻訳部分は1815年のドイツ連合、ワイマール帝国、第三帝国の時代（第1章）から、連邦共和国・民主共和国の東西ドイツへの分裂時代（第2章）、両国の並存時代（第3章〜7章）、（旧）東ドイツ時代（第8章）、さらには再統一以後から欧州における統一交通計画の現況と将来展望（第10章〜12章）等20世紀末までが詳細に綴られています。東西ドイツの併存時代に関しては、ドイツの交通政策上大きな議論を呼んだレーバープランをはじめとする主要な交通政策、各種連邦交通網計画等のイン

フラ整備政策を漏れなく論じています。また、限定された記述範囲とはいえ、わが国ではほとんど紹介されることのなかった（旧）東ドイツ時代のアウトバーンを中心とする道路事業、道路行政が綴られている第8章も貴重な内容です。決して明快であるとはいえない欧州での交通政策の動向と欧州共同体の試行錯誤を整理した第10章もわかりやすいものとなっています。当然のこととして、道路行政はもとより、技術面、安全面、環境面に関しても、連邦交通省ならではの説明が詳しくなされています。これらに加え、本書では原著では扱われていない部分まで含めた最近の情勢についても、訳者による翻訳部分の要点をまとめることを意図した「補説—ドイツの道路整備の歴史的背景と展開—」の後半部分（p.338〜355）で綴られていますので、読者の方々はアウトバーンの起源から直近の状況までを本書で辿ることができる構成になっているものと考えます。このように本書は扱う時代範囲、駆使している豊富な資料、検討する対象において、前2著よりも詳細なものといえます。本書に匹敵する文献は少なくとも今日まで私の知る限りでは見当たりません。

　本書（原著）の訳出、「補説」の作成に至る経緯として、独立行政法人日本高速道路保有・債務返済機構が刊行した一連の報告書である『ドイツにおける道路事業のPPP（その1）〜（その4）』（2012.5〜2013.12）に触れておきたいと思います。とりわけ、アウトバーンの有料化を知る上での格好な報告書である『交通インフラ資金調達委員会最終報告書』（委員長名からペルマン・レポートと略称されています）の全文を紹介した（その1）は、本書を理解していただくための前段ともいえるものです（概略については「補説」のp.341〜342をご参照ください）。（その1）〜（その4）の翻訳・執筆は全て同機構に総務部企画審議役として在籍時の中田勉氏の手によるものです。私はこれら報告書の作成段階から中田氏と議論を重ねていますので、中田氏のアウトバーン政策論への学識はもとより、ドイツ語の堪能さを十分認識しております。このことから中田氏は原著の翻訳、さらには「補説」の執筆者として最もふさわしい方だと思っています。また、本書には原著にはない「注」、「訳者補足」が訳者自身によって添えられており、読者の一層の理解に資するものとなっていると考えます。

　なお、本書のオリジナルは公益財団法人 高速道路調査会が2017年3月に『ドイツの道路50年—その回顧1949〜1999—』として公刊したもので、

vii

原著の翻訳作業には当時高速道路調査会の審議役兼総務企画部長であった
中田氏が当たられました。私も中田氏稿の全文に目を通し、私見を申し上
げました。そのプロセスを通し、本書の価値を再認識した次第です。この
内容を少なくとも若い世代の多くの人に是非伝えたい、そして活用して欲
しいとの思いがますます強くなりました。その一方で、同書の発行部数が
高速道路関係者に限られていた事情を残念に感じ、私の独断でより広い階
層の方々に読んでいただくことに意義があるとして、今般加筆の上、流通
経済大学出版会から改めて出版するものです。この件を快諾してくださっ
た高速道路調査会、杉山武彦理事長には感謝の言葉もございません。また、
このような経緯にも係らず出版を実現してくださった流通経済大学出版会、
同大の野尻俊明学長に厚く御礼申し上げます。

　平成31年1月

流通経済大学理事
早稲田大学名誉教授
　　杉山　雅洋

原著はしがき

　道路行政は過去50年にわたってわが国の経済、交通の重要な構成要素となってきました。今後もこれが変わることはありません。交通政策に関する決定と交通の運用とは市民の日常生活に大きな影響を与えています。

　この「連邦共和国の道路行政50年　その回顧1949－1999」は、関心をお持ちの市民の皆さんにその大筋をお伝えしようとするものです。また、本書は外国の道路の専門家の方も利用できるようになっています。外国から見える方々は、わが国の道路の整備、改修事業に強い関心をお持ちです。このような方々は、ドイツの道路、橋梁や交通技術の発展を関連づけて理解することができます。本書には完璧な記述をすることはできません。そこでここでは事例をあげながら包括的な叙述をしています。叙述に当たっては、長距離道路網が現在のようになる過程で目標とされてきたことがらやその推移に重点を置きました。長距離道路網は連邦アウトバーンと連邦道路とからなります。この地域間の交通は連邦省庁が所管しており、同省庁が抱える課題については、特に大きく取り上げました。1998年までは、この担当は連邦交通省（BMV）となっていましたが、それ以降は旧建設省との統合を経てできた連邦交通建設住宅省となっています。

　第1章では、第2章から第7章までの記載事項が理解しやすいよう、わが国の道路関連の中央組織について簡単に叙述しています。

　第二次世界大戦以降については、ドイツの再統一に至るまでの時代を、交通政策の区切りを基準に6つに分けています。各時代ごとの重点事項は、交通政策上の事情であったり、長距離道路網の拡大や交通情勢であったりというようにその時期により異なっています。また、計画や工法、交通安全、国土計画、さらには環境保全や市民参加の移り変わりについても重要な点が説明されています。

　第8章では、再統一以前のドイツ民主共和国（東ドイツ）での道路分野

での組織の変遷や技術の展開について取り扱われています。第9章では再統一後のドイツの道路行政について触れられています。

　第10章は、欧州統合と関連する動きとこれに関係する道路行政について述べています。第11章と第12章は双方とも締めくくりとして、到達事項の評価と将来への展望に言及しています。

　本書は道路行政に関する政治的、技術的、経済的、また計画上の関連事項に重点をおいたものです。このため、その叙述内容は戦後の東西ドイツ国内の再建に重点を置くこととなりました。資材や設備、資金が不足するなかで道路のネットワークを整備し維持するには、臨機な対応が問題を率先して解決していく能力と同様に要求されました。

　各専門分野で優れた叙述をしていただいた共著者の方々には厚く御礼申し上げます。本書作成に用いた論文は、「Forschung Straßenbau und Straßen－verkehrstechnik（道路工事と技術）」誌第800号に掲載されることになっています。

連邦交通建設住宅省
　　道路建設交通部長　　ユルゲン　フーバー

2000年12月　ボン

（参考原著奥付）

Impressum	
Herausgeber	Bundesministerium für Verkehr Bau-und Wohnungswesen（BMVBW), Dienstsitz Bonn, Robert-Schman-Platz, D-53175 Bonn
Konzept und Redaktion	Dr.-Ing K.F. Ribbeck BMVBW, Abteilung Straßenbau, Straßenverkehr
Layout und Druck und zu beziehen bei：	Lammerich-Design Typo-Druck&Verlagsgesellschaft mbH, Rosental 44, 53111 Bonn
ISBN-Nr.：3-00-007506-2	Dezember 2000 Dieser Rückblick wurde auch in die englische, französiche und spanische Sprache übersetzt.

＊本書に掲載した写真及び図（p.2〜p.324）は、図11－7（p.276）を除きすべて原著から転載したものです。

アウトバーンの歴史　目次

訳者はしがき　　　iii

監修にあたって　　v

原著はしがき　　　ix

1．ドイツの道路行政の中心的組織……………………………………………1

1.1　第一次世界大戦までのドイツ連合（1815－1918）………………1

1.2　ワイマール共和国（1919－1933）………………………………4

1.3　『第三帝国』の帝国アウトバーン（1933－1945）………………9

1.4　道路等級と道路管理………………………………………………11

1.5　環境保全……………………………………………………………13

2．1949年時点の状況……………………………………………………17

2.1　道路に関する責任と所管…………………………………………17

2.2　道路工事技術………………………………………………………20

2.3　交通安全……………………………………………………………20

2.4　交通計画と交通技術………………………………………………21

2.5　国土利用・形成計画（Raumordnung）…………………………23

3．戦災瓦礫の処理と新たな道路行政の仕組み（1949－1954）……25

3.1　新しい組織の枠組み………………………………………………25

　　　委託行政　28　　　連邦長距離道路法　30

3.2　解決の差し迫った課題……………………………………………33

　　　道路網と交通　33　　　研究／連邦道路建設研究所　34

3.3　再建と拡大…………………………………………………………35

　　　道路網の拡充　35　　　資金　38　　　道路計画　39

3.4　交通安全……………………………………………………………41

　　　法制と教育　41　　　現場での交通安全活動　42　　　危険物　43

3.5　国土利用・形成計画、環境問題、市民参加……………………43

　　　国土計画　43　　　環境問題と市民参加　45

目　次

4．新たな一歩と道路網形成の時代（1955－1961）……………………47

4.1　活発化する旅客・貨物輸送………………………………………47

道路と鉄道の争い　47　　1961年の連邦長距離道路法の改正　51

4.2　整備計画と資金調達……………………………………………52

アウトバーン事業の法律的根拠　52　　財政支出と建設の進捗　61

4.3　道路技術の進展………………………………………………63

広範な領域における転換と発展　63　　道路工事に関する方法論　65

4.4　交通安全……………………………………………………65

4.5　交通計画と交通技術……………………………………………68

交通技術　70

4.6　国土利用・形成計画と環境政策………………………………72

国土利用・形成計画　72　　環境政策　75

5．旅客・貨物交通とモータリゼーション（1962－1972）…………77

5.1　レーバープラン………………………………………………77

5.2　『新たな』整備計画……………………………………………80

60年代の道路建設への強力な後押し　80
工事の進捗と財政支出　81　　1970年の「新」整備計画　82
連邦は自治体のインフラ整備に資金を供給　87

5.3　道路の維持補修………………………………………………88

路面の維持　88　　道路の補修と管理　90

5.4　交通安全……………………………………………………90

安全基準　90　　道路交通法規と交通標識　91　　啓蒙と教育　93
危険物　95　　道路建設研究所の拡充　96

5.5　交通計画と交通技術……………………………………………97

交通計画　97　　交通技術　99

5.6　国土利用・形成計画と環境………………………………………101

国土利用・形成計画に関する連邦基準　101　　環境　104

6．時代を画した石油危機：
交通量の増大、国土開発と環境問題（1973年から80年代初期）………109

6.1　経済全体からみた最適な交通の分担……………………………109

交通政策のタイムテーブル　109　　長距離道路法の改正　112

xiii

6.2 投資計画、評価、資金調達 ··· 114

第1次5カ年計画の建設状況と支出 114
1976年の需要計画の見直し 114
第2次5カ年計画の到達点と費用 115
連邦交通網計画の策定 116
第3次5カ年計画における建設の進展と財政支出 119

6.3 オイルショックの道路建設への影響 ·························· 120

6.4 交通安全 ·· 124

交通安全対策 124　　危険物の輸送 126

6.5 交通計画と交通技術 ··· 127

6.6 国土利用・形成計画、環境問題、市民参加 ·················· 131

環境問題 132　　道路の騒音基準（dB(A)）133
市民運動と世論の反映 136　　市民と行政 138

7．強まる交通部門の規制緩和の傾向（1982−1989）················ 143

7.1 事業進捗の鈍化と柔軟な対応へのシグナル ······················ 143

7.2 道路網の保全を優先 ··· 146

第4次5カ年計画の事業進捗と財政支出 152

7.3 路線設定の変化 ·· 153

7.4 交通安全 ·· 154

危険物 157

7.5 交通計画と交通技術 ··· 158

交通計画 158　　交通技術 159

7.6 国土利用・形成計画と環境 ·· 162

国土利用・形成計画 162　　環境問題 163

8．ドイツ民主共和国（旧東ドイツ）の道路 ································· 165

8.1 戦争終了時点の状況（1945年から1949年まで）·············· 165

8.2 1949年以降の構造的変化 ·· 167

道路の管理 167　　道路建設体制の展開 169

8.3 発展の可能性とその限界 ·· 172

建設資金、工事実施と中断 172　　建設資材の供給 175
基準 178　　現状分析 178　　管理 180

目　次

8.4　道路網の維持、延伸、利用 ……………………………………… 181

　　道路の新設　183

8.5　東西国境の開放後 ………………………………………………… 187

　　交通情勢の変化　187　　　行政組織　187　　　建設会社　188

9．90年代：
ドイツの再統一と東西国境の開放（1989－1999）……………………… 191

9.1　急がれる構造改革 ………………………………………………… 191

　　自動車税と環境基準　195

9.2　整備計画、評価、財政負担 ……………………………………… 198

　　道路網計画　198　　　旧東ドイツ地区の州の投資需要　199
　　工事進捗と財政負担　202　　　ドイツにおける道路建設資金の調達　205
　　連邦アウトバーンの付帯施設の民営化　208

9.3　道路への負荷とそのもたらす結果 ……………………………… 213

　　システマティックな維持管理　215　　　現代の維持管理作業　217

9.4　交通安全 …………………………………………………………… 218

　　危険物　220

9.5　交通計画と交通技術 ……………………………………………… 221

　　交通計画　221　　　交通技術　225

9.6　環境保全と市民参加 ……………………………………………… 226

　　環境に適合した道路計画　226　　　市民参加　230
　　欧州の環境政策　230

10．欧州の統一交通計画の展開 ………………………………………… 233

10.1　欧州交通システムへの道 ………………………………………… 233

10.2　自由化と交通市場の統合 ………………………………………… 236

10.3　欧州道路から欧州横断道路網へ ………………………………… 245

　　国連欧州経済委員会の欧州道路網　245
　　欧州における統一インフラ計画　247
　　EU における欧州横断道路網（TERN）　248
　　欧州横断ネットワークのガイドラインの内容　251
　　中欧・東欧への拡大（TINA）　251
　　国連欧州経済委員会の欧州道路網、欧州横断道路網、拡大欧州横断道路
　　網（TINA）の調整　255

xv

11. まとめ 259

11.1 連邦長距離道路網の構築 259

連邦長距離道路への投資 262 　　　建設契約と工事品質管理 263
工事促進のための法規 264 　　　欧州共同体の指針 265
腐敗の防止 265 　　　機能型建設契約 266

11.2 連邦長距離道路網の特徴 267

道路幅員 267 　　　道路建設 268

11.3 構造物 272

ドイツの橋梁 272 　　　旧東ドイツ地域の橋梁 277
構造物の維持 277 　　　トンネルの建設 278

11.4 道路の計画段階での交通安全への配慮 280

道路利用者 283 　　　自動車技術 284 　　　道路 284

11.5 道路建設の決定要因 285

旅客輸送の動向 286 　　　道路貨物輸送の動向 289
道路網の拡大の障害となる要因 293 　　　テレマティックス 296

12. 現況と展望 301

12.1 交通政策とインフラ政策 301

12.2 投資政策の方向 304

資金調達手法の展開 304 　　　道路網の拡充 306
現行のキャパシティーの有効活用 307 　　　欧州構造計画 310
アジェンダ2000：欧州連合の拡大 311

12.3 国土政策の手法 313

外部費用の検討 313 　　　交通安全 316

12.4 経済発展と交通の増大 318

12.5 展望 321

目　次

補　説

―ドイツの道路整備の歴史的背景と展開― 327

1. 欧州における近代舗装道路の発祥とドイツ 329

2. 18世紀末から第二次世界大戦終了まで 330

18世紀末から第一次世界大戦終了まで　330
第一次世界大戦終了後ヒトラーの政権掌握まで　330
ヒトラーの政権掌握以降第二次世界大戦終了まで　331

3. 第二次世界大戦終了後東西国境開放前まで 332

戦後西ドイツの状況：1960年代まで　332　　　道路財源の確立等　333
レーバープラン　334
戦後西ドイツの状況：1970年代から80年代前半　334
戦後西ドイツの状況：1980年代後半以降の状況　337
戦後の東ドイツの状況　338

4. 東西国境開放・ドイツ再統一後 338

東西ドイツ国境開放直後の情勢への対応と21世紀に向けた動き　338
民間資金（PPP）導入への動き等　340
ペルマン委員会報告とその方向　341　　　重みを増す維持管理　342
過去の課題と今後の乗用車課金　344

（訳者補足）連邦長距離道路と需要計画について　　　347
「補説」参考文献　　351
連邦長距離道路の延長の推移（新設・等級変更・計測変更による）　　　352
外国為替邦貨換算額（1950-2000）　　354
（訳者補足）交通財源関連のドイツ法令名の邦訳について　　　355

索引　　357

xvii

コラム一覧

コラム 1	長きに及んだトット契約の効力	15
コラム 2	国連欧州経済委員会	33
コラム 3	交通財政法と道路負荷軽減法	50
コラム 4	長距離道路整備の歩み	55
コラム 5	交通違反者登録	67
コラム 6	レーバープランへの批判	78
コラム 7	1973年連邦交通網計画	111
コラム 8	『シートベルト拒否者』への罰金	113
コラム 9	走行速度	129
コラム10	計画への市民の参加	140
コラム11	ドイツのモータリゼーション	145
コラム12	1985年連邦交通網計画	151
コラム13	世界道路会議 WRA/PIARC	171
コラム14	計画策定の促進と簡素化	193
コラム15	自動車税の変更	197
コラム16	1992年連邦交通網計画	203
コラム17	民営化	209
コラム18	テレマティックス	224
コラム19	欧州交通大臣会議	235
コラム20	道路貨物輸送の欧州域内市場	240
コラム21	マーストリヒト条約	243
コラム22	西欧道路理事会（WERD）	254
コラム23	アウトバーン重要区間の開通	261
コラム24	交通安全関係重要法規（法律と規則）	282

*道路延長データについて：本文で言及されている道路延長は、連邦交通投資報告書（Verkehrsinvestitionsbericht）を元データとする p.352-353に記載された道路延長と異なることがあります。これは、前者では、データが概略で、あるいは、旧東ドイツ分のデータを除いて記載されることがあること、また後者では、データが1月1日現在のものであること等の事情によるものです。

*原文では、図・表・写真には、共通に Abb.（Abbildung ≒ 付図）という番号が付されています。訳文では、「写真」と「図」の番号としました。

1．ドイツの道路行政の中心的組織

1．1　第一次世界大戦までのドイツ連合（1815－1918）

　19世紀の前半に至るまで旅客・貨物輸送は、その大半がなお未舗装の道路によって行われていた。小規模な国々は、まずもって安全で、そして輸送に耐える舗装道路を造ろうと、いいかえれば『高度な技術を駆使した道路』を建設しようと、道路工事に意を注いで──その成否には差があった──いた。もっともこれは道路網全体からすればごくわずかなものでしかなかった。

　道路建設の現実がいかような姿であったのかは、当時、その職責を有していたヴォルフガング・ゲーテの報告から見て取ることができる。ゲーテは、詩人、劇場監督そして枢密顧問官であったばかりでなく、1776年から1786年までの間、ザクセン・ワイマール・アイゼナッハ公国のカール・アウグスト公のもとで特設の『道路建設監督官（Wegebaudirektor）』として実に熱心に活動していた[1]のである。その1784年から翌1785年の年次報告には、次のようなくだりも見られる。

　　『こうした事情から、道路は汚いまま放置され、隣接する農地所有者
　　が小銭と引き換えに通行人に農地を歩かせているというようなことが
　　起きている。この収入によって数年で一財産を築ける。はたまた街道
　　の一部を整えようと石材を持ち込んでも、完成には至らない。という
　　のは、運び込まれた石材は、何とか道の体裁を整えようと穴を埋める
　　のに用いられるのがせいぜいということにならざるを得ないからであ

1）ゲーテが道路行政に携わっていた時期があったということはドイツ本国でもあまり知られておらず、生誕250年（1999年）ごろから改めて脚光を浴びるようになったようである。（参考：http://www.via-regia.org/via_regia/geschichte/einzelthemen/thueringen/weimar2.php）

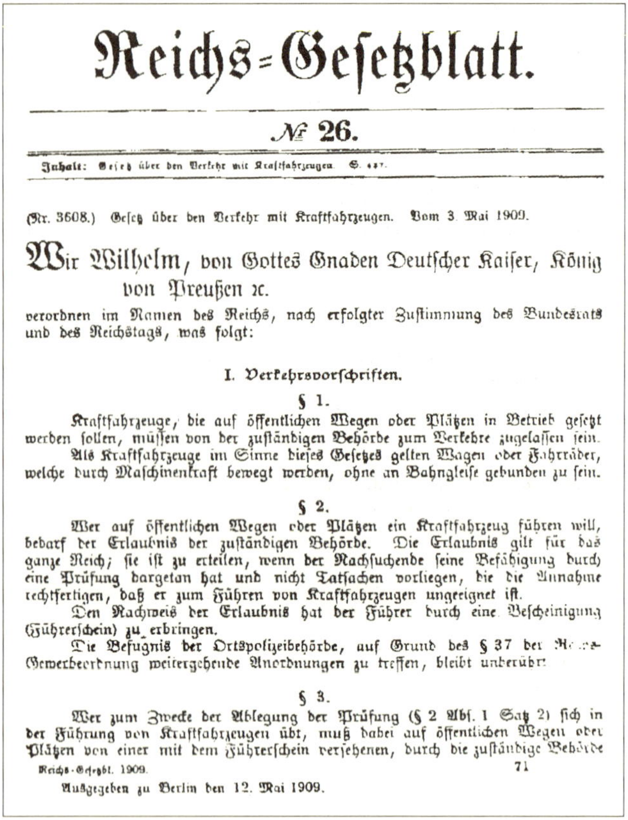

Reichs=Gesetzblatt.

№ 26.

Inhalt: Gesetz über den Verkehr mit Kraftfahrzeugen. S. 437.

(Nr. 3608.) Gesetz über den Verkehr mit Kraftfahrzeugen. Vom 3. Mai 1909.

Wir Wilhelm, von Gottes Gnaden Deutscher Kaiser, König von Preußen rc.

verordnen im Namen des Reichs, nach erfolgter Zustimmung des Bundesrats und des Reichstags, was folgt:

I. Verkehrsvorschriften.

§ 1.

Kraftfahrzeuge, die auf öffentlichen Wegen oder Plätzen in Betrieb gesetzt werden sollen, müssen von der zuständigen Behörde zum Verkehre zugelassen sein.

Als Kraftfahrzeuge im Sinne dieses Gesetzes gelten Wagen oder Fahrräder, welche durch Maschinenkraft bewegt werden, ohne an Bahngleise gebunden zu sein.

§ 2.

Wer auf öffentlichen Wegen oder Plätzen ein Kraftfahrzeug führen will, bedarf der Erlaubnis der zuständigen Behörde. Die Erlaubnis gilt für das ganze Reich; sie ist zu erteilen, wenn der Nachsuchende seine Befähigung durch eine Prüfung dargetan hat und nicht Tatsachen vorliegen, die die Annahme rechtfertigen, daß er zum Führen von Kraftfahrzeugen ungeeignet ist.

Den Nachweis der Erlaubnis hat der Führer durch eine Bescheinigung (Führerschein) zu erbringen.

Die Befugnis der Ortspolizeibehörde, auf Grund des § 37 der Reichs-Gewerbeordnung weitergehende Anordnungen zu treffen, bleibt unberührt.

§ 3.

Wer zum Zwecke der Ablegung der Prüfung (§ 2 Abs. 1 Satz 2) sich in der Führung von Kraftfahrzeugen übt, muß dabei auf öffentlichen Wegen oder Plätzen von einer mit dem Führerschein versehenen, durch die zuständige Behörde

Reichs-Gesetzbl. 1909. 71

Ausgegeben zu Berlin den 12. Mai 1909.

図1－1　1909年５月12日の帝国官報に掲載された自動車の通行に関する法律（訳文 p.3）

る。これでは本来意図するところからは程遠いままである。』

19世紀半ばから工業の発展とともに鉄道網が拡充されるにつれ、道路は（長距離）交通上その重要性を減じた。それだけではなかった。例えば、プロイセンでは、中央国家は道路建設から完全に手を引き、その責任を地方組織に委ねたのである。

こうした状況はリール[2)]が――明らかに誇張されているが――描いている。

2）Wilhelm Heinrich Riehl（1823-1897）。民族学者、歴史家、ジャーナリスト。

1. ドイツの道路行政の中心的組織

帝国官報（26号）

内　　容：自動車の通行に関する法律　S427
（No.3608）自動車の通行に関する法律　1909年5月3日

I　交通法規

第1条　自動車を公の道路もしくは広場で供用するには、所管庁の運行許可を得なければならない。本法にいう自動車とは、駆動機関によって起動されるもので軌道と連結していないものをいう。

第2条　公の道路もしくは広場において自動車を使用しようとする者は、所管庁の許可を得なければならない。この許可は、帝国内全土で効力を有する。申請者がその能力を試験によって証明し、かつ、同人が車両運行に適性を有しないとする事実がない限り許可を与えることを要する。運行者が許可を受けたことを証明するには、証明書（免許証）を提示することを要する。
　これは、第37条にしたがって地区警察が命令を発する権限を、妨げるものではない。

第3条　受験（第2条第2文）を目的に、公の道路もしくは広場で自動車運転を練習しようとする者は、所官庁より運行許可を得た者とともに………

帝国官報
1909年5月12日発行（ベルリン）

『道路施設に関する認可、あるいは認可拒否は、政府が、おのおのの自治体、あるいは一地方に対する懐柔策に用いられることが実に頻繁にある。選挙となれば……候補者は、建前上は地方道に賛同することで票を獲得し──つまりは公約である。……こうした取引は非常に安上がりにも思える。しかし、国は大金を支払うことになることが実に多かった。政党の一部の尻拭いをするよう、不要な道路をつくらざるを得なかったのである。一方では、最も必要とされる道路は荒れたままであった。これは媚を売り、買収し、あるいは脅しの道具にこの道路を利用するのを失念していたためである。』

3

1871年に成立したドイツ帝国でも、道路の拡充にあたる所管省庁は中央に設置されなかった。憲法は帝国に対して、国防と交通一般のため州道と州水路を建設する責任を課してはいた（第4条第8号）。しかし、帝国の担当官庁がこの権限を行使することはなかった。道路建設で進捗があったのは、地方政府がイニシアティブをとり、道路建設の改善に取り組んだからに過ぎない。

　ドイツ帝国は道路建設の責任を負わなかったが、自動車交通に関する法律（1909年5月、帝国官報　第26号、前ページ参照）が成立した。これは注目すべき法律で、28節からなり、運行許可、交通事故の損害賠償、規則違反に対する罰則を規定している。その他法規の制定権限を規定する。以上が全体としていかに適切なもので、目的にかなうものであったかは、現行の道路交通法規に照らすと明らかである。現行法規は、その内容も構造も1909年の法律と驚くほど一致しているのである。

1．2　ワイマール共和国（1919－1933）

　1918年8月14日のワイマール憲法は、1871年のドイツ帝国憲法と比較して中央権力を強化している。同時に同憲法は、道路の分野における重要な所管事項を州の手に移している。自動車交通と州道建設については、一般交通と国防に関連する限り、国と州とで法律制定権限が競合している。世紀の変わり目に状況が根本的に変わったものの、帝国の所管官庁がこの権限を行使することはなかった。道路には車が増加するばかりだった。車は、馬車を押しのけるようになった。このように状況が変化したため、古い法規は世情に合わないものとなった。州は、新たな時代の視点にあわせて1920年代には道路の改良に取り組むようになった。ここに自動車用の道路を特別に建設する（自動車－専用－道路という概念）というプランが現れた。1909年にはスポーツ界と財界の著名人からなる民間団体が設立された。これは、純然たる自動車用走行路線をつくろうというもので、これは自動車交通実験線（die Automobil- Verkehrs- und Übungstraße、略称 AVUS）と命名された。ベルリンでその建設が開始されたのは1912年のことであったが、その序幕式が行われたのは、第一次世界大戦も終わった9年後の1921年のことであった。これは戦後の最初の自動車ショーに合わせたものであった。

4

同年10月 8 日、道路建設部局の組織としてドイツ道路建設連合会が設立された。この正式名称は『建設担当上級公務員が代表する、ドイツ諸州の道路建設部局の連合』であった。メンバーは、ドイツの州等の自治体の道路建設部局の部長であった。連合会は当初から帝国交通省からその活動の支援を受けていた。20年代には、同省から道路建設について後押しがなされ、資金の手当てもあった。例えば、1922年にはすでに1906年から徴収されていた乗用車登録税が、新たな自動車税へと組み替えられた。同法は貨物自動車も対象とするものであった。この帝国の税収入の半分が州道路の建設と維持を担当していた州に配布された。1924年にはドイツ道路建設連合会は、その後の道路網の拡大に決定的なものとなる計画を策定した。そこには、国道と地方道とを大規模に整備し直して長距離道路とすべきだということが載せてあった。それは、全延長を30,000kmとするものであった。しかしそれに留まるものではなかった。この計画の策定者は、その計画が固定的なものではなく、むしろ将来的には変更含みのものと見ていたのである。計画は不断に書き換えることが必要で、こうしてその時々の状況の変化に合わせていくべきだというのである。このころベルリンで設立された自動車道路研究会（STUFA＝Studiengesellschaft für Automobilstraßen）は別の構想を発表していた。この構想は、ドイツ幹線道路網（das deutsche Hauptdurchganstraßennetz）というもので、15,000kmを超える州道を整備して長距離道路としようとするものであった。1928年の改定案では、あらためてその延長は22,500kmにまでなっている。

　以上の 2 つの構想は、互いに排斥するものではなかった。両組織の構想があわさって1930年に帝国交通省が策定するドイツ長距離道路路線図の礎となったのである。

　この 2 つの構想のほかにも将来構想はあった。純粋な自動車専用道路建設計画がその一例である。その準備作業の重要部分は、1926年に設立されたハンザ諸都市－フランクフルト－バーゼル自動車道準備協会（HAFRABA ＝Verein zur Vorbereitung der Autostraße "Hansestädte-Frankfurt-Basel"）が行った。もっともこの計画すべては、資金がなく実現しなかった。ようやく1929年10月、世界恐慌のとき、ラインラントにあるプロイセンの地方政府が初めてドイツの最初のアウトバーン計画に着手した。緊急措置、換言すれば雇用創出の措置がとられたときにケルン－ボン間の『自動車道路』が現れた

のである。ちょうど3年の建設期間を経て最初のドイツの高速道路[3]の開通が祝われることとなった。この一里塚は、既に述べたひどい道路状況を何ら変えることはなかった。ドイツの道路行政と新たな自動車交通とは役所としては、包括的で統一的な政策目標となるだけの価値がなかったのである。振り返ってこの辺を明らかにしてみよう。

　帝国交通省がさしあたり行ったのは、以前から州等の自治体によって行われていた鉄道と水路の交通行政を帝国の行政に組み込むことだった。厳しい財政状況が背景にあったため、道路行政は組織として最低限の対応しかなされなかった。わずかに1919年に、自動車交通を担当する部局が帝国交通省に設置されたにすぎない。道路行政分野の部局は後に追加された。これは、国内の長距離道路網の準備に州を集めることがその役目であった。念のため記しておくとこれは州の意向を踏まえてのものであった。

　1924年帝国交通省には、自動車に関する審議会が設置された。この審議会には、自動車工業会、自動車所有者、職業運転手、自動車販売業者、道路のメンテナンスを業とする組織の代表者が充てられた。この審議会をとおして、比較的早い時期に自動車工業会と道路建設、あるいは道路利用者との協力関係が成立した。この共同体制はあらゆる側面に利益をもたらすものとなった。

　以上の結びつきは、ドイツ道路建設連合会の活動によって深まっていった。長距離道路の推進役であった同連合会は、やがて交通量の計測に加え、技術的な試験研究にも力を注ぐようになった。1925年以降になると、道路の設計、建設に関する技術上あるいは契約上の基本となる事項は進歩を重ねた。その速度は現在想像できないほど早いものであった。アスファルト舗装（Schwartzdecken）の施工は、以前は手仕事でする必要があった。今や、州道路でも機械での処理が可能になった。それよりも重要なことは、コンクリート舗装の発展である。これは後日アウトバーン建設の土台となった。コンクリート舗装計画の詳細、施工、監督（品質管理）は、自動車道路研

---

[3] アウトバーンはヒトラーが最初に建設したと広く思われているが、ドイツの最初の高速道は後の西ドイツの首相アデナウアーがケルン市長時代に建設したものが最初のものである（1932年8月開通）。ここにいう高速道路はこれを指す。当時は、『贅沢な道路』として反対もあったとされる。なお、p.9の注4も参照されたい。（参考：http://www.sueddeutsche.de/auto/jahre-autobahn-in-deutschland-nicht-die-ersten-aber-die-schnellsten-1.1430845）

1. ドイツの道路行政の中心的組織

**Straßenbau
und Straßenunterhaltung**

Organ des Deutschen Straßenbauverbandes / Straßenbaubeilage der „Verkehrstechnik"

Schriftleitung: Professor Dr.-Ing. E. Giese, Berlin / Verlag Ullstein, Berlin SW 68, Kochstraße 22-26
Fernsprecher: Stadtverkehr Amt Dönhoff (A 7) 3600-3665, Fernverkehr Amt Dönhoff 3686-3697 / Draht-Anschrift: Ullsteinhaus Verkehrstechnik Berlin

| NR. 19 | 3. OKTOBER | 1930 |

Einheitliche Richtlinien für den Ausbau der Fernverkehrsstraßen

Die Reichskarte der Fernverkehrsstraßen

Das Reichsverkehrsministerium legt nunmehr nach langen Vorarbeiten und Verhandlungen mit den beteiligten Kreisen die Reichskarte der Fernverkehrsstraßen sowie die Richtlinien für deren Ausbau vor.

Im Interesse einheitlichen Vorgehens bei dem Ausbau der für den Kraftfahrzeugverkehr wichtigsten Landstraßen sind diese aus dem vorhandenen Landstraßennetz im Reichsverkehrsministerium in einer Karte der Fernverkehrsstraßen (im Maßstabe 1:800 000 zusammengestellt) und mit durchlaufenden Nummern 1 bis 138 versehen worden. Zur möglichen Vereinheitlichung des Ausbaues sind ferner in gleicher Weise Richtlinien für den Ausbau der Fernverkehrsstraßen aufgestellt worden, welche die technischen Mindestforderungen enthalten, die an die Ausgestaltung solcher Straßen zu stellen sind.

Die Auswahl und Numerierung dieses Straßennetzes und die technischen Grundsätze der Richtlinien für den Ausbau sind vom Reichsverkehrsministerium mit den Landesregierungen vereinbart worden. Diese sind bereit, den Plan und die Richtlinien nach Maßgabe des im einzelnen vorliegenden Verkehrsbedürfnisses und der finanziellen Leistungsfähigkeit der Wegeunterhaltungspflichtigen durchzuführen. Sie übernehmen jedoch hierdurch keine rechtlich bindende Verpflichtung für ein bestimmtes Maß und eine gewisse Frist zur Durchführung des Ausbaues. Infolge der schwierigen Finanzlage der öffentlichen Körperschaften wird der tatsächliche Ausbau der Fernverkehrsstraßen nach dem nunmehr vorliegenden Plänen nur allmählich bewirkt werden können.

Richtlinien für den Ausbau von Fernverkehrsstraßen

§ 1
Die Regierungen der Länder haben im Einvernehmen mit der Reichsregierung die im anliegenden Plane aufgeführten Landstraßen als Fernverkehrsstraßen bezeichnet. Bei ihrem Ausbau sollen die folgenden Richtlinien beachtet werden.

§ 2
Nutzbare Gesamtbreite
Die für den Verkehr nutzbare Gesamtbreite der Straßen zwischen den Innenkanten von Baumreihen, Prellsteinen oder sonstigen Schutzvorrichtungen soll im Flach- und Hügellande 8 m, im Berglande 7 m nicht unterschreiten.

図1−2　帝国長距離道路網整備路線図の序文
（ドイツ道路建設連合会機関紙、1930年10月3日掲載）

（訳者補足）上記記事の内容等について
　帝国政府が自治体と協議のうえ長距離道路網路線図と整備の指針を出したことを明らかにしている。これによれば、現存する道路から138に及ぶ道路を長距離道路として選び出し、番号をつけ、付属の80万分の1の地図にまとめ、幹線道路整備上、道路工事実施の最低基準を含めた統一指針をも合わせて策定したとしている（道路幅員の最低幅を平地部で8m、山地部で7m）。しかしながら、その整備の実施に法的拘束力があるものではないとしている。なお、全体延長については、この資料では明らかでない。

究会（STUFA）『コンクリート舗装』委員会の作業と並行して発展していった。1934年12月15日にこの自動車道路研究会の総会は、その名称を道路研究会（FGS＝Forschungsgesellschaft für das Straßenwesen）に改めることに決定した。会長には、ドイツ帝国道路総監のトット（Todt）博士を迎えた。研究会は法人に変更され、道路局から相当の補助金が交付されることとなった。この補助金は、道路局で管理された。ほかに科学技術・教育省からの補助金の交付も受けていた。

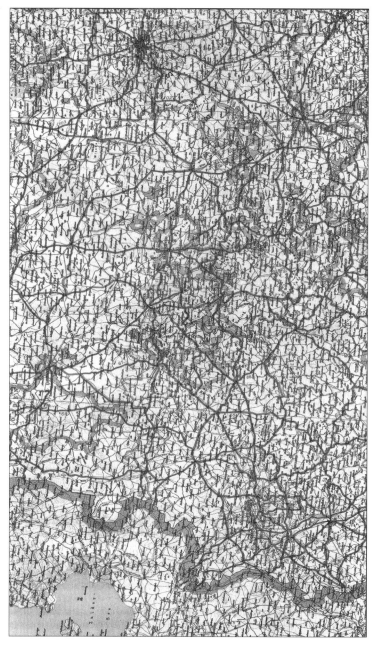

図1-3　1930年帝国長距離道路路線図（抜粋）
（口絵1頁参照）

道路研究会（FGS）は、急速に拡大したが、第二次世界大戦を超えて存続することはできなかった。そこで1946年11月に新たに道路研究会の設置が申請され、イギリスの許認可機関から許可が下ろされた。新研究会は1947年5月13日にビーレフェルト（Bielefeld）で社団法人として設立された。

1．3　『第三帝国』の帝国アウトバーン（1933－1945）

　自動車の開発と道路建設の進捗はかなり以前から進められていたというのが今日の見方であるが、1933年以降新たに権力を手にした者は、これを自らの都合の良いように利用した[4]。

　1933年6月27日の一企業『帝国アウトバーン』の設立に関する法律は、アウトバーンの建設の基本となるものであった。この新法に基づいて1933年8月25日に、社名を『帝国アウトバーン』とするドイツ帝国鉄道会社の子会社が成立した。こうして鉄道の生みの親が、最初のアウトバーンも同時に担当することになった。法律上の本社所在地はベルリンであった。これは、現在もなお存在する鉄道と道路の競合を緩和するという良い側面があったといえよう。また同時に明らかになったのは、国有鉄道のシステムがアウトバーンの仕組みでも採用が可能だということである。ドイツ帝国鉄道会社は、この子会社にさしあたり資本金5,000万ライヒスマルクを支弁した。同社はやはり当初、この新設のアウトバーン会社に支配的な影響力を行使したのである。

　ナチス国家は、非常に中央集権的であったので、こうした鉄道が支配権を有するという状況は次第に崩されていった。早くも1933年11月30日には、ナチスは、『全国道路総監』の名で新たな帝国の最高位の担当官庁を創設した。総監は、線形設定や帝国アウトバーンの道路構造に統一性が確保されるよう、その強力な地位を用いて重大な利害衝突を処理していった。

　現在の欧州統一基準の形成過程と比較しても、説明書、指示書、そして1934年以降の『帝国アウトバーンの車線の舗装に関する指針』は、非常に

4）1933年ヒトラーが政権を掌握した。ヒトラーは、自らがアウトバーンの創設者であると印象付けるよう、先にアデナウアーが建設したドイツ最初の高速道路の道路等級を自らの総統就任（1933年）後、州道に格下げしたという。現在は連邦アウトバーンA555号線となっている。（参考：http://www.autobild.de/klassik/artikel/autobahngeburtstag-3547320.html）

早く出されている。

指示書には詳細な関連事項と関連した条件のすべてが示されている。これは継ぎ目の施工から、材料検査、施工管理（試験所と工事現場）にまで及んでいる。資料のすべてが『発明』されたというわけではない。ドイツコンクリート協会の『鉄筋コンクリート施工管理の手引き（暫定版）』やドイツ帝国建設会社『モルタルとコンクリートに関する指示書』も既に存在していた。これらを用いることも無論可能であったが、1939年には、それまでに得られた経験をもとに、ドイツ道路総監による『帝国アウトバーンのコンクリート舗装面の除去に関する指示書（AAB）』が発行されている。

『州道の整備に関する暫定指針』（Die Vorläufigen Richtlinien für den Ausbau der Landstraßen RAL 1937）には設計に関する項目のすべてが網羅されており、設計技術者のバイブルとなった。これは実に第二次世界大戦後のかなりの期間に渡って変わらなかった。

例えば、技術指針に記されていた事項には次のようなものがある。

・道路線形はその道路が通過する地域景観に馴染むものでなければならない。

・道路線形の全体像が決まれば、整備がどのくらいの時間で行えるか判断可能である。

・一定の区間の設計速度はできるだけ一定にすべきである。

建設費の算定は、工事日誌及び人件費・資材費の支出記録により管理することができる。

工事関連事項についてここで触れておくべきことがある。それは工事契約のベースである。製造コストの計算を『簡略に』済ませるという時代は終わった。専門業者はいまや高額で困難な事業を競争して行っていた。国が同様の高いリスクを冒すことはできない。国は、契約に定める工事品質が守られるよう、いずれの建設事業についても監督を行うのである。

早くも1921年には帝国議会に帝国の請負工事に関する委員会が設置されている。同委員会は、1926年5月に工事請負規則を策定した。帝国財務省は、直ちにこれを法的拘束力のある業務規則とした。この当時、この工事請負規則にはすでに、(A)公募手続き、(B)請負人が行う工事と権利義務並びに(C)契約上の技術条件が規定されていた。1938年時点での同規則には、その目的とするところは、『規則内容が、伝承によるものではなく、正確に

わかるようにするためである』と記されていた。この1926年の請負工事に関する規則は、1952年まで変更されることはなかった。

帝国アウトバーンの建設に必要となる資金はもともと道路利用料金によって賄う予定であった。これと同様のことが現在周辺諸国で行われていることは我々の知るところである。

写真1-1　アスファルトプラント

料金が徴収されているわけである。しかし、こうしたプランには議論があった。というのは、まだ利用が少ないことからコストを賄うだけの料金収入は期待できなかったからである。結局、このプランは採用されず、労働省が帝国の雇用創出政策の1つとして60億ライヒスマルクの事業に資金供給したのである。その結果は、期待を大きく下回るものであった。60万人もの雇用創出が見込まれたが、125,000人未満に留まったのである。資金源が追加になったのは、アウトバーン建設を目的に『燃料価格』が4ペニヒ値上げとなった1937年のことである。これは、当時のガソリン価格の10％値上げに併せたものであった。また、景気刺激のために乗用車の自動車税が、既に1933年に免税となっていたという別の事情もあった。

1.4　道路等級と道路管理

ドイツの道路総監の職務内容は、帝国アウトバーンの建設に係ることのみならず州道の建設と維持にも及んでいた。従来は、この分野については帝国交通大臣がその任に当たっていた。1934年5月26日の『道路とその管理に関する暫定的取扱いに関する法律』は、道路管理について統一的な追加規定をおいた。同法によりドイツの道路網は4つのカテゴリーに分けられた。
・帝国アウトバーン（当初は『帝国自動車道路』）
・帝国道
・第1級州道
・第2級州道

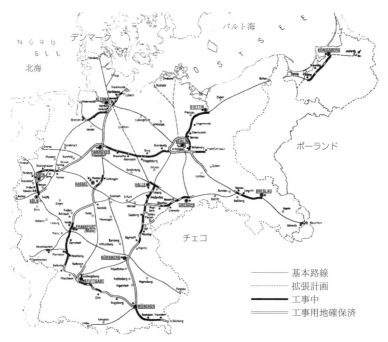

図1-4 1934年12月31日時点の帝国アウトバーン網
（口絵2頁参照）

　この区分は、建設費負担の分担を定めている。すなわち、どの道路がどこに管理され、どこから資金の供給を受けるかが、それぞれの道路区分によって決まってくるのである。次の組織がそれぞれの等級区分について責任を有することになる。

等　　級	担　当　組　織
帝国アウトバーン	帝国アウトバーン会社
帝国道路	帝国
第1級州道	州
第2級州道	市町村

　1934年4月1日に発効した同法には、帝国アウトバーンと州道の地域通過区間[5]については、その通過自治体の人口が6,000人以上であり、当該

5）この法律における地域通過区間の定義は確認できないが、現行の連邦長距離道路法と趣旨は同様のようである。p.30の訳注10を参照。

12

自治体とこの道路とが接続するものである限り、その建設費は同自治体が負担するということが規定されている。この場合当該自治体と道路が接続しているというのは、建築物に加え、墓地、家庭菜園などの土地と連らなっていることを指す。

道路総監は帝国所管の組織として最上位に位置し、帝国道路の管理を担当することとなった。管理に当たっては、道路総監は州その他の自治体行政機構をその実施組織として用いた。ここに示した4つの道路等級区分は、第二次世界大戦直後もしばらくそのままであった。

1．5　環境保全

各組織の業務が進展していく中で、その環境保全との結びつきはかなり早い段階から重要性を帯びていた。環境保全と道路建設とを密接に関連付けていくという点については、自動車道路研究会（STUFA）に負うところが大きい。同研究会には、非常に早い時期から『衛生』委員会があり、「砕石道路」の埃の問題や汚物と騒音、あるいは空気の清浄性の維持といった問題に取り組んでいた。1930年代、40年代には、担当官庁はさらに、大規模事業や帝国アウトバーン工事が行われる際のいわゆる景観形成にも着目していた。この間に設立された『道路研究会』は、『景観形成』に関する委員会を設置した。景観保護論、植栽社会学、景観形態学、林業学の研究が進み、文書に取りまとめられた。さらにそれまでに得られた知見に基づいて基準がつくられた。その例としては、肥沃土の利用、肥料の生成、芝生帯の設置、盛土の保全がある。さらには工事の段階で、どのように現存する植物を保全するのか、あるいは雑木林、特に鳥類を保護するものをどのように植林するのかといったこともテーマとなった。次のような考え方は、非常に目を引くもので振り返るに値しよう。

我々は道路空間が経済的利益からだけでなく、それぞれの景観が有する基本的な特徴を取り入れて形成されるような基盤をつくりあげた。大切なのは、道路が景観に馴染むように通し、その構造物も自然に近いように形作ることである。植物はここでは建築物の命ある素材として、また道路の形を織りなすという役目も担っている。道路わきの花々は見栄えのためだけでなく、それ以上に道路利用者に進行方向を指し示すものである。

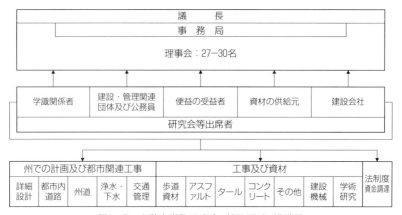

図1-5　自動車道路研究会（STUFA）組織図

＝コラム 1

長きに及んだトット契約の効力

　帝国道路総監1935年 1 月21日付け回覧文書 L231号により、自治体の道路建設組織が整っている場合には、地域通過計画区間に建物が所在しない場合には、自治体の申請により地域通過区間の建設管理を自ら担当することができるものとされた。これにより自治体は、自らインフラの建設の決定を下し、あるいは建設許可決定を行うことができることとなる。

　ハノーバーの道路担当部局が確認したところ、19.4km の新設区間は帝国道と第 1 級州道に該当し、その維持管理費用 km 当たり900ライヒスマルクに対して、自動車税収入は km 当たり2,000ライヒスマルクであった。1935年 4 月29日ハノーバー市は、維持管理担当区域の境界を市境までとして、この先の19.4km の区間を市に編入する申請を担当部局に提出した。1935年 5 月15日に承認が下り、1935年 7 月23日には道路総監名でその効力が発した。これでトット契約が締結されたわけである。

　1955年夏、ハノーバー市と連邦交通大臣との間で市南部の接続道路に関して申し合わせがなされた。この接続道路は連邦道路の B3、B6と B65号線からなるものであった。1964年 2 月 6 日の文書で、ハノーバー市は総延長9.9km の地域通過区間に加え B3と B6の一部 4 車線の部分のある区間も地域通過区間として連邦が工事費を負担する部分として引き継ぐというものであった。［ハノーバー市が属する］ニーダーザクセン州の交通省はこの申請を支持した。しかし、この区間の一部は依然としてトット契約の対象区間であった。『トット契約の廃止に関する包括契約』によって建設費の負担がハノーバー市から連邦に移されるまでには1970年 6 月22日までの期間がかかったのである。この契約の締結段階では、関係箇所には建設中の箇所が数か所ありその建設費の23％は市の負担となっていた。

　連邦会計検査院がのちに確認したところによれば、騒音防止工事費用については何箇所か合意がなされていたものの、その費用がハノーバー市から減額されていなかった。このため、全体を見直すよう同院から指示が出された。ハノーバー市と連邦は、ハノーバー市が一区間の費用負担を市に戻すことで合意に達し、1984年 8 月23日のいわゆるトット契約の廃止に関する契約を変更する契約によって、このトット契約はようやく最終的に締めくくられたのである。

2．1949年時点の状況

2．1　道路に関する責任と所管

　第二次世界大戦後、復興の第一歩として占領国側が行ったのは、帝国ア
ウトバーンの行政組織の廃止であった。ポツダム条約では交通・運輸部門
のドイツ側の中央行政組織の設置を行うことも１つの選択として想定され
ていたが、占領国側はこれを見送った。道路の復興はこうしてそれぞれの
占領地域ごとに委ねられることとなった。西側の３つの地区では、さしあた
りそれぞれの州が従前の帝国アウトバーンと帝国道路を管理していた。州
その他の自治体ではしだいに道路建設部局が設置されていった。かつての
『帝国アウトバーン建設局』は組織上廃止となった。その業務は国の行
政として引き継がれるとともに、その内容も改編された。フランスとア
メリカ占領地区では、アウトバーン担当部局と担当職員は州の組織内で州
交通大臣のもとで職務を行っていた。1945年末にフランクフルトで道路交
通、水路、鉄道の部局を有する交通管理局が設置され、これは州の組織と
競合することになった。イギリス占領地区ではこうした問題は回避された。
この地区では1946年２月に州をまたいだ別組織の「道路建設・総合交通管
理局」が早期に設置されたのである。この組織は、『帝国アウトバーン建
設局』橋梁業務を引き継いだ。道路資産の管理については占領行政機関に
残ったままであった。

　後日、西ドイツ連邦交通行政の先駆けとなる組織は、交通行政委員会
であると言ってよかろう。これは1946年というかなり早い段階で設立され
たものである。しかし、同委員会の担当地区は、アメリカ・イギリスの
経済統合地域（Bi 地域という）に限定され、その所在地はビーレフェルトで
あった。同委員会には、〔鉄道、道路、内水路、海上交通〕の４つの主要
行政部門を担当する、委員会独自の交通総局が設けられていた。道路行

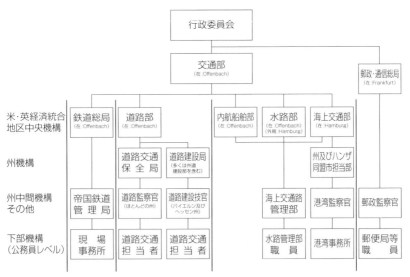

図2−1　1945年以降のドイツ交通部局の構成（英米統合経済地区）

政部門は、道路建設部と道路交通部からなっていた。ここで注意しなければならないのは、州は委員会の決定や指示を経済統合地域（das vereinigte Wirtschaftsgebiet）のために実施していたということである。しかし、特定資材の配給量（例えば、建設資材への割り当て量）を見るかぎり、『交通行政委員会』は道路の建設と維持の分野では特に積極的な活動はしていない。

　1948年9月12日道路管理局設置に関する法律によって『経済統合地域交通管理局』が中央行政官庁として設立された（図2−1）。その所在地はオッフェンバッハ（Offenbach）で、その業務は通常交通省に属することを処理することであった。フランスの占領地域に設けられた組織は、後に設置された中央組織には意味のないものであった。

　理論的には、戦争終了時点で効力を有していた道路法規は、実際上放棄されない限り、引き続き有効であった。すでに示唆したように、1933年6月27日の『帝国アウトバーン会社設立に関する法律』によれば、帝国アウトバーンに関する建設管理の責任者は当会社であった。しかしこの会社は1945年10月にソ連管轄区域の自動車交通総局に接収されたため、西側にとっては事実上の破産となった。等級付道路に関する技術上の行政処理を行っていた道路総監組織はもはや存在しなかった。西側の占領地区にお

いては、新しく成立した州の道路建設・維持担当部門がその担当責任を担うこととなった。

従前の帝国アウトバーンと帝国道路の一部は州の所有となった。

将来の道路交通需要に的確に対応するため、行政当局の職員と技術陣には解決すべき課題があった。まず、第二次世界大戦前に到達していた道路の状態と技術水準とを回復することが必要であった。これは、まず道路を復旧し、さらに改善するということを意味した。

写真2-1　爆撃を受けたラウタータール橋（カイザースラウテルン近郊）

同時に、1920年代、30年代の技術とそれが使用されている状況を取り戻した上で、国際水準にまで引き上げることが必要であった。加えて、広範囲に事前の研究事業を進め、そこから得られる結果を今度は可能な限り早期に現場に持ち込むことが必要であった。こうして1947年5月にビーレフェルト（Bielefeld）に、新たに道路研究会（FGS）が設立された。同研究会は、1924年に創立され（『自動車道路研究会』（STUFA））、1934年にFGSに名称変更となった組織の後進団体である。様々な分野の作業グループや委員会が設置されたが、これは建設業界、学会、行政機関からの代表者によって均等に構成されていた。委員会が優先した目標は、道路工事の工事品質と経済性とを確保することにより、できるだけ早期に将来にふさわしい機能を持つ道路網を築き上げることであった。委員会はこの目的に向かってより実践的な資料を作成していった。計画段階から建設業界、学会、行政機関の間の協力が得られたため、実行段階で発生する可能性があった摩擦を減ずることができたのである。

横断的な技術的課題に関して、連邦交通省への助言機関として「連邦道路建設研究所」（暫定所在地はエルデ（Oelde/W））が1951年3月1日に設立された。今日に至るまでその業務内容は、連邦アウトバーン及び連邦道路にかかる科学技術の振興となっている。同研究所は、内外の同様の技術機関と密接な協力のもとに研究を進めている。

2．2　道路工事技術

　1942年には、帝国アウトバーン建設は止まった。それまでに約3,900km
が開通していたが、部分的に片側車線のみのところもあった。戦後、この
開通区間のうちその54％は英独仏占領地域に、35％はソビエト占領地域に、
残る11％は現在のドイツ国境外に残された[6]。この帝国アウトバーンの
走行路面、すなわち舗装の表層面は、90％以上がコンクリート舗装であっ
た。わずかながらこれをアスファルトあるいは小さめの敷石としたものが
あった。もっとも、道路網の大半をなす州道その他の自治体の道路は砂利
道であった。戦争で破壊された道路の復旧には建設資材と建設機械とが必
要であった。また、工場設備も老朽化しあるいは損傷を受けていた。道路
工事用資機材は不足物資の１つだったのである。

　1948年６月20日の通貨改革は、道路建設の転換点となった。戦後しばら
くの間復興の妨げとなったのは資材不足であったが、通貨改革後は資金不
足が大きな障碍となった。

2．3　交通安全

　1945年以降、旧来の道路の復旧が必要であっただけでなく、その安全性
を向上させることも必要であった。ドイツ連邦共和国（西ドイツ）が成立
するまでの間、交通標識に資金が投ぜられた。戦後——軍政部局が占領地
域で若干の特別規則を施行していたほかは——非常に厳格な戦時交通法規
が適用されている場所があった。このため新しい道路では、同一主体の管
理下でも、旧戦時法規と特別法規管理が適用されていたのである。その法
規の対象には危険物の運搬も入っていた。

　鉄道、内水航路及び海上航路については19世紀にまで遡る法制上の国際
的な合意があり、その中には国際法上の拘束力を持つ危険物運搬に関する
規則もあった。しかし、道路交通については、同様に規則が整ったのは20
世紀もようやく50年代を迎えてからのことである。爆発物の運送について

6）それぞれのおおよその延長については p.333の注５を参照。

は、州が規制していた。『危険物』とは、その性質上もしくはその状態によって人間と動物に生命と健康に危険を及ぼし、または環境を損なう可能性のある物資もしくは製品をいう。さらに爆発性物質、高圧ガス、引火性の液体（例：ガソリン）、毒性、腐食性を有するものや放射性物質が含まれる。

　道路上の危険物の運搬の事故発生率は比較的高い。だがこの道路の建設期にあってドイツは交通政策上別の重要案件の処理に追われており、危険物に関する規定整備に着手したのは国連欧州経済委員会であった（3.4参照）。

２．４　交通計画と交通技術

　1940年代後半の交通計画は、その内容も手法も一般に広く認められていたものではなかった。専門家の間でも、何を、どこで、いつ建設すべきかということについて意見の一致を見ないのはいつものことであった。このため、建設する道路の位置、断面、完成像の決め手となったのは都市づくりであった。計画担当者は、与えられた課題をその直感にすがって、街づくりを基本にして片付けるということが多かったのである。

　市街地を離れると交通計画なるものは、長距離道路に関する計画と同義であった。1920年代の終わりからシステマティックに進めた交通量推計の結果が使用されたが、未だに戦略的概念を純粋に適用することが基本となっていた。その前提として、『アウトバーンのシステム』は、立体交差の片側２車線でかつ隣接地と遮断された長距離道路と捉えられていた。

　西ドイツの成立前後には、ドイツの道路施設計画には1937年の『地域通過道路に関する指針』が適用されていた。また、『州道の整備に関する暫定指針（RAL37）』（1942年改定）も同様にこの時代に用いられていた。以上の指針は、線形計画、横断設計、排水施設、ジャンクションに関する一般規定となっていた。RAL37は、道路種別や地域の違いに応じ、推奨設計を示していた。基準が新しく改定されるごとに、走行速度に応じた設計仕様に関する指示が一層明確にされていった（カーブは、ハンドルとブレーキ操作をできるだけわずかな操作で済むように設定されていた）。これは、第三帝国の時代に新たに導入された設計速度がそのもとにあった。こうした方向は、

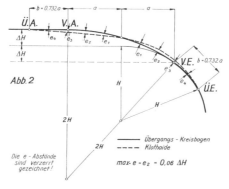

図2-2 クロソイド曲線（破線）と円弧を連続的に用いた設計（実線）の差を示した図

1942年の『帝国アウトバーン工事指示書──設計原則（BAURAB TG）』で暫定的に決められたものであった。ここでは円弧を用いた曲線設計にクロソイド曲線──（カタツムリの殻のように）曲率半径が変化していくカーブを取り入れたのである

　走行速度を基本に設計を行うという考え方は、RAL37の執筆者であるアウベルレンの言う「3つのF＝Fahrt formt Fahrbahn＝走行状況で車線が決まる」に要約される。RAL37の前書きには、「設計速度とは、設計技師が郊外の道路区間の設計を行うときに設定するものである。実際の速度の選択の根拠となるのは、郊外の道路区間を通過する車両の多くが実際に走行する速度である。一定区間の設計速度は可能な限り等しく選択するべきである。」と記されている。

　当時の指導的な設計技師であったシュルムス（Schlums）は、カントの定言命令法をなぞって1つの公式を出している。すなわち『あなたが走行するときに、このようにつくってほしいと思うようにつくりなさい。』ということである。こうした線形設定に関する原則と手法とは1930年代から1959年まで、ものによっては1966年まで用いられていた。

　アウトバーンは1930年代には－景観上の理由もあって－縦断勾配を7％までとして建設されていた。アウトバーンの建設が再開された後からは、勾配区間については最大4％で建設されている。

2. 1949年時点の状況

1944年には、都市内道路についても『都市内道路施設に関する指針（RAST）』が出された。しかしこの指針は、第二次世界大戦の戦中、戦後に適用された州道のための RAL と同様な意味を持つには至らなかった。1980年代になってこの両指針は組み合わされて『道路施設に関する指針（RAS）』という１つの指針とされた。

２．５　国土利用・形成計画[7]（Raumordnung）

19世紀が終わると、ドイツの景観は瞬く間に大きく変容した。国は今や、都市部の拡大と地方部の過疎化の前になすすべがなかった。これと並行して第一次産業と第二次産業の分野間で構造変化が進んだ。後の経済危機の際のように、市場の自己統制機能にますます疑問が持たれるようになると、国土利用・国土形成と社会政策に国が積極的に関わることが求められるようになった。『都市化』は留まるところがなく、またこれによって拡大した都市区域（例えばベルリンの兵舎地区）には社会的弱者が必然的に集まったことから、自然との繋がりを回復したいという要求が強くなった。こうして再び『整然として穏やかな都市環境』という考え方が現れた。ルール工業地域に15万人（家族を含むと60万人）の炭鉱労働者のための住宅地域の計画が出て、1920年の『ルール炭鉱地区住宅組合』の設立へと繋がった。

1920年代の終わりには、ドイツにはすでに20を超す国土計画に関する団体が存在した。この団体が設計の対象とした地域は、ドイツ全国のおよそ30％に及んだ。この地域には当時の人口のほぼ60％が居住しており、その

7）原語は Raumordnung である。それぞれ空間、秩序を意味する Raum と Ordnung の合成語であり、空間秩序が元来の意味である。国土の空間的、立体的な把握の観点と秩序への規範意識を前提に国土形成を考えるという姿勢があり、単なる利用計画と意味合いを異にする。また、これに関するドイツ法『Raumordnugsgesetz』に空間整序法との邦訳があり、従来から全体像の呼称として空間計画という語も用いられている。しかし、この制度は単に土地空間の立体的利用に着目したものでなく、人口動態、就業空間の配置（雇用状況への配慮）、社会的文化的観点まで包摂するもので、国土の適正な形を求めるものといえ、こうした邦訳はやや狭い印象を与える。本書では、以上を考慮し「国土利用・形成計画」との表現を基本に訳出している。

なお、「国土利用・形成計画」については、担当官庁も具体的計画を行う官庁と峻別されている。ドイツの国土政策については、「諸外国の国土政策・都市政策（４.ドイツにおける最近の国土政策について　橋元拓哉）」（財団法人日本開発構想研究所平成20年1月）に詳しい説明がある。

意味では国の半分を超えていたわけである。以上の計画関連組織は1929年にそのすべてを統合してドイツ国土計画協会となった。

　1930年代半ばには、国土計画担当官庁とドイツ国土計画協会とで連携がとられるようになり、帝国全域をその対象とした。国土計画協会は、中央集権的なイデオロギーに沿って国土の全体計画を作成することとなった。交通計画上、国土の秩序的利用がいかに重要かは、例えば社団法人帝国アウトバーン準備協会（GEZUVOR）の組織展開を見ればわかる。当初同協会は、『帝国の計画・国土形成計画整備準備協会』と称していたが、最終的には『帝国計画協会』に改められた。1935年には学際的な研究機関として、『国土形成計画研究のための帝国事業協会』が設立された。

　戦後になると国土計画を組織的に進めるという手法は、次の理由から重圧感が感じられるようになった。
・中央集権的な傾向が強い計画策定手法
・硬直的で柔軟性のない「計画経済」
・国家社会主義のイデオロギーに拠って立つ住み替え計画や、東部への移住計画

　戦後「国土研究・設計学術協会」が設立され連邦から資金が供給された。連邦側でも、1949年に『国土形成研究所』が設置され、ベルリンに事務所が置かれた。1972年には、同研究所は『地勢研究所』と合併して『連邦国土計画・地勢研究所』となった。1998年には、同研究所は連邦建設局と併せて『連邦建設・国土形成庁』とされた。さらに別の組織としては、1946年に『ドイツ都市計画・設計学術協会』と『住宅、都市建設、国土形成計画協会』が設立されている。1949年には『連邦ドイツ国土形成協会』が設置された。当協会は1929年に設置され1933年に解散したドイツ国土形成協会に連なるものである。

(訳者追記：第二次世界大戦直後の交通関係行政組織の変遷について：本章及び次章に言及されている「交通行政委員会」(p.17)、「経済統合地域交通管理局」(p.18)、「交通行政庁」及び「交通庁」(いずれも p.25)はいずれも原語名称が異なり、また、その相互ないし前身、後身の関係は、本書の記載からは必ずしも明確ではない。)

3．戦災瓦礫の処理と新たな道路行政の仕組み
（1949－1954）

3．1　新しい組織の枠組み

　1949年5月24日の基本法[8]の発効後、アメリカとイギリスの占領地区に設置された『交通行政庁』（在ビーレフェルト）と『交通庁』（在オッフェンバッハ）が統合された。これは1949年10月6日からその名称を『連邦交通省』とした。連邦交通省は1966年〜1980年までの間、同時に郵政省も兼ねていた。1998年に連邦交通省は連邦建設省と統合された。

　連邦行政が最終的な組織形態に落ち着くには1949年まで待たなければならなかった。戦後は鉄道、道路、内水航路、海上交通の4つの主要行政組織がさしあたり独立して活動していた。それまでの米英占領地区にあった行政機構を可能な限り摩擦が生じないようにして、相応する連邦の官庁に移行する案を策定すべくある委員会が依頼を受けた。同委員会は、連邦交通省を5つの部局に分けることを提案した。

・部局 A ———総務部
・部局 ST ———道路部
・部局 W ———水路建設部
・部局 B ———内水航路部
・部局 See ———海上交通部

　連邦鉄道の分野にはほとんど手をつけられなかった。これは、それまでに連邦鉄道法がなかったためである。交通省の組織の多くはこの提案に沿ったものとなっていった。さらに鉄道部に加え、航空関係の2つの課が設置されて、交通部門のすべてが一組織で統括されるようになった。

8）憲法を指す。正規の憲法を制定すると東西ドイツの分断が固定化するとの考え方から、基本法と名付けられたものである。しかし、ドイツ再統一後も憲法の名称に改められてはいない。

Die Verkehrsminister der Bundesrepublik Deutschland 1949 – 2000

Dr.-Ing., Dr.-Ing.E.h., Dr. rer.pol.h.c.
Hans-Christoph Seebohm
20.09.1949 – 30.11.1966

Dr.jur.h.c. Georg Leber
01.12.1966 – 07.07.1972

Dr.jur. Lauritz Lauritzen
07.07.1972 – 07.05.1974

Kurt Gscheidle
16.05.1974 – 05.11.1980

Dr.rer.pol. Volker Hauff
16.11.1980 – 01.10.1982

Dr.rer.pol. Werner Dollinger
04.10.1982 – 11.03.1987

Dr.jur. Jürgen Warnke
12.03.1987 – 21.04.1989

Dr.jur. Friedrich Zimmermann
21.04.1989 – 18.01.1991

Prof. Dr.-Ing.habil. Günther Krause
18.01.1991 – 13.05.1993

Matthias Wissmann
13.05.1993 – 26.10.1998

Franz Müntefering
27.10.1998 – 17.09.1999

Reinhard Klimmt
29.09.1999 – 20.11.2000

Kurt Bodewig
seit 20.11.2000

... aus der Sicht des DVZ - Karikaturisten Wilhelm Hartung

図3-1　1949年から2000年までのドイツの歴代連邦交通大臣

　1951年3月2日の『連邦アウトバーンとその他の連邦長距離道路と財産上の法的関係に関する法律』は、連邦が1950年4月1日に遡って連邦長距離道路の建設費負担者になるものと定めている。このため連邦はこの道路建設についても責任を有することになった。あわせて、従前の『道路』部が『道路建設』部と『道路交通』部とに分かれた。

　また、基本法を根拠に、連邦官庁が中心的存在として行政の方向を決めていくことが可能になった。基本法第87条に基づき、帝国鉄道は連邦所有とされ、かつ独自の機構が備えられた。ドイツ連邦鉄道の財産上の法的関係に関する法律は、2年後『特別財産ドイツ連邦鉄道特別会計』を創設した。1951年にはまた、『鉄道基本法』と『連邦鉄道法』が引き続いて制定された。両法律は、西ドイツにおける連邦鉄道と、東ドイツにおけるドイツ帝国鉄道とを区分けした。さらに、州が鉄道に法的に関わることができる余地を残した。これは、1920－30年代に失われていたものであった。もっとも州に財政上の責任は負わせられなかった。

　以上のような進展があったが、長距離道路に関しては、その法的処理権限をすべて連邦に与えるという点では、基本の起草者たちは合意に達することができなかった。連邦が握った権限は法律案の策定について他の組織と競合

3. 戦災瓦礫の処理と新たな道路行政の仕組み（1949－1954）

図3-2　連邦交通省の組織

するものでしかなかった。これは、基本法第74条第1項第22号の『道路交通、自動車、及び長距離道路たる州道の建設及び維持』に関する条項によって規定された。西ドイツが連邦制という国家構成をとっていたことから、州には別のすべての公共道路の分野において法律を制定する権限があったのである。『連邦アウトバーン及びその他の連邦長距離道路』にかかる行政は、基本法第90条第2項の連邦の委託（連邦委託行政）』を根拠に州によって、ある

写真3-1　1945年以降の道路工事

いは州法に基づく所管権限を有する自治体によって実施された。

　連邦委託行政という新しい仕組みは、連邦交通省の道路建設局の担当業務とその活動とを形作ることになった。行政の執行に必ずしも統一が取れないということから、その後直面する課題に効果的に対処することが困難となることが生じたり、また支出が増加することもあった。他方で、利害を異にする連邦と州の責任者とが、ほとんどのケースで共通の立ち位置を見出すことができた。連邦交通省は、連邦交通研究所とも協力して、連邦長距離道路の設計、建設、資金調達、運用に関して基本的な方向性を作り上げていくことができた。そこでは州その他の自治体の独自の道路行政活動を制限、縮小することは許されなかった。

　連邦交通省は行政の分野を離れて道路研究協会（FGS, 1982年以降はFGSVとして存続）を支援した。こうして同省は、道路行政と研究活動の協力により成果を生み出すとともに、道路建設事業と建設資材製造業とにおいても同様の成果を生み出した。

委託行政

　連邦長距離道路について想定されていた連邦の委託行政は、基本法第85条によるものである。しかしながら特に復興期間については、この委託行政という手法はあまり実態に即したものとは捉えられていなかった。例えば、ハンス・クリストフ・ゼーボーム初代連邦交通大臣は、道路建設行政については、『いまだに、時代にあった、統一性のある組織形態を作り上げる動きがない。』と発言している。こうした間にも衝突が生じ、連邦道路に関する総合行政組織づくりには成果が出なかった。連邦アウトバーン、連邦道路、一級州道からなる道路網に対する責任は、統一組織が負うべきであると考えられていた。それは連邦交通省、連邦道路管理局、連邦道路事務所ないし連邦アウトバーン事務所の3つで全体を構成するというものであった。

　連邦の委託行政の範囲内では、連邦は、従前から行政を司る州の意思決定に影響を与える広範囲の権限を有していた。行政手続に関しては、連邦は法的統制権限があるが、これを別にしても連邦参議院の同意を得て、一

般的な行政規定を発する権限を有していた。長距離道路の分野については、それまでに発した規定は次のものに限られていた。

- 連邦長距離道路にかかる委託行政に関する第一次基準（1951年5月3日付け）委託行政の対象範囲と統治高権及び財産管理に関する責任範囲について規定。
- 連邦長距離道路にかかる委託行政に関する第二次基準（1956年2月11日付け）資材の調達等及び会計及び会計監査に関して規定。

　以上の規定は内容が広範囲にわたって古くなっているものの、委託行政の基本としてその効力を保持している。連邦交通省には、個々のケースについて指示を与える権限があった。連邦交通省が州の最上級の道路部局に技術基準や法律の有権解釈を文書で示すことにより、指示事項がまとまりを持つようになっていった。連邦交通省は基本法第85条に基づいてこれを順守させることができた。事業が滞りなく進むよう連邦交通省は州の最上級道路部局にこの指示事項を計画、工事、管理の段階で順守するよう依頼した。文書は通常交通広報で公にされたが、『道路建設広報』の名で出されるのがほとんどであった。この文書は、連邦と州の代表者で構成する委員会で、事前に調整されるのが通常であった。連邦会計検査院も、その検査根拠としてこの文書を使用した。同院は、この文書を拘束力があるもので順守されるべきものであると見ていた。回覧文書の発信に当たっては、連邦交通省は、州の最上級道路部局に対して、同部局が所管する道路についても同様な手続きを踏むよう勧告した。こうした形で連邦交通省は、州の担当分野において同様の措置が取られる場合には統一性が保たれるようにしていたのである。

　州が連邦長距離道路を連邦の委託によって管理しているため、連邦の道路行政機構はその下位組織に建設担当部局を有していない。その例外となる特例は、連邦道路研究所である。連邦と州とを『繋ぐ』役目を担っているのは、連邦交通省のS部（1998年までStB部）の地域課である。

　ほとんどの州では道路建設部局は3層の組織構造となっている（図3-3参照）。
- 最上級道路建設部局：州の担当官庁
- 中級の道路建設部局：道路建設部、道路管理部、道路交通部
- 下級の道路建設部局：道路官吏、アウトバーン官吏からなり管理事務所、通信基地に配属される。

　州道路当局の公務員は州の公務員（Landesbeamte）であり、職員と労働者

写真3-2 第二次世界大戦後のＡ２号線分改良工事

(Angestellten und Arbeiter) とは連邦長距離道ために勤務していても州の被雇用者である。

連邦長距離道路法

　西ドイツ領域内の長距離道路については法的統一性が必要である。このため、1953年に連邦長距離道路法が制定された。この時点から、アウトバーンと連邦道路に統一法が適用されるようになったのである。連邦長距離道路として扱われる基準は、当該道路が広範囲にわたる交通に寄与する総合的な道路網を形成するということである。連邦アウトバーンについてはさらに、もっぱら高速交通に用いられるということがさらに必要である。それまで道路として登録されるには一定の法的根拠が必要とされていたが、これは公共物指定（行政行為の性格を有する）が取って代わることとなった。

　全路線をほぼ『まったく問題のない状態』という段階にまで持っていくというのは、なお、財政状況の許すところではなかった。このため一定の場合には道路管理者[9]の交通安全上の義務を解除することとされた。道路管理者は、交通上安全が確保されていないことが交通標識によって明示されていない場合には、損害賠償義務を免れることになった。このような標識を設置する所管は、道路管理者にあった。連邦道路の地域通過区間[10]については、1950年の国勢調査上人口が9,000人を超えていれば、自治体の所管であった。その他の場合には所管は連邦であった。連邦長距離道路法第24条によれば、自治体の人口が『旧ドイツ帝国領地からの追放者、あるいは、ベルリンとソビエト占領地区からの避難者、移住者』により著しく人口が増大した場合には、広範囲にわたる暫定規定が定められていた。

9）ドイツの法令では、日本の「道路管理者」そのものに該当する語句がないが、これに相当するものとして道路建設費負担者「Baulastträger」の語句が用いられている。この者は日本でいう道路管理を行う者であるので、本書では、これに特に支障のない限り「道路管理者」を訳語に当てている。
10）自治体内の集落内を通過し、あるいは集落内の道路網と連結しているような連邦道路の区間を呼ぶ（連邦長距離道路法第5条第4項）。州道についても、州の道路法で同様の規定がある。

3. 戦災瓦礫の処理と新たな道路行政の仕組み（1949-1954）

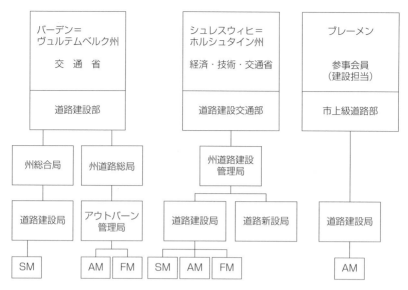

凡例
SM：アウトバーン管理事務所
AM：道路管理事務所
FM：通信管理所

図3-3 道路担当組織（原本より一部を抜粋翻訳[11]）

　バイパスの所管については、多少の違いが存在した。道路管理者が連邦である場合には、連邦道路が自治体の道路に接続するときは、自治体がその重要度に応じて建設管理の資金を負担した。つまり自治体はその利害に応じてバイパス事業に参加したのである。道路管理者が変更となる場合に、道路敷の所有権も新たな道路管理者に移転した。これは法律の効力によるものであった。これは道路資産と関連する権利義務についても同様であった。道路への接続も含む道路の特別利用（例えば管路が道路（ランプ部も含む）を横断する場合）については、これに公法的性格を与えることで統一を見た。それまでアウトバーンにのみ限られていた同隣接地への建築制限は、連邦道路の郊外区間についても適用されることとなった。郊外地域における屋外広告物の設置は、1948年7月12日の国連欧州経済委員会決議により禁止された。

---

11) 原著には全国の組織図が収められている。州によって組織名が異なるが、典型的事例となるものを訳出した。州による組織名の異同は現在も続いており、ドイツ国内でも煩わしいようである。

31

写真3-3 ゼーボーム交通大臣が再建されたA7号線ヴェルタール橋の開通を宣言

以上の体制から新たな問題が浮上した。誰が、何の費用を負担するかである。

従来、工事費に関する決定権限は道路総監にあった。いまや、道路総監は存在しない。それゆえ、まさしく上述した状況のもとでは、長距離道路が別の道路と交差する場合に関する特別規定が必要になった。意見の相違が表面化してきたがこれについては連邦交通省が決定を下した。計画が連邦の分野に関わるものである場合には、これは州以下の計画に優先する。かつて帝国道路法で法律的に規定されていた1924年の計画確定手続[12]は——全面的に改訂されて——連邦長距離道路のすべてに適用されることとなった。新法によれば、計画確定手続は、行政行為の形態をとって行われる。これは、道路の建設管理にかかる公益を確保することが1つの目的であり、さらに相対立する利害を調整することをもう1つの目的としている。工事が重要なものでない場合には、計画確定手続はとられない。

計画確定手続に参加する関係官庁間で意見に相違が生じた場合には、あらかじめ連邦交通省に指示を求めることとなっている。道路管理者がその業務を遂行できるよう、道路管理者には収用権限、あるいは、暫定的に所有権を移転させる請求権を行使する余地が残されていた。連邦交通省は、その権限を連邦の最上級官庁もしくはその下位官庁に移譲することができる。1953年に公布された連邦長距離道路法は、憲法上の連邦・州の権限分配規定に配慮している。このため同法は連邦アウトバーンと連邦道路のみに関する法規となっている。その他の公道に関しては州の道路法が規定している。これに属するものには、例えば州道（旧第1級州道でもある）、郡[13]道（旧第2級州道）

12）広範囲にわたる事業に関する許認可について包括的に決定する行政手続で、期限は19世紀に遡る。現行法上でも重要な手続きとなっている。この手続きの結了により、行政行為に不可争性が認められ、収用の根拠ともなる。

13）ドイツの州以下の自治体組織はやや複雑な構成となっているが、州（Land）－郡（Kreis）－市町村（Gemeinde）の3層構造と概括できる。ただ、州より下のKreisレベルでも日本の県よりもかなりサイズが小さい（全国で300を超える）こともあり本書の後の記述では、原則としてKreisとGemeindeをまとめて「市町村」と訳出することを原則としている。

3. 戦災瓦礫の処理と新たな道路行政の仕組み（1949－1954）

コラム2

国連欧州経済委員会

　経済委員会ECE（Economic Commsion for Europe）は、ジュネーブを所在地とする国連の常設組織である。創設は1947年である。55の加盟国からなる、最大かつ欧州東西を長期にわたって結びつける場所となっている。ECEの活動組織はその国内交通委員会（Inland Transport Committee）である。自動車に関する基準の策定については、国内交通委員会が、世界自動車基準調整フォーラム（World Forum for Harmonization of Vehicle Regeulations（WP29））として活動している。交通問題のうち特に重要なものについては、なお、国際連合という世界の場で広く取り扱われている。1968年の道路交通に関するウィーン条約や1958年と1998年の自動車構造に関する協定は顕著な重要事例である。

と市町村道、歩道、未舗装の公道その他の公道である。

　国連欧州委員会の発表の基づき『欧州道路』と名付けられた主要道路がいくつかあるが、これはドイツでは道路を表示するだけの意味しかもちあわせていない。つまり、「欧州道路」なるものは道路の所有、形状、管理者を示すというものではないのである。

3.2　解決の差し迫った課題

道路網と交通

　成立当初の連邦政府がその業務に着手する以前、各州政府はすでに帝国道路と州道の戦災瓦礫の処理を部分的に進めていた。しかし分量が大量であったため、その除去には数年を要した。連邦はこの作業に1億6,100万マルクを支出した。復興と補修には1949年～1954年までの期間を要した。

　ドイツ連邦共和国（西ドイツ）が成立した時点（1949年）には、アウトバーン網の主要部分2,100kmと、後日連邦道路網（人口6,000人を超える地域通過区間部分を除く）となる21,800kmがあった。資金が枯渇していたため、まず破壊された橋梁を架け直し、アウトバーンの路面の補修が行われた。道路

33

写真3-4　路面電車と他の交通機関との混在

資産の保全措置が新規建設に優先して取り扱われたわけである。戦禍の規模は橋梁の破壊のすさまじさで明らかである。アウトバーン及び連邦道路の橋脚間隔が5mを超える1,508の橋梁が破壊された。うち46％は1949年までに復旧が進められ架橋された。38％は、暫定的に橋梁としての使用が可能となった。1949年時点でなお破壊されたままであったのは16％に過ぎない。1950年にはすでに連邦道路は延長にしてその55％が十分に走行可能となり、当時としては、旅客及び貨物輸送上『ほとんど満足すべき』ものと言われた。

　1948年の通貨改革は、道路貨物輸送の財源を大きく後押しする源となった。所得税率が著しく高い中で、貨物自動車購入の際、初年度に50％を償却することが可能であったため、その購入は魅力的なものとなった。またこれには、大型の貨物自動車に対する税率が低率であったことが及ぼした影響も大きかった。以上は経済の発展にはプラスとなったが、道路の質に対しては致命的な影響を与える場合が生じた。道路は重量貨物車にはまだ対応していなかったのである。かくして、路面にさらに負担がかかった。

研究／連邦道路建設研究所

　戦後の大きな課題は道路建設だけではなかった。道路網に関する当時の課題、また特に将来に向けた課題の研究を進めることも必要であった。道路研究所新設後、このような事項に向けて研究所を創設することが検討された。こうして『連邦道路建設研究所（BASt）』が設置された。同研究所は、連邦の上級官庁直属の機関で、道路建設部を優先して専門的観点から支援することとされていた。この研究所はエルデ（Oelde）の道路資材研究所（1934年から最上級建設部の道路資材研究室）とハンブルク所在の外局の連邦構造物研究所（1934年から橋梁部局の地質検査所）とを統合してできたものである。同様の目的を有する研究所等で模範例となるようなものは、それまでドイツにはなかった。連邦道路建設研究所には、連邦交通省予算から資

3. 戦災瓦礫の処理と新たな道路行政の仕組み（1949－1954）

写真3-5　1951年の連邦道路建設研究所の建物（ケルン）

金が供与される。

　連邦道路建設研究所は、その初年度には主に建設技術に関する研究を行い、その重点を道路の土工工事、舗装構成、霜対策においた。交通省は研究成果のうち注目に値するものを取り上げ、具体的問題に関連した論文が数多く公表されるようになった。

3．3　再建と拡大

道路網の拡充

　1949年〜1953年にかけて連邦は総額6億マルクを連邦の主要な道路網に投入した。アウトバーンの延長は、1953年末に約2,150kmに達した。これは走行車線延長では8,400kmとなる。当時、交通問題に関わる政治家や、道路の計画策定に当たる者は現状を認識し、経費を算定し、地域間あるいは地域内の道路の再建に真っ先に取り組んでいたが、この段階で基本構想を考えていくことは、何よりも、ドイツ分割がもたらしたものを地域レベルでどのように克服していくかを検討するうえで有用であった。

　西ドイツが成立した時点では、ドイツは比較的密度の高い長距離道路、鉄道、内航水路の交通網を有していた。国際的な尺度から見ても、ドイツは有利な立場にあった。もっとも以上の交通網の利用は限られたものであった。連邦道路を例にとると、その交通容量は非常に小さかった。同時にこの道路の安全水準は低いものであった。その原因をなしていたのは、何にもまして、線形が不適切であり、車線幅員が狭いばかりか車線そのものが貧弱だったことである。連邦道路のうち幅員が6.5m以上であったものはその2割弱であった。この最低幅員ははるか昔の1930年代の帝国長距離

道路の指針ですでに要求されていたものであるし、交通安全の観点からどうしても必要なものである。

　こうしたことから西ドイツの道路インフラ整備は、その最初の数年間は、既存の道路に集中し、また、

・再建

・修繕

・質の向上

という点に重点目標がおかれた。

　そこで第一に、舗装面を重厚なものとし、また車線を広げるほか、車線そのものも追加した。さらに、技術陣は勾配、曲線半径の変更も行った。1952年以降からは、長距離道路網に新たな道路の計画が盛り込まれ、建設に至った。これにより例えば狭い地域通過区間の重交通が緩和され、鉄道との平面交差が取り除かれた。またカーブが多く、狭い道路の改良が行われて事故率の上昇が避けられた。このような方法で道路の容量と安全性を大きく向上させたため、交通網を大規模に拡大することは要しなかったのである。

　しかし西ドイツ経済は、成立後わずか数年で数値的にも目を見張るような成長を遂げた。この結果、従来の道路には大きな負担がかかることになった。中期的・長期的にアウトバーンを計画し建設していくという方向にはことは進んでいなかった。次に日平均交通量でその大幅な増加を示す。これは計測箇所の24時間断面交通量によるものである。

	平均交通量（台／24 h）	
	アウトバーン	帝国道路・連邦道路
1936-37	1,200	650
1947	1,400	700
1953-53	4,580	1,640

　当時の道路網には穴や修繕を要する箇所が多く存在していたが、連邦交通省は早くも1950年代には、今まで引き継いできた『荒削りの道路網』を機能的な『幹線道路網』へと変えていくよう作業を進めていた。1952年に描かれた道路建設計画からはミッシングリンクの是正や路線網の補完を見て取ることができる（図3-4）。もっともそのなかには新たな計画ではなく、1942年に工事を中止せざるを得なかった道路も多々あった。

3. 戦災瓦礫の処理と新たな道路行政の仕組み（1949－1954）

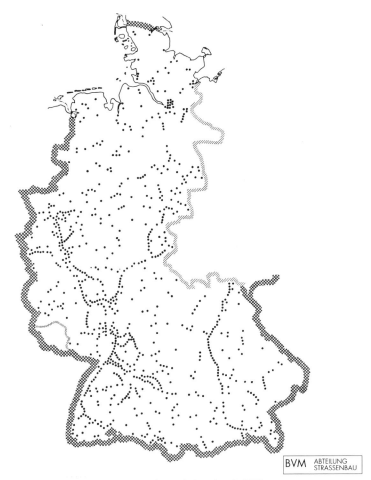

図3－4　1952年に建設の意向のあった箇所

　「戦後のドイツの現実を前に、道路網の設計担当者は、西ドイツという片割れを完成したものにするしか選択の余地はなかった。戦争が終ったとき、アウトバーンは道路網としては不完全なまま取り残されていた。このため連邦長距離道路は、全体的に完成したシステムとしてその機能を発揮することはできなかった。新しい形態の道路がその目的を全うして、交通量がますます増え、あるいは交通量がまもなく過大となると思われる連邦道路を補完することとなるためには、道路の途切れた部分を繋ぐことが必要であった」（『連邦交通大臣のゼーボーム』、1961年、240ページ）。

こうした事情から、初期の西ドイツの連邦長距離道路の新設計画は、帝国アウトバーンの未完成の部分にかかるものとなった。この際、特に喫緊のものとみられたのは、南北の連結であった。これはドイツ分割の結果生じてきたものであった。連邦道路については、従前のドイツ国内に国境が現れたために、従前のドイツの国土を対象とした計画が新たな情勢に合わせて改定された。さらに、国土全体の交通網を考えた場合、西側陣営に入る形で諸外国と連携させることが重要になったのである。

資金

地域間道路にかかる資金については、連邦の一般会計がその資金源となっていた。このため、毎年改めて協議を行うことが必要とされ、どの資金を何に対してどれだけ投入するかを検討することが必要であった。連邦には道路を建設することだけではなく、ほかの施策も要請されていた。連邦交通大臣のゼーボームは、必要とされた『ほかの施策』として住宅建設、雇用の創出、また食糧、衣料品の供給、暖房設備の設置、学校・病院・発電所の建設、文化施設・研究所の設置、さらに国防、開発途上国への援助などを挙げている。

ここで注目すべきなのは、1954年の連邦の交通関連予算を含め、その年間支出額のうち連邦水路への資金額（ただし、人件費と船舶建造のための借入金も含む）が、1954年も含め連邦長距離道路への投入額を超えていたことである。これはこの時期を通して長距離交通、特に国境を超える交通については、道路と水路の双方が通行路として重要であったということと符合する。道路建設がいかに予算獲得の争いに依存していたかは次の実例が示すところである。

・1950年会計年度の予算は、ケルン－フランクフルト間のアウトバーンを7.7km延長して、マインツの南の連邦道路43号線に繋ぐには、建設費として110億1,250万マルクを要すると見積もられていた。これは再三にわたって削減され、最終的にはわずか12億5,000万マルクが予算化された。結局のところ見積もりの約11％にしかならなかった。

このような例を別にすれば、この時代にあってもアウトバーン網の建設は目標とされた形で延伸することができた。これには以前に施工されていた部分から工事を進めたり、以前の施工部分を利用することが可能だったので

3. 戦災瓦礫の処理と新たな道路行政の仕組み（1949－1954）

ある。1955年3月31日までに60kmの補完工事が完了した。このうち46kmの区間については対面通行であった。車線が付加されたのは、1955年に交通財政法（4.2参照）が発効したのちで、この事業は優先されるべきものとされていたので、円滑に実施された。

写真3-6　A3号線ケルスターバッハ付近コンクリート舗装

道路計画

　連邦交通省は1952年に国家道路計画を策定した。この計画では、2,175kmのアウトバーンを追加建設し、総延長11,200km連邦道路の改修・改築——新設区間もわずかにあった——が予定されていた。この計画案は、この5年後に議会を通過した『連邦長距離道路整備計画（1959-1970）』とほとんど重なるものであった。この計画は、対面通行が想定されていた[14]。これは、道路建設費が非常に限られており、また当時の交通量がかなり少なかったためである。

　重量貨物車の交通量の増加は、他の車両に比べかなり大きかった。このため走行車線の舗装面の工事品質には多くが要求されるようになった。道路のカーブと勾配並びに橋梁断面に関する基準が変更されたため、線形についても個別のケースごとに厳密に設計されるようになった。既存の道路の利用を断念する箇所もあった。もともとルート案が2つあってもその1つだけが現実的であるとみられるケースについては、あらためて広めに設計を行った。

　例えば、帝国アウトバーンの計画では、ゲッティンゲン（Göttingen）－ハンブルク間では、ハノーバー（Hannover）の西を通過するものと、［東の］ブラウンシュヴァイク（Braunschweig）を通過する（部分的には、ザクセン－アンハルト（Sachen－Anhalt）の地域を通過する）ものが想定されていた。1952年の交通省のアウトバーンの計画では、ハノーバーの東を通過するものし

---

14) 原文では、一方向の車線における対面通行という表現で、中央分離帯を有する片側1車線の確保でないことが示されている。

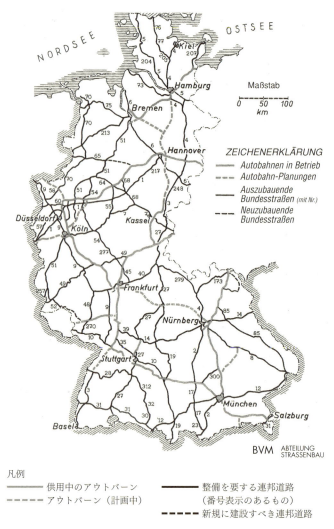

図3−5　緊要度が高いとされた建設計画（1952年）
（口絵3頁参照）

か掲載されていない。

　国家計画では、総額にして76億マルクが必要であるとされた。計画担当者は、計画を10年内に実現すべきものと考えていた。しかしこれはこの期間中に道路建設に倍の資金が必要となることを意味した。当時は非現実的

3. 戦災瓦礫の処理と新たな道路行政の仕組み（1949－1954）

であると思われたものの、道路建設部では、周到に将来を見据えて、なお
若干の新設区間については詳細に立ち入り、精度の高い計画を策定してい
た。後に策定された1957年の拡幅計画とは異なり、この1952年の「需要計
画」は、もっぱらドイツ国内の広域にわたる開発とその汎欧州道路網との
連携に関連するものであったのである。

　このため、当面、連邦道路で整備しておけば十分であるとされた外国国境
に到るアウトバーンも緊要度のレベルは最高度のものに次ぐものとされた。

　この事例に該当するものとしては、リューベック－フェーマルン－カッ
セル－アイゼナッハ－ニュルンベルク－パッサウ－ミュンヘン－リンダ
ウ－オッフェンブルク－バーゼルの区間がある。現在、このうち A96号
線のリンダウ－ミュンヘンは完成しておらず、A1号線はオルデンブルク
（Oldenburg）までである。A44号線のカッセル—アイゼナッハ間は、ドイツ
統一プロジェクトの No.15とされ現在建設中である。

３．４　交通安全

法制と教育

　1949年７月から1952年７月までの３年の間に、ドイツでは自動車が140
万台から330万台に増加した。３年間で倍増したわけである。この時期
には、交通事故も著しく増加した。こうした状況に対応すべく対応策が
複数並行して行われた。人々への呼びかけと啓蒙活動とが道路交通規則
（StVZO）の改正をとおして強化された。その目的は、『道路状況に応じて
車両が道路を利用するようにすること』で、『罰則が強化され、その後、
交通裁判では——行政手続に加え——運行許可を剥奪することが可能と
なった。』議会の重量貨物車に関する取組みは、特筆に価するものであっ
た。新たに、法令上許容される車両の大きさ、軸重、車両総重量が規定さ
れ、騒音と排気ガスに関する規定が公布された。1953年からは、被牽引車
を２台以上引くことは禁止された。さらに特に重量の大きい車両について
は走行許可証を備えることが義務付けられた。走行速度、運行経路、休憩
時間については、この許可証が証拠書類となった。

　しかしながら、別の組織も道路交通の安全に取り組んでいた。1950年

には、連邦交通監視協会（現在は、ドイツ交通監視協会）が再び設置[15]された。別の協会や組織がこの業務に協力し、また連邦が資金的に援助したことから、同協会は啓蒙・教育活動と同協会の関心事項に力を注ぐことになったことがその理由であった。もっとも、連邦交通省は、さらに市民運動がこれに加わるよう促した。以上と並行して交通安全活動協会も交通事故防止のために活動を行った。企業や学校で、活動を通勤、通学時の交通事故の回避のための教育に重点をおいた活動を行った。ドイツでは今日もなお、当協会が広げた『道路交通に目を向けよう』というスローガンは記憶されているところである。また、啓蒙活動や教育活動には大人だけが従事したわけではない。1951年には、『交通安全青少年リーグ』が設立された。ゼーボーム連邦交通大臣が後援者となった。同氏は、交通安全委員会を設置した。この委員会には、州の交通、法務、内務の各省の代表が加わった。1951年にはまた、連邦自動車庁がフレンスブルク（Flensburg）に設置された。

　1年後、道路交通安全法が発効した。同法は、道路交通にかかる規定制定の所管を連邦交通大臣とし、道路交通上の措置を実施する権限についても新たに規定した。連邦議会は、乗用車の最高速度について規制する権限を自らに留保している。交通事故防止と交通安全に関する事項について州が参画することが、基本法に定められている。これは州の委員会を経由して行われることとなる。委員会は、自動車を統一的に監督するよう指針を定め、広報用パンフレット、その他資料の作成を行った。

現場での交通安全活動

　連邦レベルでの広範囲の活動に加え、同様の活動は地域レベルでも行われている。

　1950年以来、連邦交通監視協会と連携をとるようになった州その他の自治体レベルの交通監視協会は、子供、青少年と大人が加わって活動している。その目的は、交通安全教育や継続的教育活動を通じて交通安全を一層促進することである。交通監視協会は、連邦全土において、学校生徒の交通安全指導会や幼児指導会を設立した。以上の組織は、学校で自転車走行

15）同協会は、1924年に創設されたが1933年〜1945年まで活動が禁止されていた。

検定や動体視力測定、反応速度測定を実施している。また自動車修理工場と協力して、無料で自動車のライトの点検を行っている。交通安全活動や交通安全のためのプログラムが成果を挙げるようこれを支援するには、現場での活動が重要である。

同様のことは、交通の安全確保を目的に、実際に路上にチームを派遣

写真3-7 学校生徒による誘導（50年代初期）

（例えば、「黄色いエンジェル」（交通安全活動に用いられた車両と服装が黄色であったことからこのように呼ばれた））したケースや、教育・啓蒙等の活動を行っている自動車クラブについても言える。後者は、ドライバーの会員だけが対象となっているものではない。学校の教職員が交通安全授業を手がけているように、自転車競技会や自転車技能競技会、あるいはオートバイや電気自転車の技能訓練などを通じて交通安全に貢献しているのである。

危険物

国連の欧州経済委員会（ECE）は1951年の初め、『危険物の国際路上輸送に関する欧州条約』を策定することを決定した。条約の詳細な検討は、欧州委員会の域内交通委員会にゆだねられた。同委員会は1951年7月7日の第95号決議で統一規約を決定した。国際鉄道輸送規定と併せて、道路貨物輸送においても今後危険物は分類表示することが義務づけられた。これはこうした貨物を統一的に取り扱う上で、重要な一歩となった。

3．5　国土利用・形成計画、環境問題、市民参加

国土計画

1949年以降、各州に様々な問題が押し寄せ、議会等の組織には大きな圧力がかかった。このため、頻繁に『建設法』が制定された。後年、部分的に州の計画法が同法を補完し、1960年には連邦建設法によって修正が施された。各州の『州計画法の目的』は、州の開発計画及び州土地利用計画か

ら見て取ることができる。これは条文と図面で示されたもので、「中心部分」の再開発やインフラの拡充を行うべき重点地区、また幹線道路やその他の施設が記載されていた。

　州のレベルでも責任者は、計画上利害の調整（例えば交通と産業活動との関係）を行ったが、実際には限度があった。広域のインフラや交通網等についてはすでにできていた構想が地域内での路線計画に影響を及ぼしていた。州間での相違は著しかった。州の計画は州を超えた繋がりをもたらそうというものでなく、地形の相違から主要道路の設定に共通性がなかったり、あるいは州境付近で計画が終わっているものもあった。このため国土計画担当の州大臣会議では、およそまとまりのある道路網を打ち出すことができなかった。州境をさしおいて国土全体の利用を政策的に考えておくことが計画策定にきわめて重要なのである。

　一般的に言って、土地・空間を整合的に利用するには何にもまして議論と説得の場が必要である。つまり協議、会議、あるいは個人的な接触、情報の交換といったことが、書面によって明らかにするより説得力があるということである。これは学術的な作業グループが国土利用・国土形成に関して地域研究を実施し、あるいは地域計画を策定する場合も、その有り様は異なるとはいえ同じことが当てはまる。この様に考えると、国土利用・国土形成は、計画担当者の思考に影響を与えて、これを変更させるケースさえあるものであるということになる。しかし、連邦レベルで国土利用について考えておくことの必要性とその意義が認識されるようになったのは遅すぎた。これには2つの背景があった。つまり、憲法上、連邦・州間で合意を取り付けることが許される範囲について意見の相違があったことと、「第三帝国」に余りに広範囲に一方的な権限があったという歴史的背景がこの問題に大きな影を落としていたのである。全体主義的権力が一方的に決定権を持つというのではなく、連邦制度内での共同決定という考え方が正しいとするのが支配的であったためである。

　国土利用・国土形成に関する問題のうち連邦として重要なものについては、連邦の各担当官庁内の国土利用関連部局がこれを取り扱っている。ここでの検討結果はさらに官庁間の作業部会（IMARO＝Interministeriellen Arbeitskreis für Raumordnung）で調整される。州レベルでの計画は、連邦の国土利用・形成計画上有用であっただけではなく、同計画は、前述した事情

から連邦国土利用・形成計画に10年以上も先行するものであった。

環境問題と市民参加

　景観や植栽技術に関しては戦前に専門家が知見を集積していた。これは戦後の道路建設の現場にかなりの影響を及ぼしている。旧来の道路施設の維持修繕を優先し、新たな事業は控えなければならなかったことから、こうした知見の利用も結果的に控えられることとなった。しかし、理論的な分野では、集積された知見は利用が可能であった。そこで、計画担当者は、戦前の知見をもとに、植栽を多様に行い、あるいは防護壁を用いる代わりに流木や灌木を利用して盛土を保全するといった手法を取り入れた。50年代は別の観点からも重要な時期であった。様々なプログラムが実施される『景観会議』がスタートしたのである。これは現在は隔年で開催され、そのつど実際上の問題を取り扱っている。

　道路計画上重要なのは、連邦と州の利害である。土地や建物の撤去が必要となったり、あるいは、排気ガスや騒音で被害が生じ、あるいは不動産価格が下落したりする場合には必ず生じる問題である。当初の段階ではドイツでは、『市民参加』という建前の下で、次の2つを柱に事が進められていた。まず、関係市民に計画手続に参加する権利が与えられる余地を残しておく。その一方で、その参加範囲を一定の範囲に限定するのである。

　現実は少し異なっていた。関係市民が権利を行使して苦情を申し立てることができるのは事業許可が降りてからのことだったのである。そしてこれは大抵手続きの終了段階のことであった。発生しそうな紛争が計画段階で取り除かれるということは極めて困難だったのである。さらに裁判所の決定は、計画が必要とする安定性を損なうものであった。裁判所の決定は、計画手続完了後相当な時間を経てから降ろされるものだったのである。こうして、利害関係者が計画内容を把握し、計画に対して適切な時期に意見を出せるよう情報を利害関係者に早めに提供することが求められることになった。

　戦後、変革や新たな構築が必要であったのは道路だけではなかったのである。ドイツ基本法が保証する市民の国家と州に対する権利も変えていくことが必要であった。これはいずれも、行政裁判所が民主主義の原理で機能し、あわせて適切な時期に計画・行政手続が進められるというのでな

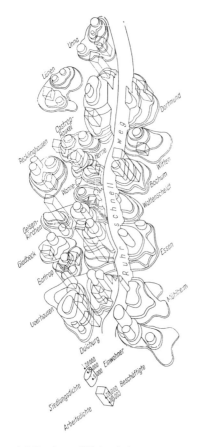

ければ実現しないものであった。ここに、1952年には『連邦行政裁判法』が、1960年には『州行政裁判法』が制定され、さらに、これに1976年の連邦の『行政手続法』が加わった。それまでは、策定中あるいは策定済みの計画（あるいは計画確定決定）について争いがあった場合にはその扱いが不統一となる可能性があるほか、場合によっては法的なコントロールが及ばないこともあった。このため、法の一般原則あるいは法律上の通説に頼るほかないケースが多かったのである。

立方体の高さが就業人口密度
円柱の高さが居住者人口密度
（本図の左下の表示による）

図3-6　ルール地方の高規格道路周辺の就業人口密度と居住者人口密度

4. 新たな一歩と道路網形成の時代
  (1955-1961)

4.1 活発化する旅客・貨物輸送

道路と鉄道の争い

　1950年代前半には、ドイツ国内の生活・消費行動は大きく変化した。これはモータリゼーションが私的生活にまで及び大衆化し始めたことに示されている。そしてこれは都市郊外に広がり、自由時間と休日の増加によって交通量がさらに増加するということに繋がっていった。同時に、石炭がエネルギー源の主たる地位を失って、石油がますます重要になった。以上のことはすべて交通政策に影響を及ぼす要因となった。戦争直後の数年間は、鉄道が最も重要な旅客と貨物の輸送手段であったが、大規模なモータリゼーションにより、その比重は道路輸送に一層移っていった。公の場で『鉄道と道路のどちらを』優先すべきかという論争が行われたが、いずれの利害をも考慮に入れるという交通政策がとられるようになり、鉄道の振興と道路建設の増強の双方に努力を重ねるという結果になった。鉄道は、国土の整合的な土地・空間利用という観点からは優位に立っていた。

　しかし、ここで行われた統制経済的な施策は、鉄道のライバルの競争力を弱めようとするものであった。すなわちトラックの通行を禁止し、あるいは、トラックの通行に対して禁止的な自動車税を課するという、その通行の妨げになるような提案がなされたのである。また、交通インフラの拡充は、実際の交通需要

写真4-1　鉄道と道路の相互利用を促進するためのドイツ鉄道の大型コンテナ

47

に合わせて行うべきであるとの勧告が出された。これは公共交通機関の利用減少に繋がっていくものであった。

　連邦政府が出した『道路への負荷軽減による道路交通の安全確保』に関する法律案（道路負荷軽減法案、Straßenentlastungsgesetz）は、木材、石材、砂、石炭、セメント、穀物のような大量の資材を貨物自動車で50km以上輸送することを禁じるものであった。

　そこには、さらに次の事項が規定されていた。

・営業目的の長距離距離貨物輸送の割り当て[16]を小さくすること。
・輸送価格を鉄道に有利なように変更すること。
・鉱油税[17]を引き上げること。
・貨物集積場設置に対する補助金を引き下げること。

　以上の施策は、単に鉄道に補助を与えることを目的としたものではなかった。交通の安全を向上させ、道路の損傷を減らそうとするものであった。

　しかし、道路負荷軽減法案には、貨物自動車交通の制限に向けて別の規定が盛り込まれていた。これは税金の引き上げによって走行が高くつくようにしようとするものであった。運送業者にかかる運送税はトンキロ当たり0.99ペニヒから5ペニヒに徐々に増額し、鉱油税のうちガソリンにかかるものと軽油にかかるものについては、それぞれ2ペニヒ、10ペニヒ引き上げるものとしていた。さらに、比較的税率が低くなっていた大型貨物車課税を是正しようとしていた。その手法として、課税を排気量基準ではなく車両総重量を基準に行おうとしていたのである。こうすれば道路に対する負荷も併せて課税の算定に入れられることとなる。実際、貨物車が大型化し性能が向上したことによって走行車線幅員と道路舗装の最大耐過重が不十分なものになっていたのである。課税の根本を改めることは、貨物

16）当時、『貨物運送法（Güterverkehrsgesetz）』という法律があった。これは、一定地域内を超える走行を『長距離運送』と規定しこれを許可制とする法律で、ここにいう割り当ての縮小とはこの許可対象車両数を凍結することを意図したものであった（連邦交通省の説明による）。

17）「ドイツの鉱油税は、とりわけ動力用または暖房用燃料としてのガソリンや天然ガス、石炭といったエネルギー製品に課税されていた個別消費税の1つであり、わが国のいわゆるガソリン税や軽油引取税等の自動車燃料税に相当する」ものであったが、「2006年8月1日をもってエネルギー税にとって代わられた」。（「ドイツ鉱油税の歴史的展開とわが国への示唆」（跡見学園女子大学マネジメント学部紀要第16号（2013年9月10日）p.177及び p.193 渡邊徹）。

4. 新たな一歩と道路網形成の時代（1955－1961）

輸送が鉄道から大きく道路へと移り変わっていることに逆らうものであった。

これには大反対——州からも出された——が起き、道路負荷軽減法案は、早い段階でとん挫した。貨物車の道路通行を抑える個々の要素（貨物車に対する課税強化、貨物車の大きさと重量の制限）は、交通財政法に引き継がれた。これは、同時期の法制定手続で現われている。上述した事情の下で1950年代半ばには、鉄道か道路かという論争は先鋭化した。経済界は、指示決定が経済統制的な手法で行われることを中止することを求めた。連邦鉄道が負う社会一般に対する義務——次に述べる——を緩めるべきであるというのである。

それまで連邦鉄道が履行してきた義務は、運送、運賃徴収、運行管理のいずれも画一的なものであった。これは、運賃と運行管理ついていえば、連邦国内ではどこでもすべからく等しい運賃で運行するということを意味し、どのような遠隔地へのいかなる小額の運送契約であっても、運賃単価は同じものとする（地域内均一運賃の原則）ことが求められるということであった。さらに、連邦鉄道は、繁忙期にはその時期に応じた輸送力を確保しておくことが求められた。こうして運賃収入以上のコストが発生することになった。鉄道についてはこのようにコストが増加し採算がとれないという状況が進行して、従前の行き過ぎた均一運賃に、改めて特別運賃を設定するということが生ずるようになった。また、長距離の道路貨物運送価格は、それまで長距離鉄道運賃と結び付けて（同一運賃）決められてきたが、その連関は緩めざるを得なくなった。道路運送については、1952年から続いた最高価格制限が変更され、一定幅での変動価格に変更された。その基準には、鉄道との価格差が用いられた。これにより道路貨物運送価格は、これに相当する鉄道運賃と比較して最高額で10％増、最低額で40％減までが認められることとなったのである。

写真4－2　都市部の道路状況

コラム 3

交通財政法と道路負荷軽減法

連邦政府は1954年に早くも交通財政法の提出を予告していた。これは、何よりもまず、鉄道と道路の競争条件を可能な限り近づけ、自動車に、それがもたらす道路への負荷を負担させ、交通財源への資金、とりわけ道路建設費に当てようとするものであった。この法律案は特定資材の大量長距離輸送を禁止する道路負荷軽減法の計画と歩調を合わせたものであった。

交通財政法の法律案に関する一般の反響は大きかった。連邦議員は、「連邦議会が交通財政法等を巡る諸々の議論ほど、事前に議会が動議、記録、発言によって圧力がかけられたような事態に見舞われたとはなかった。」と述べている。

連邦議会では、交通財政法の決議の前には交通政策に関して激しい議論になった。キリスト教民主同盟の議員は、連邦交通省は偏った鉄道政策を進めようとしており、「道路交通部は、事実上アンチ道路交通部」であると批判した。

計画の俎上にあった道路負荷軽減法については、交通委員会での議論は一向に進まなかった。委員会が議論したのは、これではなくトラックの大きさと重量に関してであった。1955年3月に交通財政法は単独で連邦議会を通過したが、これは政府案からは多くの点で異なっていた。同法は、本来予定されていた輸送禁止に代えて、半完成品の長距離輸送についてトンキロ当たり5ペニヒ（今日の観点からは非常に高い課税である）の税金を暫定的に課すというものであった。これは大きな成果であったとされる。

以上のような状況の変化を経て、1961年の交通の変更に関する諸法の変更、別にいう『小規模交通改革』が行われるに至った。そのうち最も重要な新規事項は、交通流とその価格とを、今後、一層市場経済のメカニズムに任せようとすることであった。この「小規模交通改革」に関連して法律が4つ改正された。その目標は、いずれの交通網にあってもその料金の決定を同じ原則に基づくものとすることであったが、道路、内水航路のいずれもが、なおその独自の料金委員会にその決定を委ねるというものであった。この料金決定に関する共通原則は、同一文言で規定化されて次の改正法に取り入れられた。

4. 新たな一歩と道路網形成の時代（1955−1961）

- 鉄道基本法（第8条）
- 貨物自動車交通法（第7条）
- 営業内航海運に関する法律（第33条）

　トラック運輸委員会の協力と最終的な連邦参議院の同意を得て、連邦交通省は法的拘束力を持つ運送価格を決定した。

　『小規模交通改革』は―― 一方ではそれまでの政策路線をとる交通族議員と、他方でより広範囲な自由化を考える経済族議員との――妥協の産物であった。これが目指したのは、事業競争を速やかに導入すること、価格が自由に形成されること、そして国はもっぱらこれを監督するということであった。これはそれぞれの交通網が持つ異なる競争条件を互い歩み寄らせようという一歩で慎重なものであった。同時にそれぞれが有する機能を、市場経済が求める価格によってコントロールしようとするものであった。しかし、交通族議員にしてみれば、経済大臣の同意は自らの力の喪失を意味した。連邦交通大臣のゼーボームは『交通料金は経済大臣が決め、投資とその配分は財務大臣が決め、政策は家庭大臣が決める』と嘆いたのである。

1961年の連邦長距離道路法の改正

　1960年代の初めには、自治体の道路管理者として費用負担義務を適切なものに改めることが予定されていた。このために行われたのが、1961年7月の連邦長距離道路法の改正であった。それまでは、人口が9,000人を超える小規模自治体については、道路管理者としての義務があった。今後は、人口が50,000人を超える自治体にその負担が求められるように変わったのである。これに加えて、連邦道路に接続する橋梁については連邦がその建設費を負担するものとした。これは、水路湖沼を跨ぐ橋梁は道路の一部であるという原則からきたものである。

　さらに今後は、地域通過区間（Ortsdurchfahrt）の建設費及び管理については、連邦がこれを引き受けるかぎり自治体はもはやその義務を負わないとされた。

　同時に関連自治体の財政状況が改善された。すなわち自治体は、その自治体区域において連邦道路と接続する地域通過区間あるいは連邦道路への進入路が建設される場合には、長距離法（Fernstraßengesetz）第5条aにより連邦から補助金を得るか、あるいは資金の借り入れができることになったのである。

51

写真4-3　祝日のＡ3号線オプラーデン付近

他の規定も自治体に有利なように改正された。例えば連邦道路が自治体道路と交差する場合には、その自治体の道路経費の負担は軽減された。

交通・郵政・通信に関する連邦委員会が希望として表明していたことがある。同委員会は、第1級州道を連邦道路に格上げさせることを州が求める場合には、第2級州道を第1級州道に格上げすべきであるというのである。このように道路等級が見直されて従前州道であった道路が連邦道路となると、道路から直接自分の土地への車の乗り入れができなくなり、あるいは、自分の土地が新たに連邦道路沿線の建築禁止区域に入ることによって、もはや従前のように土地を建築に使用することが許されなくなる。そこでまず、司法権が要求する公共の福祉を理由とする補償を、連邦が法律に基づいて実施できるよう、道路の格付けの変更よって影響を受ける市民の範囲が明確にされた。こうしてこのような補償措置は連邦の義務となった。連邦道路の建設が確実になされるよう現状変更禁止処分も可能であった。

4．2　整備[18]計画と資金調達

アウトバーン事業の法律的根拠

　自動車交通、特に、大型トレーラーの通行は一層増加していった。日々の維持補修費用が増大した。さらに乗用車の通行も増加した。このいずれもが交通政策への圧力となった。交通政策上、一方では、道路建設が順調に進んでいくことを示すことが必要であり、また工事が様々な利害衝突がある中でも進められる根拠が求められた。また、モータリゼーションが急激に進んだことから、貨物自動車と乗用車とがどれだけの範囲で道路の費用を負担すべきかという問題はその陰に隠れてしまっていた。これを算定

18）ここにいう「整備」の語義については p.333の注6を参照。

4. 新たな一歩と道路網形成の時代（1955－1961）

するための『正しい基準』は何か、そしてすべての道路利用者の『正当な利益』をどのように把握するのかという回答の困難な課題があった。

戦争終了時における道路網の状況からスタートして、自動車の不断の増加に合わせて新規道路を延伸させていったことを見ても、道路建設はモータリゼーションに後塵を拝すること極めて大であった。1954年には1936・37年に比較し、通行台数は、同じアウトバーンでは3.5～4倍に、連邦道路では2～2.5倍となったうえ、「重量化」が進んだのである。1950年代半ばには、すでに道路交通の増大は世界的に続く傾向を見せていた。

長距離道路の建設は、この難しい課題に対応する必要に迫られた。このため長距離道路建設には一層の圧力がかかった。道路を延伸するには公共予算が不足していた。この不足に対処しようとしたのが『交通財政法（Verkehrsfinanzgesetz）』であった。道路建設を巧みに政治的先導役として利用して――国民の意思を背景に財務相の強力な抵抗を押し切って――道路建設に租税を目的税として投入することを貫徹したのである。

道路交通はすでに一般税収入全体の相当部分をもたらしていた。道路交通には4つの租税がのしかかっていた。一方で連邦税の鉱油税と運送税があり、もう一方では、州の歳入となる自動車税と鉱油への関税とがあった。しかし以上の財源は道路工事のための目的税ではなかった。そこで道路管理者は、年度ごとに道路工事用の資金を『獲得して』来なければならなかった。それも、他の連邦事業と競争して獲得してくることが必要だった。

交通財政法を巡る論争は目的税の議論に留まらなかった。道路交通への重い課税により、鉄道が道路との競争関係の中でより強い立場に立つということにも繋った。連邦政府は、1954年に交通財政法案の提出根拠として特に次の目標を掲げた。

・貨物車に対する現行の税制優遇措置を撤廃すること。
・企業による自家用運送のうち長距離にかかるものを制限すること。
・交通財源、特に道路建設費を確保すること。

こうして制定された法律は、やはり――もともと連邦政府が意図していたのとは異なり――道路交通から追加して徴収された税収の一部を目的税としてアウトバーンに充てる（1億2,000万マルク）ということには留まらず、それ以上のことに至った。増収部分のうち必ずしも少なくない割合が鉄道への補助（1億5,000万マルクが連邦鉄道に、1,000万マルクが連邦外の鉄道）に充て

がわれたのである。連邦道路整備には、わずかに約3,000万マルクしか残らなかった。

　1955年5月6日付の交通財政法は、単に資金の追加供給をしただけではなかった。同法により、ようやくここに初めて必要な道路の整備を長期的に計画することが可能となった。1954・55年に連邦交通省は、連邦と自治体が必要とする予算も勘案して10年計画の策定を進めていた。

　専門家の見解によれば、ここで得られた税収は十分なものではなかった。このため、連邦政府は公共事業協会（die Gesellschaft der öffentlichen Arbeiten＝Öffa）を活用した。同協会は、私法上の組織で、連邦政府はここに毎年1億2,000万マルクの資金を供給した。

　そして当協会をとおして5億マルクの資金を限度に市場から資金を得、計画事業に資金を流したのである。同様の資金調達手法によって1955年〜1961年と1964年〜1973年の建設事業が梃入れされた。この際、予算に計上されたのは利息と償還額だけであって、債権額そのものは計上されなかった。後日、連邦会計検査院はこうした資金調達の形態は憲法に違反するものであるとした。その理由は、本来の金額が予算に計上されないことから、予算の『完全性の原則』に反する（『Schattenhaushalt』＝影の予算）としたのである。1974年に公共事業協会を経由した資金調達は中止された。

　交通財政法の議会の通過に際して、連邦交通大臣が連邦道路の10カ年の整備計画を策定することが全会一致で議決された。連邦政府はこの要請に1957年2月に応えることとなった。連邦政府は『1959年〜1970年の連邦長距離道路整備10年計画に関する法律案』を策定した。連邦議会は連邦道路についてのみ計画が立てられることを要求しており、アウトバーンについてはこれを要請するものではなかったので、この連邦政府の案は、この要請以上のものであった。1957年7月6日連邦議会は、同法案[19]を全会一致で可決した。もっともその財政措置を決定したものではなかった。この問題については、後日議会を通過することとなる道路建設財政法（Straßenbaufinanzieungsgesetz）に委ねられた。

19）この時期から進められた道路整備計画等については p.55のコラム4の表に整理されている。この表のこの法律に該当する箇所（真ん中の段の1957年の部分）には『整備計画』と記されているが、本文の記述による限り法律の制定があったと解するほかない。なお、p.116-118の「連邦交通網計画の策定」にかけての記述も参照されたい。

4. 新たな一歩と道路網形成の時代（1955-1961）

　1957年に初めて出された上記の公式の整備計画は、3次にわたる4カ年計画で実施され、さらに次の整備計画でこれを補っていくことになっていた。4年の計画期間が設定されたのは、総選挙の時期を勘案してのことである。また、この期間は工事全体の進捗にも合わせたものだったとのことである。当時、計画確定手続、橋梁等の建設、土工工事、上部工工事にはそれぞれ1年を要した。工事は1959年4月1日にスタートした。

コラム4

長距離道路整備の歩み

　西ドイツが成立した頃の数年間は、連邦長距離道路建設のための需要計画には、何ら政治的に合意をみた基盤はなかった。1955年の交通財政法は、増税による収入を道路建設のための目的税としたが、議会は同法との関連で政府に対して長期の道路建設計画を提出するよう求めた。

　1957年連邦交通省は、「1959年から1970年までの連邦長距離道路整備計画」を策定した。これは当面の10年計画として構築されたものであった。この計画は、第一に、第二次世界大戦後、誰の目にも明らかに争う余地のない積み残し工事を行うためのものであった。

　ゆっくりとではあるがようやく財政基盤が整い始め、1959年から1962年までの4カ年計画が慎重に練られることになった。その事業の核となったのは、連邦アウトバーンの建設計画であった。1970年までにさらに2回の4カ年計画が策定された。

　1971年からは、「1971年から1985年までの連邦長距離道路の整備に関する法律」に需要計画が付属書類として付けられることになった。その後5年ごとに長距離道路整備の変更に関する法律が制定されるようになっている。

　連邦政府は1970年代中頃から、その投資政策を長期的に、総合交通網計画すなわち——現行計画は1992年のもの——鉄道、道路、水路を調和させる連邦交通網計画を基礎において組み立てるようになった。連邦交通網計画は、通常、連邦交通省が10年計画として策定したのち、連邦の閣議で決定されている。

　現行の1992年の連邦交通網計画は、現在改訂作業中であり、引き続いて需要計画の改訂と併せて長距離道路整備に関する法律が改訂される予定である。

交通機関をまたいだ インフラ改善改築計画	連邦長距離道路整備法・ 整備計画	実施計画
	1957：1959–1970年連邦長距 離道路整備計画	1959–1962：第1次4カ年計画 1963–1966：第2次4カ年計画 1967–1970：第3次4カ年計画
	1971：1971–1985年連邦長距 離道路整備法 （第1次需要計画）	1971–1975：第1次5カ年計画
1973：連邦交通網計画		
1977：1985年までの連邦交 通網総合投資計画	1976：連邦長距離道路整備 法の第1次変更法 （第2次需要計画）	1976–1980：第2次5カ年計画
1979：連邦交通網計画1980	1980：連邦長距離道路整備 法の第2次変更法 （第3次需要計画）	1981–1985：第3次5カ年計画
1985：連邦交通網計画1985	1986：連邦長距離道路整備 法の第3次変更法 （第4次需要計画）	1986–1990：第4次5カ年計画
1992：連邦交通網計画1992	1993：連邦長距離道路整備 法の第4次変更法 （第5次需要計画）	1993–1997：第5次5カ年計画 （2000年までの計画 も追加）
1999：投資計画1999–2000		1999–2002：投資計画道路の部
1999：将来のための投資計 画2001–2003		2001–2003：将来のための投資 計画道路の部
1999：渋滞対策計画 2003–2007		2003–2007：道路の部
200X：連邦交通網計画改定	200X：連邦長距離道路整備 法の第5次変更法 （第6次需要計画）	

（訳者補足）本コラムは本章の理解のため、掲載位置を原著の第11章から本章に変更した。p.262
の注54参照）

　帝国アウトバーンは、国全体をカバーする密度の高い交通網として考案
されたものである。この構想を現実のものとすべく、当時2つの要素が明
確にされていた。それは、アウトバーンが大都市間を結ぶものとすること、
また、中心たるベルリンに向かっているものとすることであった。1957年
の新たなアウトバーン網の構想は、これとは基本的に異なるものであった。
もとより帝国アウトバーンが構想していた道路網の密度を実現することは、
当面不可能であった。そこで、次の考え方に基づいて現存する『道路網の
胴体部分』を、補完するべきだということになったのである。
・西ドイツ国内の経済活動の活発な地域間相互をスムーズに結ぶべきである。

4. 新たな一歩と道路網形成の時代（1955－1961）

・交通の便の良くない地域を改善（移動時間をより早くする）すべきである。
・隣国地域との交通状況を改善すべきである。

　また、既存のアウトバーンを繋ぎネットワークとして完成させていく際に、交通上の重要度が低い区間についても、工事は完了することとなった。

　アウトバーンに並行する連邦道路の改修・新設の決定基準は、（道路の工事品質及び性能で補正しつつ）交通量をもとに定めていく方向に規定されていった。道路の将来の推計交通量の基礎となる経験値としては、1936・37年から1952・53年の調査値が用いられた。欧州道路網については、1955年に改めて交通量調査が実施された。また、特に、将来の交通量予測は、貨物交通の動向に関する経済学的推計を基礎とすることができた。道路需要予測と合わせて策定された計画の中には交通量の少ない（1日の交通量が1,500台未満の連邦道路のような）道路が入っていた。こうした道路については、経済的に弱い地域は、経済的中心地域と結び付けられるべきであること、また、ドイツの分裂の結果、新たに結びつけることが必要となった地域があるということの2つが考え方のよりどころとして極めて重要であった。需要計画の全体は、州内に所在する道路延長の全道路に対する割合とは関係なく策定された。もっとも実際及び、1970年までに見込まれる交通量・交通強度と交通網へのアクセスの重要度は、計画上決定的であった。将来の推計交通量は

（訳者補足）ドイツにおける道路特定財源について：道路整備に当てる財源として道路特定財源が整うまで経緯については、簡略に、しかも分散して書かれている（特にp 52-56, 60-61, 80）。そこで、連邦政府からの照会回答も含めてここ簡単にまとめておくこととする。

　ドイツにおいて道路特定財源は、長距離道路整備を目的に自動車税を対象とする制度が戦前にすでに存在したが、戦後連合国占領軍によって1946年に廃止された。その後、1955年に交通財政法によりこれが復活した。しかし、これでは連邦政府が計画した連邦長距離道路（＝連邦アウトバーンと連邦道路の双方）の整備に足りるものではなかった。なお、この1955年の法律は、増税分を目的税化するものであった。1960年には道路建設財政法によって鉱油税収の一定割合が道路整備に当てられるようになった。さらに1971年に再度交通財政法によって鉱油税増税分の一部が道路整備に当てられるようになった（「道路建設部門自らが財源を調達する本来の姿が整った」という記述はこの時点のことである（p.60-61））。しかし、1973年の予算法によって、鉱油税から転用の許された財源を道路に限らず交通財源として用いることが認められ、道路だけのための特定財源ではなくなった。以上がおおよその経緯である。なお、ここで明らかなように特定財源の対象が、鉱油税収入とされるものと鉱油税の増収分とされるものがある。これは財務当局の意向が反映していたとのことである。

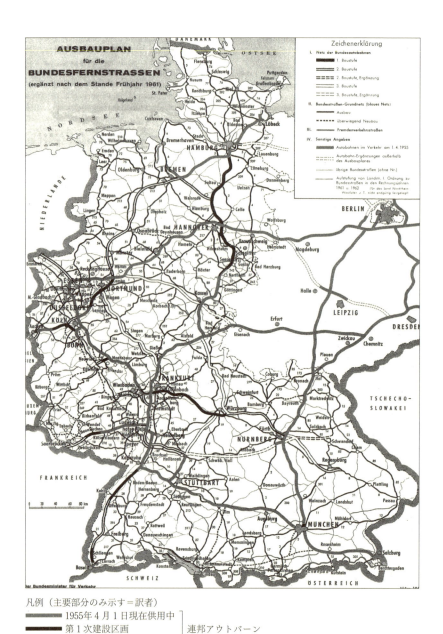

凡例（主要部分のみ示す＝訳者）
- 1955年4月1日現在供用中
- 第1次建設区画
- 第2次建設区画
連邦アウトバーン
- 連邦道路による基本ネットワーク（＝ブルーネットワーク、ほぼ改修改築区画）

図4-1　連邦長距離道路整備計画（1961年時点の状況に加筆されたもの）
（口絵4頁参照）

4. 新たな一歩と道路網形成の時代（1955-1961）

州道整備に関する指針（Richtlinien für die Anlage von Landstraßen）に基づいて1975年と1955年の比率を3：1とすることとなった。

道路網整備の努力目標[20]は、完成延長を16,500kmとすることで落ち着いた。これは諸計画で『基幹道路網』と呼ばれたものである。4,500kmは連邦アウトバーンで、その2,000kmは新設が予定されていた。12,000kmは、最も重要な連邦道路がこれに該当した。これは『ブルーネットワーク』[21]と呼ばれている。この道路網に該当する道路は高規格のものとするとされ、そのためには別の工事が必要であるとされていた。例えば、地域通過区間の交通量が多くバイパスの建設が必要であったり、鉄道踏切の撤去が必要だったのである。また、1,400に及ぶ橋梁の大規模整備や付け替え、さらには道路線形の改良、従前の道路の改良や連邦道路へのアクセス道路を設置することも検討された。さらに——州の財政の状況改善のため——10,000kmの州道を連邦道路に昇格することとされていた。

写真4-4 再架橋されたＡ4号線（ケルン＝ローデンキルヘン）のライン橋

しかしながら整備手法の選択については、その評価手続の手法はまだ整っていなかった。こういったものはまだ必要とされていなかったのである。その背景の1つには、建設計画が広範囲に支持を得ていたことに加え、交通量が増大する一方で、道路改築も広く受け入れられていたということがある。さらに、目標とされていた整備計画は、当時としては広く支持された基本的な工事であると見られていた。1959年から1970年に実施予定の道路網の整備がなされれば、その後20年は持つはずであった。当時の予想

---

20) 1959-1970年連邦長距離道路整備計画を指す（p.55-56のコラム4参照）。この段落に示された道路整備延長や連邦道路昇格見込の延長は、あくまでもこの時点で努力目標であったとされる。

21) 前ページの図4-1「連邦長距離道路整備計画」に記入されている。

では、交通量が増加して道路の整備がさらに必要になるにしても、それは1970年代遅くになってからであろうと考えられていたのである。もっとも、『基幹道路網』という表現は、計画担当者が既に遠い将来を見据えて、道路の拡充をさらに進める必要性を認識していたことを示すものではある。

計画担当者は、整備計画にかかる費用総額を224億マルクと見積もっていた。そのうち55億マルクはアウトバーンのためのものであった。連邦の道路予算が、年額5億マルクであることを勘案すれば、この計画は財政上、計測できないほど極めて大きいリスクを孕むものに思われた。しかし、経済的なファクターが、工事の計画への取り込みの決定を左右することはなかった。むしろ逆に、想定される工事から発生すると思われるコストをベースに必要な財政資金が積み上げられていった。もっともこの時点では、国内の建設業界が実施可能な工事額は、年間15億マルクにしかならないと想定されていた。この額に相当する財政支出の動議は1958年の予算審議では賛成過半数を得られなかった。

このため手持ちの資金——1955年の交通財政法に基づく特別会計支出に一般会計支出を加えたもの——では、予想される支出には到底及ばないということになった。道路建設財政法によって整備計画の財政基盤が整えらたのは、1960年になってからのことであった。同法は道路交通、とりわけ連邦長距離道路整備の財源の問題を長期的に解決することが期待されていた。この折に再び引き上げられた鉱油税収入の大半がここで活用された。道路関係者は、交通路にかかる経費は、そこで収支が賄われるようにすべきだという原則（Prinzip der Eigenwirtschaftlichkeit der Verkehrswege）にしたがって対処した。換言すれば、『道路をよりよく利用したい者は、その費用を払わなければならない』ということである。当初は鉱油税の全税収の8割が道路に当てられた。1964年以降は2分の1[22]となった。

目的税に大きな意味合いがあるというのは、単に自ら必要な経費を賄うということに留まらない。これにより、建設と改修工事の計画が的確に策定されることができるようになったのである。必要経費はもはや毎年毎年申請する必要がなく、また、別の省庁からの財源を守るという必要もなくなった。1955年の交通財政法とさらには1960年の道路建設財政法の成立に

22）厳密には46％で50％となるのは1966年である。p.80及び参考文献③（p.351）を参照。

4. 新たな一歩と道路網形成の時代（1955−1961）

よってようやく、道路建設部門自らが財源を調達する（selbst erwirtschaftete Mittel zur Verfügung）という本来の姿が整った。また、特定財源によって多年時にわたる計画を確実なものとすることができるようになった。こうして、長期の改修計画がおよそ実行可能なものへと塗り替えられたのである。

財政支出と建設の進捗

1949年から1953年の期間に、連邦予算から毎年平均１億5,000万マルクが連邦長距離道路の改修と新設に支出された。1954年から1958年では、連邦は既に総額にして28億7,000万マルクを連邦長距離道路の工事、改修に投資していた。道路工事に供給される投資資金総額は、毎年平均５億7,500万マルクに増加したわけである。こうして1950年代の後半には道路工事に供給される資金量はほぼ４倍になった。[23)]

アウトバーン網は1958年までに約260km延伸して総延長がおおよそ2,400kmとなった。これに対して連邦道路の延長は、ほぼ変わりがなかった。もっともすでに開始されていた道路整備は進んでおり、連邦道路の幅員が広げられていた。1951年と1956年の調査によれば、走行車線の幅員（全幅）が6.5mを超えるものは大きく1,600km増加し、これにより幅員が狭い道路の延長は1,300km減少したのである。

この時期には車両がより大型化したことため、舗装の質を向上させることが必要であった。走行車線の表層、すなわち舗装の最上層部分は、1951年から1956年の間に次のように変化している（数値は丸めてある）。

延長（km）舗装の種別	地域通過区間以外	地域通過区間	全延長
軽量のもの	−485	−60	−545
中間のもの	+400	+35	+435
重量のもの	+430	−25	+405

もっともここに示されているのは、道路の実態の一部に過ぎない。例えば、1950年代当初、連邦道路は、冬季間、凍上のために通行が妨げられることが多かった。このため霜対策を伴った整備が長い年月をかけて進められていた。連邦として道路工事全般を見た場合、拡幅、舗装の強化、霜対

23）p.263の表を参照。

写真4-5 「道路建設が交通問題を克服する」というポスター

策という3つの問題を解決することが必要だったのである。

1959年から1962年（第1次4カ年計画）には、道路工事に対して年平均で13億マルクの資金が投入されていた。この4カ年計画中、アウトバーン建設のために25億マルクの資金が投入され、その81％は新設工事に支出された。これに対して連邦道路に投下された28億マルクの資金については、新設工事に支弁されたのは34％でしかなかった。残額は道路資産の保全と鉄道踏切の撤去に用いられた。資金は、改修や拡幅に優先して充てられたのである。これにより交通容量が大きく増大した。連邦アウトバーンの延長は2,950kmとなった。また、連邦道路網についても4車線の道路150kmが新たに整備されたほか、2車線の1,650km道路が新設あるいは拡幅によって整備された。

道路建設財政法との関連では、道路担当者は道路等級の引上げを決定した。この道路等級の『引上げ』は、州その他の自治体の負担を軽減しようとするものであった。州その他の自治体の道路が連邦道路に昇格すると、その道路の維持、整備の責任が連邦に移行する。この措置は1961年1月1日に2,200kmの道路を皮切りに実施され、1962年1月1日にはさらに1,900kmの道路について引き続いて実施された。中小自治体の財政負担を一層軽減するべく、自治体が地域通過区間についてその費用の負担を負うこととなる基準値（人口9,000人から50,000人）も変更した。『連邦長距離道路法の改正法（1961年10月）』のこの規定により、さらに1,150kmの地域通過区間が連邦が費用を負担する区間に移行した。

1957年1月1日のザールラントの西ドイツへ編入[24]により連邦アウトバーンの25km、と連邦道路の500kmが道路網に加わった。

---

24) 第二次世界大戦後しばらくフランスの占領統治下にあり、住民投票を経てドイツに復帰した。

４．３　道路技術の進展

広範な領域における転換と発展

　第二次世界大戦中と終戦直後の数年間には、ほとんど新規の道路建設は行われなかった。このため、道路の最表層、いわゆる舗装路面は、1950年代当初には最低でも施工から10年を経過したもので、多くの場合は、これよりも相当古いものとなっていた。これは、様々な工種・工法で築かれた構造物の長期経年変化に関する経験をとりまとめるうえで実に理想的な素材を供給するものであった。このような検討を経て得られた知見は、施工技術に新たに取り入れられた。学者、技術陣はここに、気候、土壌、水流・水脈等の水に関する条件や立地条件が道路に与える影響を調査することが可能となった。

　諸外国における知見や動向を把握すべく、道路関係者は他国の建設業界や道路行政当局と数多く接触した。その多くは、イギリス、フランス、デンマークへの調査によるもので、特にアメリカでの調査によるところは特に大きかった。アメリカでは道路交通は、ドイツよりもダイナミックに発展しており、何年も進んでいた。しかしこれは道路そのものに限られたものではなく、道路の施工技術についてもドイツよりも進んでいた。これは建築資材に関する技術だけでなく、機械の製造工程についてもいえることであった。諸外国で得られた知見はドイツの道路施工技術を一層発展させ、また、ミスを未然に防いだことも多かった。

　他の工事と同じく、道路工事でも機械がますます人手に代わっていった。これによって業務が容易になったばかりでなく、工事も目を見張るように進み、また、工事品質も向上した。個別事例としては様々なものがあるが、ここで数例を挙げる。

　もっとも画期的な変化がもたらされたのはおそらく基層部分であろう。この部分は当時まだ『下層』と呼ばれていた。この部分の工事は、以前は、人力で臨機応変になされていたのが普通で、粗い砕石からなる層が造られ、その上層部分には小さい石材が隙間に埋め込まれた。しかし、この基層部分の工事が機械化され、天然の砂利に丸石と瀝青とを混合

写真4-6　人力によるアスファルト舗装作業　　写真4-7　アスファルト舗装の機械化

(Heißbitumenkiestragschicht) して行われるようになった。この製法は、1955年から1956年にアウグスブルク近郊の連邦道路2号線の比較的大規模な工事で初めて採用された。ここからこの製法は大きな成果を収めて、瞬く間に連邦全土で用いられるようになった。

　これに似た革命的な動きを示したのは、グースアスファルト舗装工事である。グースアスファルトは、以前は小型のコッヘルで加熱し手作業で『上乗せした』。フィニッシャーが開発され作業はこれにより抜本的に変わった。当初この作業は2～3m幅でしか実施されなかったので、道路全体に『舗装を流す』ものにはならなかった。後になると、フィニッシャーは車線全体の舗装をかけるようになり、文字通り『アスファルトを一流し』できるようになった。アスファルト合材が混合装置で生成されて攪拌装置を備えた大型コッヘルで工事現場に搬送されるようになり、グースアスファルトを用いた工法は、アウトバーンの車線の新設、再生に最も利用されるものとなった。道路工事上の技術の新たな展開のうち、このほか重要なものとしては、地盤と霜対策を講じた層の上層部分の強化があった。

　既存の道路から得られた経験や工法・建設機材の進歩もあって新しい舗装構成が求められるようになった。これに様々な表層路面の性質、言い換えれば、表層の性質や利用形態に見合ったものであることが要請された。これにはあらためて地盤、舗装構成の形態と厚さ、交通量、車種構成間の相互作用を知ることが必要である。すなわち地盤、舗装構成、舗装厚、交通量は相互に依存する要素であるので、関連性を持たせて考察をすることが要請される。しかし、以上の各要素の関連を的確に抽出し、これを示すに足りる方法論や手続が理論的に確立していなかったことから、技術陣は道路現場で実際に試行しながら問題を解決していくほかなかった。技術陣

4. 新たな一歩と道路網形成の時代（1955−1961）

は、『実践しながら学ぶ』という原則で仕事を進めていたのである。

道路工事に関する方法論

　1950年代の道路状況を見ると、道路網の大半は技術的に見てともかく根本的に改めることが必要であるということがその結論であった。しかし、州にもその他の自治体にも財政資金は十分にはなかった。さりとて道路の改修は、任意に引き伸ばしておくというわけにもいかなかった。交通安全は一層要求され、走行をより快適なものとし、また、道路が未舗装で埃が舞い上がるということをなくすことも求められていたからである。資金は不足していたとはいえ、解決が引き伸ばしになっているこのような問題には、多くの段階を踏みながら問題への取組みが行われていた。道路行政当局は、交通上の重要性や交通量をもとに個々の道路の区間について改修必要性のランク付けを行った。連邦アウトバーンについては、車両が通過するだけでなく、車両重量もその大半が大きいものであるので、当然のことながら優先度は特段に高かった。

　こうした喫緊の問題が現実に解決できるよう、連邦交通省は1958年に『瀝青材を用いた工法による連邦アウトバーンの車線改良に関する当面の指針（die Vorläufigen Richtlinien für die Instandsetzug der Fahrbahnbedecken auf Bundesautobahnen mit bituminösen Bauwesen＝RIB)』を定めた。この指針に入っていた工事実施に関する基本原則は、当初からその適正が実証されていたので、道路建設の現場で数十年にわたって指針とされた。

　道路工事での瀝青の使用は1948年の通貨改革以降の8年間に約20倍増加した。1956年のスエズ動乱（スエズ運河が閉鎖されパイプラインが切断された）以来、突如石油製品が品薄となり、石油関連の経済活動が滞って問題は切実なものとなった。しかし、石油の供給が著しいまでに逼迫するということは生じなかったが、石油製品の価格はすべて上昇した（これには瀝青も含まれていた）。石油価格とタンカー輸送料が4倍値上がりした。このような情勢の変化が道路工事のコストに及んだことは明らかである。

4．4　交通安全

　連邦政府は1953年、交通量が日々増大する中にあって、人の安全を『経

写真4-8 裁判官と検察官のための交通研修

済問題のすべてに優先して』考えることを明らかにした。そこで、増大する交通事故への対策は、常にその効果を検証していくものとされた。こうした考え方は、立法府、行政府のすべてのレベルの組織で実行に移された。連邦及び州の交通、警察、道路建設、法務担当の大臣会議が毎年開かれ、道路の交通安全について審議された。この場では特に事故を克服するために、どのようにすべての方策を効果的に実施するのか、またこれらの方策をどのように調整することができるのかが問題の中心であった。州の『自動車の監視技術』に関する専門委員会は、この分野における知見を蓄積していった。これによって例えば同委員会は、自動車検査場において新しい技術を用いるようにすることができた。さらに『事故防止手法の検討に関するワーキンググループ』が設置された。これには、医師、官庁の代表者、職業組合、交通安全協会が加わった。

　新たな基準は数多かったが、自動車の進歩ばかりに目が向けられていたわけではない。政治情勢の変化、例えば国境を超えた自動車交通が増大していることにも配慮が必要であった。ドイツ国内の道路では外国車両の走行がますます増大しており、1956年からは強制保険に関する法律によって、被害者が事故後無保証とならないよう制度化された。1957年には、通行者の権利義務に関して法規が整備された。経済事情が大きく改善されたことにあわせて責任限度額の最高額も改正された。

　議会の一部に強い反対があったが、1957年には新たな法律が成立し、これにより連邦交通大臣が交通法規違反に関する連邦組織を設置することが認められた。連邦自動車庁（フレンスブルク）がこの業務を担当することになった。業務内容は次のとおりである。
・交通事故原因の調査
・交通の安全を促進するため議会に対する基礎資料の作成
・『運転不適格者』の検査を行い、道路交通に従事させないことができるようその処分の準備を行うこと。
　いわゆる「中央交通登録所」（Verkehrszentralregister＝VZR）──むしろ「交

4. 新たな一歩と道路網形成の時代（1955－1961）

通犯罪者監督署」として知られている——が設立された。1958年には7、80人の職員が配置され、80万件の登録事項を管理していた。当時の自動車登録台数は約680万台に達していた。

現在、「中央交通登録所」では230名の職員が働いている。現在ここで取り扱われている資料は、680万人分の資料で、これに関連する登録事項は1,200万件で、さらに200万人の運転初心者に関して暫定的な資料がある。以上は、5,000万台の登録車両を有するドイツ全体での資料である。中央交通登録所の設立以降「交通犯罪者」の数は、モータリゼーションの進行と歩調を合わせて増加している。

コラム5

交通違反者登録

　1954年に交通事故件数が増加した。このため連邦政府は、可罰的な道路交通法違反行為についてカルテの形で資料の整理ができるよう法的制度を整えることを考えるようになった。こうして交通法規にかかる取り扱いに関する法律案が姿を現した。

　連邦議会の交通委員会は、こうした意向には賛同したが、動向を左右する法制委員会は憲法上の観点から「交通違反者登録の導入」には反対した。

　通常の「犯罪記録」には交通法規違反行為も記録されているのであるから、交通部門について特別の登録制度を整備するということになれば、別の分野でも同様の整備が求められるということになり、こうした動きがどこで収束するか見当がつかないというのである。

　1955年連邦議会は交通法規違反者登録に関する規定のない法案が提出された。しかし連邦参議院はそれでもなお連邦議会との調整委員会を招集した。同委員会では妥協案が成立した。同委員会は、基本的に交通違反者登録機関をフレンスブルクに設置すること承認した。また、連邦交通省は必要な法規の制定を行うが、委員会の決定によりこれには広範囲にわたって制限が設けられた。

　例えば、反則金の未払い警告のような法的措置について「フレンスブルクの登録」の対象とすることは許されない。1957年6月中旬には、この登録に関する規則が公表された。わずか、1週間後には道路交通規則が改正されて、この交通法規違反者登録の根拠が法的に整うことになった。

フレンスブルクの登録所の登録事項は、刑事訴追と道路交通行政当局の業務を目的とした利用にしかその使用は許されていない。さらに、1968年以降には交通法規違反の「非犯罪化」を目的に犯罪行為と秩序違反行為とが峻別されるようになっている。秩序違反行為については、科料も低額であり登録の対象となっていない。軽微な違反行為として取り扱われる最高価額は、1982年から80マルクとなっている。

4．5　交通計画と交通技術

　モータリゼーションの波が到達して道路が整備延伸されるようになると、交通計画上、新たな問題が生じた。すなわち都市を整理分散させようという構想が、都市周辺に交通需要を生み出す「衛星都市」を発生させることになったのである。衛星都市と元からの大都市、衛星都市相互間が新しい自動車道路によって結ばれたためである。

　連邦交通省はすでに1954年に長期的総合的な交通動向の予測と長距離交通網の将来交通量推計を行うよう指示していた。国の交通網計画のためであれば、机上の検討で十分であったかもしれないが、中小自治体の交通計画は、すでに主に交通流の分析を基礎とする新しいシステマティックな交通調査を拠り所としていた。こうした調査は——将来のモータリゼーションに関する単純な予測を超えて——道路整備に対する実際の需要を考慮した大まかな計画へと繋がっていくのが普通であった。自動車交通が支配的な役割を果たすという方向をにらんだ考え方が基本的に重要であった。主たる大都市においては、道路網は単なる放射道路から、アウトバーンのように広範囲の放射道路を有し、これに環状道路を加えそこにアクセス道路が接するという形状が基本となり、あわせて道路の性格も幅員が広いものへと変容した。そのうち都市区域外のものについては、都市計画や景観上、問題を生ずる区間を通過しており、環境問題が事前に検討されていないケースも時折見られた（例としてはハンブルクの東西道路がある。写真4−9参照）。都市内区域において環境上望ましい空間を形成するうえで、上述のアクセス道路の方式は重要な手法となっている。

　同時に西ドイツでは、路面電車の多くがバスにとって変わった。バスは代替が容易であり、また、経営上も有利だと思われたのである。しかし、

4. 新たな一歩と道路網形成の時代（1955－1961）

写真4-9　ハンブルクの東西道路の工事—90もの建築物が取り壊された。

　一方で、バスは、バスプールが備えられないと一般に機能は十分に発揮されず、渋滞の要因ともなる。所定時間内でより少ない人員を一定のルートで輸送するのであれば、バスのほうが路面電車より有利である。このためバスが今日復活している地区が多い。

　交通計画の手法をさらに発展させ、1954・55年には、オスナブリュックでいわゆる「総合交通計画」が策定されるに至った。これはドイツ国内で初めてのものであった。この計画では、すべての交通形態が検討されている。貨物自動車が通過交通となるケース、配達を行うケース、公共交通機関、自転車、歩行者等である。この計画策定に当たっては、様々な交通形態の相互依存性も配慮されている。この計画は学際的な取り組みを行って

69

おり将来性のあるものであることから、『土地空間の研究と国土計画』誌で、模範例として掲載された。

　この計画の公表後、総合交通計画という考え方は、短期間のうちに広まった。1960年代中期の地方交通財政法（Gemeindeverkehrsfinanzierungsgesetz＝GVFG）は、自治体の交通網建設促進にはこうした総合交通計画がその前提条件であると謳っており、同法は総合計画が広がるよう後押したのである。

交通技術

　道路交通施設の設計の分野においては、1950年代にはなお戦前の（路線選定のための）線形設定指針を用い、横断構造に関する別基準でこれを補っていた。この別基準により、横断構造上の建築限界基準（通行空間と余裕幅、道路両側面の安全余裕幅等）を積み上げて標準的道路構成が数例組み立てられた。

　1955年には、連邦アウトバーンの横断構成に関する指示書（die Bauanweisung für die Bundesautbahnquerschnitte＝BBA-Q-55）が出され、翌1956年には州道アウトバーンの横断構成に関する指示書（Querschnittsrichtlinien für Landstraßendie＝RAL-Q-56）が出された。以上の規定は、アメリカでの調査に大きな影響を受けて出されたものである。この調査には連邦交通省の道路建設部局の職員が、州道路行政部局の代表者と学者に同行した。

　1957年ジャンクションに関する初めての指針『アウトバーン連結箇所工事に関する当面の基本方針』が出された。その基本原則に合わせて、設計担当者・技術陣はこれまで走行状況に応じて設計されてきた加減速車線幅に補正を行った。もっともこの形態の加減速車線は10年後には――クロソイド曲線が盛んに用いられた時期を過ぎてからは――使用されなくなり、今日も使用されている加減速車線の方式が採用されることが多くなった。50年代には州その他

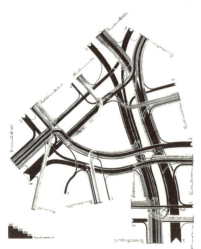

図4-2　交通流計画（黒の部分の太さが交通量を表す。レーンごとに交通量が加算されている）

4. 新たな一歩と道路網形成の時代（1955−1961）

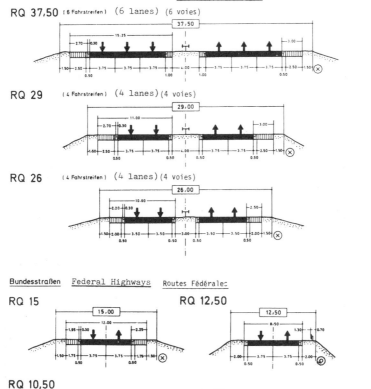

図4−3　連邦長距離道路標準横断図（1972年）

の自治体の道路のジャンクションに関する基準はまだなかった。

　交通工学の分野では、1950年代には「交通工学」に関する研究教育が行われるようになり、これとともに新たな展開を見ることになった。すでに言及したドイツの主だった専門家によるアメリカでの調査が契機となり、道路及び道路施設については橋梁に倣って個別に検討が行われるよう

71

になった。例えば RAL-Q-56には、アメリカでの調査研究の結果（Highway Capacity Manual）をもとに道路の断面構成の決定案が提示されている。これは、推計交通量に従って計画を決定しようとするものであった。それまでは、道路断面は道路種別を拠り所として統一的に決定されていた。もっとも「道路交通技術」は、そもそも全く新しいものでも、また外国の発明物でもなかった。これは道路建設の発展の賜物であり、知識拡大過程であると捉えることができる。すでにかなり以前からドイツでは総合交通計画と公共交通に関する活動は、1つの職業となっていた。新しい知見をもとに、ハノーバー工科大学では1950年には早くも高度な道路交通技術教育が行われていた。

　アーヘンのライン・ヴェストファーレン工科大学、ベルリン技術総合大学、少し遅れてシュットットガルト技術総合大学がこれに続いた。

　次の組織は、道路交通技術の実践を手がかりに新たな職業領域を切り開くものであった。
・道路研究所（Forschunginstitut für das Straßenwesen＝FGS）は、その作業委員会を若手の道路交通技術者に開放した。
・自動車事故賠償責任保険協会（HUK）の相談窓口はバート・エムス（Bad Ems）で討論会を開催した。
・都市連絡協議会は、道路交通技術関連の工科大学卒業生の採用に当たった。
・連邦と州の道路担当部は、道路交通技術関連の工科大学卒業生の採用を増やした。

4．6　国土利用・形成計画と環境政策

国土利用・形成計画

　建設法典の準備に当たって、国土利用・形成計画が問題を投げかけることになった。それは、国土利用・形成計画の領域において、連邦と州とがどこまで立法権限を有するのかが問題となったためである。連邦行政裁判所は、様々な連邦組織からこの問題について見解を求められた。同裁判所は1954年に、連邦は国土利用・形成計画に関する統一規定を定める権限を

72

4. 新たな一歩と道路網形成の時代（1955-1961）

有するが、これは立法の枠組みを定めることをその内容とするものであるという見解を出した。

これを受けて連邦政府は1955年に、国土利用・形成計画に関する専門委員会を設置した（Sachverständigen-ausschüss für Raumordnung=SARO）。同委員会は、連邦が行う国土利用・形成計画に関する同意基準を策定することとされていたが、連邦経済相はこの委員会の役割を広げた。同相は、国土利用政策上の政策がどの程度、社会的市場経済の原則と両立するかを委員会に問うたのである。

2年後の1957年に行政協定（その後の国土利用・形成計画法第8条）が締結された。これは連邦と州との間で共同事業を調整する仕組みを整えるものであった。その後この協定により国土利用・形成計画担当大臣会議（Ministerkonferenz für Raumordnung=MKRO）が設置された。1961年には、いわゆる SARO 報告「ドイツ連邦共和国における国土利用・形成計画」が策定された。この報告には、国土を構成する要素、国土利用・形成上重要な施策に関連する方向性と諸原則のすべてが掲げられていた。そこでは、特に、何を連邦資金の投入先とすべきかも記されていた。自由、社会的公平、確実性という社会政策の基本原則に沿って、上記の報告は次の事柄を求めていた。

・居住区域と就業区域とを空間的に適正に配置すること。

・過度の集中を避けるために分散促進をはかるべきであること。

・国土全体において生活条件を平準化するよう努力すべきこと。

しかしここでは、州や都市区域内の特性が損なわれてもよいと考えられているわけではない。逆に、地域の経済的、社会的特性は経済的社会的発展の機動力として不可欠なものであることが強調されている。

さらに次のような諸原則が認められている。

・大都市は中心として重要な機能を有する。同時に中心と周辺地域の均衡のとれた関係を保つこと。

・農業が健全に営まれる区域を保護すること。

・労働／生産、居住、休息といった都市機能を充実させること。

・自然豊かで分散した居住区域を優遇するほか、人口増の受け入れが可能なよう中小都市が拡大できるようにすることにも配慮すること。

都市計画は国土利用・形成計画の一部をなすとともに、その方向性を

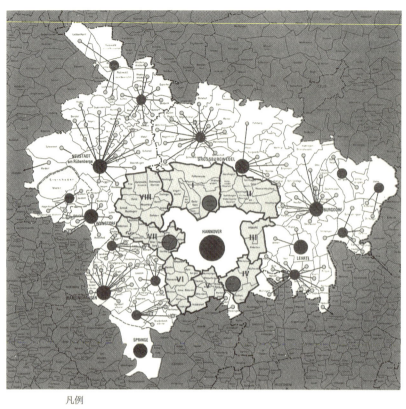

図4−4　核となる地区による地域の区分け（ハノーバーの事例）
（口絵5頁参照）

示すものと見られていた。都市計画は、国土利用・形成計画全体の前提となる一専門分野の計画なのである。この段階でも、一般には70、80年代になってようやく広く求められるようになった事項がすでに取り上げられていた。その中には、生態系の均衡を侵さないこと、水と空気を清浄に保つこと、広い地域にわたる保養地を確保することが含まれていた。さらに、『人類存続の前提としての資源の持続的利用』が既述の報告書に既に掲げられていた。この報告が1961年のものであることを想起されたい！

4. 新たな一歩と道路網形成の時代（1955-1961）

　SARO報告は、「市町村における交通事情の改善に関する専門調査委員会報告」（1964年）に影響を与えたばかりではない。さらに1963年の国土利用・形成報告書と1965年の国土利用・形成計画法の諸原則にも影響を与えている。この報告が、連邦経済大臣の懸念を取り除き、国土利用・形成計画法への道を開いたことは重要である。同報告は同時に、戦後復興期の終了を画し、国土の利用に法律をもって秩序を与えるという方向付けをしたのである。国土利用は健全で均衡のとれた労働・生活条件を満たさなければならないとされたのである。

　広範囲の交通計画の基盤を作り上げているのは、『中心的－地区－システム』と州の国土利用・形成計画上の発展・交通軸である。中世末期にはこの『核と軸』による枠組みは、欧州中央部東側に位置するドイツの街づくりに方向性を与えるものとなっていた。1930年代の中ごろには、同様の枠組みが（理論的に整理されて）人口密度の低いプロイセン地域の戦略的な国土利用に取り入れられた。40年代初頭には、オランダの『エイセル湖事業』で利用されたほか、エストニアでも利用された。第二次世界大戦中には、『東部編入地区』[25]にも適用された。1950年代には新規事項が大きく取り入れられ、あらためてこの『核と軸』の方式によりその方向性が定められていった。そしてこれは国土利用・形成計画に置き換えられ、さらに連邦による広範囲の計画に取り入れられていったのである。

環境政策

　戦後、社会の仕組みが大きく変容し、環境政策は二義的な意味しか持ち得なかった。50年代から60年代初頭には、この問題に警告を発する者はごくわずかであった。MKROとSAROと並んで、景観が損なわれる以前の1961年に警告を発した例としては、「ドイツ国土保全会議」があり、SPD（社会民主党）も1961年にノルトライン・ヴェストファーレン州の選挙綱領で「ルール工業地域に青空を」という要求を掲げており、これもまたその1つである。この時期には、車両に必要な道路網が拡充されている中にあって高度成長社会を脅かそうとする批判的な意見は散発的なものに過ぎなかった。

　1950年代には道路交通網の拡充には市民の広範囲な支持があった。60年

25）1939年にポーランドからドイツに併合された地域を指す。

写真4-10 Ａ３号線（シュペースアルト地区）

代になっても大多数の者がこれを支持していた。道路計画、とりわけ連邦長距離道路の計画については市民の要望と合致したものであった。道路計画は、復興と経済一般の拡大に見合ったものだったのである。

これに対して道路を取り込んで景観を形成していくという基本原則はその完成度を高めていった。アウトバーン３号線（フランクフルト－ニュルンベルク間）がシュペースアルト（Spessart）地区を横断する区間について、この原則は現実に大掛かりに適用された。ここは模範的工法が導入された区間として見るべきものである。地形的に難所でなおかつ自然環境上高い価値を有する地区において、技術と自然との調和が可能であることを示している。これには当然のことながら、様々な分野の専門職が招かれ相互理解を深めて共同作業が行われた。交通技術、施工技術、環境保全上の要求事項はすべてこうして、なお道路形状のあるべき姿を見据えてその調整が行われたのである。

5．旅客・貨物交通とモータリゼーション （1962－1972）

5．1　レーバープラン

　交通政策は60年代に至るまで──ほかの社会の分野でも同様であるが──継続性がその特徴であった。『50年代は長かった』と一般に言われているほどである。しかしこれによって政策が構造的に硬直し凝り固まったものとなってしまった。このためこれを『解きほぐそうとする提案』が多く提出され、その数は多すぎるという印象を受けるほどであった。この方向での転換は、1967年の『ドイツの交通網の健全化事業』の閣議決定によって進められることになった。これは当時のゲオルク・レーバー連邦交通大臣の名前に因んで『レーバープラン』と呼ばれるものであった。この計画は、鉄道・道路・水路の交通網のすべてを初めて網羅的に取り扱った総合交通計画と呼ぶことができるもので、次のようなものであった。

- 連邦鉄道のうち不採算路線6,500km を廃止する。82,000人の従業員を削減する。引き込み線の拡充と異なる交通モードの利用のため、積換施設・車両基地を拡充する。
- 内航水運事業者所有の船舶は過剰である。過剰船舶は解体して過剰能力を削減する。
- 道路での長距離輸送については、28品目の輸送──大量輸送のものがほとんどだが、自動車輸送も含む──を禁止する。1954～55年に廃案となった道路負荷軽減法の核心部分をあらためて採用する。
- 輸送量が4 t を超える貨物自動車から（従来の運送税に替えて）道路貨物運送税を徴収する。営業用貨物自動車からはトンキロ当たり、1 ペニヒを、長距離自家用輸送については3 ～5 ペニヒ（『レーバーペニヒ』と呼ばれた）を徴収する。この徴税は5 年の時限措置とする。
- 営業用貨物自動車の営業許可件数を、20～25％減少させる。

・将来の交通需要をまかなうため交通網整備として——レーバー連邦交通
　大臣によれば——道路整備を行うべきである。
　連邦議会は 9 カ月にわたり、すでに連邦参議院を通過した法案を審議
——かつての道路負荷軽減法と同様に——した。この間『レーバープラ
ン』は、CDU（キリスト教民主同盟）と SPD（社会民主党）との協議を経て、
基本的な部分から変更が行われた。法案が要求していた輸送禁止は通らず、

コラム 6

レーバープランへの批判

　レーバープランは、多くの賛同者を得る一方で、厳しい批判にも
遭った。連邦議会のキリスト教民主同盟とキリスト教社会同盟は、
レーバープランでは経済活動は低下し、また、コスト高になると批判
した。キリスト教民主同盟等は対案を出した。これは17編で構成さ
れ、重要な点は次のとおりであった。
－10 t 以上の重量貨物について、遠距離及び近距離のすべてについて
　料金を課することとし、その収入は連邦と州に均等に配分するこ
　と。
－この料金収入は、アウトバーンの片側 3 車線への拡幅のための連邦
　収入とすること。
－日曜日の道路輸送禁止を土曜日13時からに延長するが、特定の物品
　については輸送禁止の対象としないこと。
－連邦鉄道の長期構造改革
　経済団体は、貨物自動車が経済的に高い便益をもたらすことを指摘
し、その負担は不相応に重いものであるとの広報を行った。道路を手
狭なものとしているのは、貨物自動車ではなく乗用車であるとし、問
題はむしろ「道路利用者全体の負担」を引き上げることだというので
ある。こうした反対論により通行禁止は最終的には導入に至らなかっ
た。導入されたのは道路貨物運送税だけで、これも1971年の年末の期
限付きであった。これは工事関係輸送にかかる免許手続にとって代え
られたが、貨物輸送に関する法律に組み入れられた。さらに鉱油税が
引き上げられ、自動車税は道路に必要とされる財源のためのものであ
るという性格を一層強めていった。連邦鉄道の構造改革を成し遂げよ
うとの試みは水泡に帰したため、レーバープランは結局、道路建設に
関連する部分しか実施にいたらなかった。

5. 旅客・貨物交通とモータリゼーション（1962−1972）

道路貨物運送税も2年間の限定とされた。

この道路貨物運送税収入は、別の交通モードによる輸送や引き込み線の改良のための事業に当てられることとされた。これによって鉄道と道路の協力が最適化されることが期待された。

写真5−1 『転がる州道』

道路貨物運送税はいずれ『道路の費用を回収するほか欧州共同体の交通政策との調整にも充当される通行料金の体系』に発展的に解消されるものとされていた。しかし通行料金の導入は──一度は基本法第4条第1項第22号がこのために付け加えられた──欧州共同体で導入に失敗したことから1971年に交通財政法が改正されることになった。これにより鉱油税は1リットル当たり4ペニヒ値上げされ、自動車税も変更となった。鉱油税の増収の4分の1は連邦道路の工事に充てられた。残る4分の3は市町村の交通網の拡充に充てられた。自動車税が変更となったのは、重量車両の納める税が軽量車両のものと比較して本来納めるべき道路費用からみてその負担割合が少ないという事実からの帰結であった。納めるべき税額の基準としては、もはや排気量ではなく車両重量が用いられるようになった。

連邦政府は、レーバープランの総合的観点に基づいて連邦交通網計画（Bundesverkehrswegeplan＝BVWP）を策定することを発表した。この計画に必要とされるデータとその評価手法をめぐって、交通経済学的な研究を一層進めることが必要であった。連邦交通省はこれを推進するとともに、交通政策・交通経済総局[26]を通してその作業の調整を行った。この後1969年にAII『計画研究』部が設置された。

---

26) p.27の図3−2「連邦交通省の組織」を参照。

5．2 『新たな』整備計画[27]

60年代の道路建設への強力な後押し

すでに1960年から道路建設への税金の投入額は増やされていた。これは法律で鉱油税が値上げされ、これが道路建設の目的税とされたことから可能となったものである。3年間で連邦はこの増収から実に総額6億マルクを別の支出に充てることができた。1963年からは収入に変動はあるが、その使用には厳格な規定が導入された。鉱油にかかる税金の転用に関する法律に基づいて、1963年12月20日から暖房用の油及び洗浄用抽出物について徴収された税収を除き、1964会計年度には鉱油税収の46％を、1965会計年度には同じくその48％を、これ以降の会計年度には50％を道路工事目的に使用するものとされた[28]。

自動車台数は60年代には、以前高めに予測しておいたペースを超えて増加していた。このため、道路網は拡充してきたし、既存の道路の拡幅よりも道路建設が優先されていたものの交通事情の進展には追いつかない状況であった。

1960年から1970年には、乗用車の台数はおよそ450万台から1,400万台へと増加した。人キロ、すなわちすべての人が1年間にドイツ国内を走行した距離は、1,600億人キロから3,500億人キロに増大した。

1957年に立てられた道路整備計画の全期間、すなわち1959年から1970年の間に、連邦長距離道路にはほぼ300億マルクが投ぜられた。うち半分は、1967年から1970年の第3次4カ年計画に充てられた。この資金により道路網で優先順位が第1位とされるもの（『基幹道路網』、p.59参照）のうちアウトバーンについては100％が、連邦道路については70％の整備が完了した。

---

27) この『新たな』整備計画は、p.55-56のコラム4〔長距離道路整備の歩み〕にいう1971年の整備計画であり、これに対して次ページにいう「最初の」整備計画は、1957年の整備計画を指している。
28) 根拠条文の邦訳は、高速道路機構海外調査シリーズ No.26「交通インフラ財源の安定的確保を目指すドイツ」（p.54以下参照、ここでは、道路建設財政法が道路財政法と訳されている）を参照。

5. 旅客・貨物交通とモータリゼーション（1962-1972）

写真5-2　A3号線ケルン＝フランクフルト間のコンクリート舗装の損傷状況（1964）

　「最初の」整備計画の終了時点では、連邦長距離道路は、約32,500kmの連邦道路と4,500kmのアウトバーンになっていた。道路網での優先順位が第2位となるもの（「基幹道路補完路線」）については、この時点ですでに1,200kmが建設中であった。

　しかし自動車台数はそれでも連邦長距離道路が延伸する4倍の速度で増加していた。1960年以降の10年間に道路延長は30％の伸びであったのに対し、日平均交通量の伸びは120％だったのである。換言すれば、30％延伸した連邦長距離道路が2倍を超えて増大した交通量を捌かなければならなかったのである。1960年24時間交通量10,700台は、1970年には22,400台となっていた。

　道路の整備をいち早く、広範囲に行うべきだとの一般の要求に対して、相対立する問題が提起されることはなかった。交通量の増大とともに、その増加率以上に発生するようになった問題（特に騒音、大気汚染）は、交通政策上の議論では大きな題目とはならなかったのである。世論が鋭い批判を向けたのは別の方面であった。それは道路交通インフラの赤字がなかなか解消しないことに対する不満であった。

工事の進捗と財政支出

　1963年から1970年にかけて、第2次、第3次4カ年整備計画が実施された。この期間に投下された予算の半分以上に当たる136億マルクは、連邦道路の

写真5-3 連邦道路 B256号線と B258号線の交差箇所（1970年）

整備に当てられた。アウトバーン網の拡充に116億マルク[29]が充てられその整備に大きく貢献した。アウトバーンの工事については、その資金の大半が新規路線の建設に充てられた。すでに述べた2つの4カ年計画への予算配分は次のとおりであった。

連邦アウトバーン

期　　間	予　　算	新規建設の割合	延伸距離
1963－1966	39億マルク	80%	575km
1967－1970	68億マルク	80%	940km

連邦道路

期　　間	予　　算	新規建設の割合	延伸距離
1963－1966	58.7億マルク	38%	2,200km
1967－1970	77.6億マルク	43%	1,050km

1970年の「新」整備計画

　1969年に政権が交代したが、個人の輸送手段である乗用車がなお交通政策の方向性を決定づけるものとなっていた。「1971年から1985年における連邦長距離道路整備に関する法律」（整備法、1971年6月30日）では、鉄道・水路と対照してみるとこの方向性は際だっていた。同法では、西ドイツを密度の高い格子状のアウトバーン網で覆うということが想定されていた（図5-1参照）。長距離道路がどの程度必要とされるかについては、当面資金調達の可能性は別にして検討された。その内容は「需要計画」としてこの整備法の別添資料として添付された。需要計画は3次にわたる5カ年計画に分けて組み込まれることとなっていた。それぞれの計画の終了ごとに、需要計画が交通状況に見合ったものであるか検討することが義務づけられていた。当然のことながら国土利用の全体的な進展状況との対照が前提となっている。

　連邦交通大臣のゲオルクレーバーは、1969年に整備計画の目標を明確に

29）表内の金額と本文の金額は、連邦道路では一致しているが、アウトバーンでは一致していない。

5. 旅客・貨物交通とモータリゼーション（1962－1972）

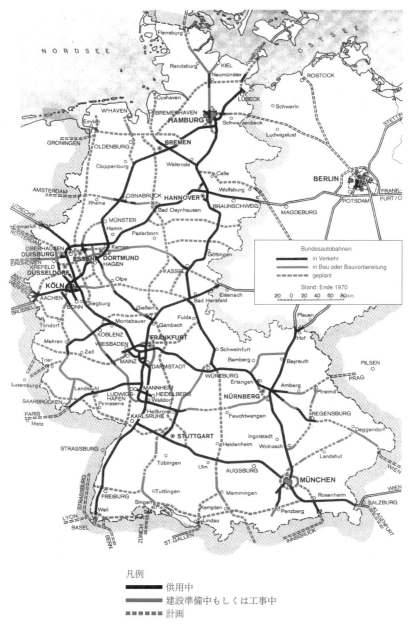

凡例
― 供用中
― 建設準備中もしくは工事中
▬▬▬ 計画

図5-1　1970年時点での連邦アウトバーン網（前ページ参照）
（口絵6頁参照）

した。自動車台数と道路延長の不均衡の是正を優先するということははっきりしていたが、大臣は次のように述べた。「我々はモータリゼーションを克服することが必要である。1980年代前半には、乗用車が800万台増えても、現在よりも交通事情を円滑なものとしなければならない。」そして大臣の見解によれば、「長距離道路は、どの地点からも容易に到達できるように整備しなければならない」というのである。

　需要計画が最終的にもたらすと思われる効果は目を見張るべきものであった。国民の85％が、最寄りのアウトバーンのオンランプから10kmと離れていない箇所に位置することになるというのである。これなら将来の交通需要を適正にまかなうことができると考えられた。

　1957年の（最初）の整備計画は、モータリゼーションの黎明期にできあがったものであった。モータリゼーションの規模はどの程度のものであるか予測しがたいものであったため、目標とすべき国内の道路整備計画は、いきおい暫定的なものとなった。これに対して1971年の「新」整備計画は、モータリゼーションの限界が見えてきたという広い一般的な認識をもとに策定された。80年代半ばには、住民の３人に１台、乗用車が所有されるようになると考えられていた。これを前提にすれば西ドイツでは2,000万台の乗用車が存在することになる。モータリゼーションの行き着く先はこのあたりであろうというのが一般的な見方であったのである。実際には、1985年には、乗用車は2,500万台となった。そのうち旧西ドイツ地域では、住民２人に乗用車が１台という状況に到達した。その後については、むしろ人口が減ることが予想されていた。道路関係者は、長期的需要を満たすだけの道路を造っていると考えていたのである。

　60年代には、将来においても十分な道路網を建設するという主たる目標に加え、次のような問題がその計画目標を決定付けた（図5−5参照）。
・国土利用・形成計画（特に都市周辺地域の開発）
・製造業の構造変化（分業の増加と自家生産の減少）
・休暇期間等の交通（平日の労働時間の短縮や土曜休日）
・別の交通モードとの関係（政治的に力が入れられている交通分担、特に鉄道の強化）
・国際交流（欧州共同体内の通過の自由）
　以上の側面は、いろいろな形で整備の検討作業に入り込んできた。また、現行の道路網を近代化するほか、事故多発地点を改善するといった恒常的

5. 旅客・貨物交通とモータリゼーション（1962−1972）

に実施が求められる道路計画上の問題にも意を払うことが必要であった。

　２番目の計画となる新整備計画の策定に当たっては、後日、行政委託を受けることとなる州の専門部局が早い段階から招聘された。財務省も伝統的にこれに加わっており、また長いこと参加していなかった道路所管外の行政組織も参加した。連邦及び州の国土利用・形成計画省庁と経済関連の研究所も同様であった。整備計画は、基本的に道路を整備してどのように「理想的な」道路網を早めに実現するかを提案するものであった。既存の連邦長距離道路網は全てその検討対象に組み入れられ、場合によって同道路網を拡充補完して、提案のあった他道路との接続が可能なように設計が施された。

　整備計画の策定は、方法論的には次のように進められた。78の地域をベースに「交通を創出する」箇所のデータが推計された。これには、人口、就業者数、自動車台数、域内総生産があった。都市内の交通計画上有効であったモデル（交通の発生状況とその分布、交通手段の選択、路線の選択と放棄）は、今回は整備が完了する1985年時点の推計交通量の確定に役立った。いずれの計画道路も既存の道路についても増加後の交通量が算定された。以上の数値等から最終的に必要な車線数が割り出された。

　さらに、国土利用・形成計画の目標も検討された。例えば、最寄りの中心都市（大学、州上級裁判所、中央病院、オペラハウス等の町の中心的な施設が所在する都市を示す）に向かう経路としての利用が考えられる場合には、車線数を２車線から４車線とする基準交通量を引き下げている。結果的に車両のための空間がより多く存在することとなり、より早く走行することが可能となった。

　道路の建設あるいは整備を、連邦道路としてではなくアウトバーンとして行う場合には、以下のいずれかの機能の確保を基準として判断する。
・交通量上の観点　　：適切な走行速度を前提としたうえで大きな交通量を
　　　　　　　　　　　捌くこと。
・速度上の観点　　　：旅行時間を短縮すること。
・過疎地の利便性　　：人口密度の低い居住地区においても、例えば、州都
　　　　　　　　　　　に定時に到着し、日没前に帰宅するといったように、
　　　　　　　　　　　適切な到着可能性を確保すること。

　さらに設計担当者は、整備あるいは設計に関して連結用のアウトバーンと通過交通用のアウトバーンとの２つを区分していた。後者については、交通がスムーズに流れることに意を払い、インターチェンジの間隔もより

85

大きく取られた。

　新規に道路を建設する必要性は、車両台数の増加により道路への負荷の増大が予測されることから導かれる。既存の道路については、必要となる交通容量と実際の交通容量とを比較することが必要とされた。

　次に以上の検討結果は、4つの基準によって区間ごとに評価された。それは交通面と経済面に加えて国土利用上の観点すなわち開発とアクセスという側面であった。さらに設計担当者は、想定される道路網の変更を3段階の緊要度で区分した。事業計画が緊要度が最も高いものとされるにためは、4つの評価基準のうち、その1つが高く評価されることが必要であった。この手法で区分を行ったところ、全事業の40％が、緊要度が最も高い第1順位に収まった。

　「新」整備計画（後日「第2次」と公称された）では、4車線以上の連邦長距離道路を全体で15,000km延伸することが計画された。このうち12,500kmは新規路線であり、残る区間は拡幅、すなわち既存の道路に車線を追加するということであった。以上に加えて2車線の連邦道路を、新規に建設するか既存道路の改築[30]により3,000km整備することとされた。この全体計画には、前回の整備計画において緊要度が高いとされていたが未執行であったアウトバーン8,500kmと連邦道路の4,000kmの整備が入っていた。

　1971年に決定された「新」整備計画は、1971年から1975年の第1次5カ年計画として実施に移された。これには当初295億マルクが用意された。実際には、最終的に329億マルクの資金が供給された。もっともこの資金のうち計画された新規路線の資金に当てられたのは80億マルクだけだった。残る資金は、次の必要不可欠な事業に充てられたのである。

・すでに工事が開始していた事業

・既存の道路の整備

・道路の維持補修、雪氷作業、研究等の「非投資的」経費

　こうした実状から、最も優先度合いの高いクラスの事業ですら、近い将来に実現するとは考えにくかった。このため、1976年に実施された需要計画の検査（これについては既に述べた）の際には、緊要度の最上級のクラスをIa、

30）この改築には、車線の追加だけでなく、自治体道路を含む既存道路の車線幅の拡大や線形
　　改良等による連邦道路への昇格も含まれている（連邦交通省の説明による）。

86

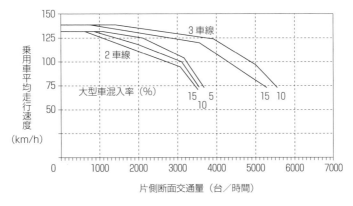

図5-2　車線数と走行速度

Ibの2つに区分するという思い切った政治的決定を行わざるを得なかった。

連邦は自治体のインフラ整備に資金を供給

　市町村が単独でインフラの改良、あるいは整備を行おうとするとその負担は大き過ぎるものとなる。このため連邦は1967年にすでに「市町村の交通事情改善のための連邦支出に関する指針」を出している。資金の原資は、特にその前年再度引き上げられた鉱油税が充てられた。市町村の交通インフラには、同税のうち、1リットル当たり3ペニヒの資金が流されたのである。市町村は交通事情をそのままにしておくことは望まなかったし、むしろ長期的に継続して改良していくことを望んでいた。しかし、これは市町村への通常の収入でまかなえるものではなかった。そこで、市町村への補助は1972年2倍となった。1リットル当たり6ペニヒの資金を得ることになったのである。

　ここに示した連邦からの支出に関する指針は、1971年に地方交通財政法（Gemeindeverkehrsfinanzierungsgesetz＝GVFG）に発展的に解消された。80年代の終わりまでに、市町村はこのルートで——州を経由して——毎年約20億マルクの資金を得ていた。1988年にはこの額は26億マルクに上がり、1990年の統一契約[31]で33億マルクになった。1993年から1996年には、年間支給

---

31) 1990年8月31日に東西ドイツ間で締結された国家間契約で、これにより旧東ドイツは解体し旧西ドイツに編入された。本書では、ドイツ統一契約と表記されている箇所がある (p.194)。

写真5−4 バス乗降施設

額が30億マルク引き上げられ、60億マルクを超えた。もっともこの引き上げは、1998年にもとに戻された。これ以降、州は毎年33億マルクの補助金を受けているが、これは1990年から1992年までと同じ額である。このことは、市町村の道路工事や公共交通機関に対する補助金についてもいえることである。

　市町村における交通事情改善のための連邦の補助金については特段の事情がある。費用を負担する者（支払う者）と工事の委託者（受益者）とが分かれているのである。市町村は交通路の建設を決定するが、その費用を自ら負担する必要がないのである。これには問題がないわけではない。なぜならこのようなシステムでは、決定の根拠に歪みがあるからである。事業の成果を受け取る者が、後に発生するコストに意識がまわらず、あるいは意識がまわったとしてもそれは全部には及ばないのである。これは特に、提供された資金の使用目的が特定しており、市町村の負担割合が低い場合に当てはまる。地方交通財政法によって事業が進められた際にこうした状況が発生した。なぜなら、補助金割合が75％にまで達していたからである。これは市町村が負担すべき費用が、全体の4分の1でしかないことを意味した。

5．3　道路の維持補修

路面の維持

　60年代初めには、特に重量車両の通行が増大したことから路面の状態は悪化する一方であった。このため補修、オーバーレイが必要となった。これを実施する場合、通常いずれの方向についても1車線しか通行できないことになる。このためkm単位の渋滞が頻発した。利用者とマスコミからは鋭い批判が出て、連邦交通大臣自身も批判から免れなかった。

　そこで1963年から、毎年6月20日から10月10日の間はアウトバーンでは

補修工事を行わないとする指示が州に対して出された。まさしくこの期間に大半の車両が通行するのである。さらに工事現場付近を円滑に車両が通行する手法を専門的に検討することとされた。

非常に効果的であったのは、工事現場付近については車線幅を狭めるが上下双方向4車線を確保したまま一般車両を通行させる方式（System4

写真5-5　A3号線とA73号線での『4+1』方式工事

+0あるいは3+1）であった。これは、3車線ないし4車線を上下線のいずれかに振ることを意味する（写真5-5参照）。4+0方式の場合には、4車線を片側車線に振り、反対車線の全体が工事現場となる。3+1方式の場合には、片側車線に3車線を確保し、反対車線には1車線を確保して同車線の半分を工事現場とすることになる。併せて、連邦交通省は14日以上の期間を要する工事現場については許可が必要なものとした。その例外はきわめて軽微な工事のみとした。こうして工事に計画性が備わることとなった。これは現在でも実施されている。

冬季間の路面状況が特殊なものであることは、運転手のすべてが知っている。60年代の初めに、タイヤ業界はスパイクタイヤを発売した。道路通行許可規則の例外規定に基いて、このタイヤは1964年末から1972年の春までの11月15日から3月15日までの期間にその使用が認められた。しかしスパイクタイヤは、想定されていたよりも道路にひどい損傷を与えた。道路に次のようなマイナスを与えたのである。

・わだち掘れとこれを原因とするハイドロプレーニング現象の増加
・車線上のマーキングの磨耗
・工事箇所の増加
・逼迫した予算への影響
・非凍結路面での制動距離の長距離化

広範囲にわたる研究が行なわれ、1972年11月のスパイクタイヤに関する規則で、1975・76年の冬を最後にこのタイヤの使用は——業界の大反対を押し切って——再び禁止された。

道路の補修と管理

　道路が常にその機能を果たすには、道路を常に監視していることが必要である。40年代には、道路保守員を6kmから最大8kmという短い区間に配置して管理するという体制がとられた。これは機械化されたものではなく、シャベルやピッケル、車輪が2つの手押し車を使用していた。50年代には道路保守員は、道路管理員とその名称を変え、あわせて手にする使用器具も多くなった。しかしこの管理員の業務は、相変わらず走行車線上の障害物の除去、軽微な損傷の補修、路肩や排水路の手入れであった。もっともこのような形態での道路管理は、モータリゼーションが幕開けし作業の機械化が一層できるようになりつつある中では、もはや時代にそぐわないものであった。

　こうして60年代には道路部局は姿勢を転換し、道路管理に多目的車を投入した。この車両は器具、通行止器材、小補修用資材、誘導標識を装備したものであった。道路管理員は車両に乗車し、「シュトラモート（Stramot）」とよばれ、走行可能な約80kmの区間延長の管理が義務づけられた。その役割は規模の小さい緊急作業に限定された。大規模な作業については、最新の作業機械も備えた機械化チームが投入された。

5.4　交通安全

安全基準

　モータリゼーションの始まりとともに、道路での交通事故は、車両台数の増加以上に、また劇的に増大した。1961年には、事故件数は初めて100万件の大台を記録した。西ドイツ成立後のわずか10年後に、交通事故での死者は19,193人という嘆かわしい数値に達してしまった。この事態に対して政府はまず新たな法規を策定した。この法規によれば、運転者は歩行者が道路を横断できるようにしなければならないとされた。また、議会も交通法規違反者に対する措置を定め、法規違反者に対する罰金の最高額を500マルクとし、酒気帯び運転に対する刑事罰を強化した。当て逃げや泥酔状態での運転は運転禁止処分とするほか、運転免許取り消しもあり得るものとした。

5. 旅客・貨物交通とモータリゼーション（1962－1972）

道路交通法規と交通標識

　行為規範は、国家の担当領域である。しかしドイツの車両は外国で走行することがますます多くなってきたこともあり、重要な交通法規や交通標識を国際的に統一することが必要となってきた。この諸国間での調整が「ウィーン道路交通会議」のテーマであった。この会議で出された結論の中には、1968年に国連で国際的に取り扱われることとなったものもあった。

　全体で5つの条約案が取り扱われ、そのうち2つの基本条約が1968年11月8日にドイツ議会を通過した。これが「道路交通に関する申し合わせ」と「道路交通標識に関する申し合わせ」である。これらの条約は大まかな枠組みを設定し、交通事情の異なる国々も参加することができるようになっている。いままでのところ80カ国が参加している。

　この上記の2つの条約のいずれにも追加協定がある。これが1971年5月1日の欧州追加協定である。これはヨーロッパ内の進んだ交通事情に合わせた規則と標識が網羅されている。これは次の例から明らかである。

・同一進行方向に走行車線が複数設置されている場合においても、地域通過区間においては車線は自由に選択することができる。

・静かに走行することが求められる地域の表示

・連結道路の加速車線

　西ドイツは、以上の条約に配慮して、1971年の新しい道路交通規則（Straßenverkehrsordnung＝StVO）を定めた。振り返ってみると、この道路交通規則は、欧州への道を指し示す一里塚であった。この改正は、道路交通規則をより実情に合った、納得の得られる形に変える機会にもなった。

　この改正では、もっぱら官庁のためのものであった規定やその所管に関する規定はすべて削除された。また、一般にわかりやすい表現や法律用語（「車両を離れるか、1分以上停止する人は、駐車している者とする。」）を用いることが重要視された。そこでこの法規の規則の核心となっている道路交通規則第1条に規定する構成要件等はまとめて禁止規定に書き改められた。このようにして、例えば、不必要な往来による騒音等を防止する規定と車両走行の際の過剰な騒音に関する規定というように、新たな規定が2つ作られることが避けられたのである。

　ドイツの道路交通法規は、ウィーン会議での一般的な指針よりも遙かに

写真5-6　新道路交通規則導入時の記念切手（1971.2.18）

写真5-7　新道路交通規則導入時の記念切手（1971.4.16）

詳細である。このためこの一般指針が変更されても、通常、ドイツの道路交通規則の変更は不要である。相互に相容れない規定が策定された場合には、政府が留保することで当該規定を排除することができる。例として次のようなものがある。

・外国の運転免許証への運転禁止処分を記載すること。
・スパイクタイヤ装備車両や自国の通行許可車両重量超える車両の通行を拒絶すること。

新道路交通規則は、西ドイツのすべての住民を対象とする「道路交通に関する基本法」たるにふさわしいものである。同規則は簡潔で、一般に理解しやすい言葉で記述されており、何度も補正、改正を経ているが、今なお分かりやすく、また、法的に有効である。歩行者にも、遊んでいる子供、自転車利用者、乗馬している者、家畜を追っている者、また当然のことながら車両の搬送者にも適用される。この他にも道路交通に関係している者がおり、定義条項では自動車とはみなされない移動手段の利用者、すなわち車椅子、そり、スクーター、また子供用自転車の利用者までもがその対象である。以上は、この法規が基本的に盤石なものである一方で、状況の変化や人々の要求に適応していくことが可能な法規であることを示している。実際には、1971年以降、自動車の台数は約2,000万台から約5,000万台へと2倍以上にも増加している。そこで「自ら律することが可能なことについては、規制すべきではない。なぜなら規定が錯綜して誰も記憶に留められなくなってしまうからだ」との1971年の警告は省みられることがなく、その後の規則がおびただしい数に上ることになってしまったことは批判的観点からは銘記すべきである。

　ウィーン会議での条約は90年代に引き続いて見直しがなされた。欧州委員会が同条約の枠を超えた諸国間での調整を望んだからである。その関係

5. 旅客・貨物交通とモータリゼーション（1962－1972）

事項には道路交通にかかる法的、技術的関連事項があった。欧州委員会には、数カ国が賛同した。技術基準には自由競争に影響し、自由な交易を阻害する傾向を有するものがあった。これは、ドイツにも当てはまることであった。行為規範の分野では、欧州諸国は自由競争に関することとは異なり主権（国ごとの独自性）を主張した。

啓蒙と教育

　60年代の終わりには重大事故が激増した。単発での対応や事故防止運動ではこの傾向を留めることはできなかった。社会と政治とが協力し努力しない限り事故の犠牲者を減らすことはできないことがますます明らかになった。そこでゲオルク・レーバー連邦交通大臣が中心となりドイツ交通安全会議（der Deutsche Verkehrssicherheitsrat）が設立された。この会議は当初は93人のメンバーによる「話し合いの場」として、道路の交通安全を所管する関係官庁や関係団体とが密接に協力していこうとするものであった。以後、メンバーは280人を超え、交通安全会議は、話し合いの場から実行の場という確たる組織へと変貌したのである。

　道路の交通安全上、まずもって重要であり、決定的であるのは、通行者が責任感をもって行動することである。これが満たされないのであれば、交通安全技術が最適のものであっても、その意味も実効性も失われてしまう。これは道路交通に関するいずれの規定についてもあてはまる。このため交通安全会議は、交通安全教育と啓蒙に大きな力を注いだ。今日、地域を超えた交通安全会議の活動には、連邦、州、協会、労働組合、職業団体、企業、自動車クラブ、関係団体といったほとんどすべての社会の団体が参画している。交通安全会議は、その資金のほぼ全額を連邦予算（予算科目12：交通）と職業団体からの支援金でまかなわれている。

　交通安全会議の活動については、連邦全土にわたる運動を思い出していただければその内容がわかる。「交通安全は皆の手で」といった名称での運動や、こんにちは－ありがと

写真5-8　『車間があなたを護る！』ドイツ交通安全会議のポスター

93

写真5-9　連邦交通省のシートベルト着用推進のためのポスター

う」という合い言葉で道路での連帯ある行動を促そうとしたのである。「シートベルトは優秀ドライバーのしるし」「80km 以上は水上スキーで」「頭からっぽアルコール」といった標語がプラカードに描かれ、ドライバーの目にとまるように道路沿いに設置された。連邦交通大臣は交通安全会議を支援し、再三にわたり交通事故防止の大キャンペーンを率先して進めた。飲酒運転(「2杯目は多すぎるかも」)やシートベルト着用(「最初にカチッとシートベルト、そしてスタート！」=左のポスター[32])がその例である。

交通安全会議・ドイツ交通安全協会と並んで交通安全運動の一翼を担ったのは職業団体であった。交通安全協会が、職業団体を通じて「どこの道路も安全に」という同協会の事業を企業内で実現したからである。これはもっともなことであった。というのは、労働災害の大半は、通勤途上であれ、帰宅途上であれ、あるいは勤務時間中の事故であれ「路上」で発生していたからである。様々な組織による交通安全のための啓蒙活動は、マスメディアの支持が得られたのが普通であった。映画やパンフレット、新聞紙上、あるいはプラカード、スライド、ラジオ・テレビ放送を通じて、関係団体のそれぞれに情報が流された。連続テレビの「Der 7.Sinn（第7感）」は、注目を浴びた番組があった。これは長寿番組で「国の教育者」と呼ばれた時期があったもので、西ドイツ放送とドイツ交通安全協会との共同製

[32) ポスターの上部の文言は、「クーアプファルツの狩人も頸を痛めたくありません」という内容である。この「クーアプファルツの狩人」というのは古くからの民謡で、クーアプファルツ（地名）の愉快で無鉄砲な狩人がテーマとなっている。このポスターではその向こう見ずな狩人でさえシートベルトを締めているということを指しているわけである。この広報では、民謡の中でクーアプファルツ（Kurpfalz）をクーアハルス（=Kurhals で、Kur：療養などの意味と Hals：頸の意味を掛け合わせている）と韻を踏んで言いかえられたという（連邦交通省の説明による）。下部の文言は、本文のとおり。

5. 旅客・貨物交通とモータリゼーション（1962－1972）

作によるものであった。連邦交通省が連邦の資料を提供したため、様々な
交通安全活動・啓蒙活動が容易になった。

危険物

　1955年11月に国連欧州経済委員会の作業グループが会合を開いた。その
目的はすでに1951年から委託されていた危険物よる道路損傷事故を減らそ
うとする統一規定の策定であった。1957年９月ジュネーブで路上危険物の
国際輸送に関する欧州協定（Europäische Übereinkommen über die internationale
Beförderung gefährlicher Güter auf der Straße＝ADR）に欧州委員会メンバー諸国
の多数が署名した。国際法上の調整に手間取り、協定が発効したのは1968
年７月29日であった。

　以上の進展は大きなものであったが、西ドイツ政府の見解によれば、同
協定は危険度の高い危険物に関する技術基準としてはなお不十分であった。
協定の注釈10599では詳細な内国法規を規定することを許すとされていた。
対応規定が欧州協定にない場合には、西ドイツ政府はこの注釈規定を利用
した。

　連邦交通省の産業技術基準審議会は、特に危険度の高い危険物の輸送に
は許可を義務づけることを提案した。同審議会はその提案の前提として、
特に危険度の高い危険物の輸送は、道路によるよりも鉄道の方が適してい
るとしていた。なぜなら、前者の方が事故の危険性が明らかに高いからで
ある。このため、許可申請に当たってはまず、鉄道による輸送が可能かど
うかを明らかにさせるべきであるとされた。目標は、危険物の路上輸送を
できるだけ減らすことであった。さらに、許可には条件を付すことができ
るものとすべきであるとされていた。この場合、次の事項が指示されるこ
ととされた。
・走行時刻
・走行経路と走行時刻
・走行の監督
・他の車両を併走させること。
・安全・救助用器具の装備
　危険度の高い危険物のリストは産業技術審議会がすでに作成していた。
「危険度が高い」との判断は、破局的な事故を引き起こす可能性がある

かによってなされた。この場合、危険物は欧州協定基準若しくはドイツの国内基準に基づいて積み込まれている物であるとしている。

道路建設研究所の拡充

1960年代には、道路建設研究所（Bundesanstalt für Straßenbau＝BASt）は、連邦会計検査院の発議でその活動領域を道路交通技術と道路交通の安全にまで拡張した。そしてその名称は「連邦道路研究所（Bundesanstalt für Straßenwesen）に改められた。これ以降同研究所は、この分野についても学問的研究を行い国の内外からさらに情報を得て、これを評価し実用化している。こうした活動によって連邦道路研究所は連邦交通省が行う決定や指示の準備を行うほか、基準の策定に大きく関わっている。

1970年、連邦議会は連邦道路研究所に「事故防止」に関する業務を追加することを決定した。そこで連邦交通省は1972年6月1日から、連邦道路研究所に次の業務領域を加えた。

・連邦の交通事故研究所として業務の調整を行うこと
・自主的な研究を行うこと（例：衝突試験）
・外部研究機関に委託業務を出すこと（連邦全体に関係する分析の場合）

連邦道路研究所は、交通事故防止に関する計画も策定し、救護活動に関する状況報告書を作成することとされている。以上は、連邦交通省で隔年で公表されている。同研究所は、学会や研究機関と密接に連携しており、特に大学その他の研究機関に業務を委託している。また、ドイツ交通安全審議会とそのメンバー、さらに州の担当部局とも緊密な関係にある。

連邦道路研究所の安全に関する研究において、重点が置かれているテーマには、交通に関連する人間の側面（例えば、障害者、子供に関すること）、薬物等の問題（飲酒、薬物）がある。また、運転教育の質に関する問題も研究領域としている。

欧州統合が進む中で、連邦道路研究所の研究者はいずれの分野でも、他国の類似の研究機関とその知見を交換してきた。連邦道路研究所は、4大陸の30カ国の交通・交通事故にかかるデータバンクのドイツ分の管理を担当している。このデータバンク IRTAD（International Road Traffic and Accident Database は、連邦道路研究所が共に作成に関わったデータバンク IRRD/ITRD（International Road Research Documentation）と同様に OECD の下で開発

されたものである。

　もっとも連邦道路研究所の任務は理論的研究に限られたものではない。実際の現場から求められた安全に関する研究も、連邦政府の事故防止に関する報告書に収められている。連邦道路研究所は、研究目標である対象グループの安全確保の方針、また、連邦や州、さらには交通安全審議会やその参加メンバーが実施するキャンペーン等の事業の検討に大きく関わっている。限られた財源を最も効果的に投入し、将来の事業を最適に実施することができるよう実効性の検証と費用便益分析が行われている。

写真5-10　連邦道路研究所全景

写真5-11　走行試験装置

　なお、連邦道路研究所はセミナーやシンポジウムを開催している。また展示会や会議では、連邦交通省が行う公の業務も支援している。連邦道路研究所の学術的な成果は公にされている。その大半は次のような報告書として公刊されている。
・「連邦道路研究所報告」シリーズ
・「Bast-Info」（総括的な記述となっているもの）
・「交通安全雑誌」上での簡略版の掲載
・専門誌「Straße und Autobahn」
　最近では、全文がインターネットで入手可能な場合もある。

5．5　交通計画と交通技術

交通計画

　60年代には地方での交通計画には、2つの原則があった。1つは都市の密度を高める（集積による都会の形成）ということであり、もう1つは、交通を適正なものとする（車にとっての適正というわけではない）ことにあった。以

97

上の原則は、主に2つの研究によって戦略的な考え方に転換することになった。最初に出されたのは1963年のイギリスのブキャナンの報告書であった。これは一都会の交通事情に関するものでその内容が大きな影響を与えた。次に影響を与えたのはドイツのもので、多数の専門家の共同制作による1964年の「地方自治体の交通事情の改善に向けた手法の研究に関する専門委員会」報告書（SKV-Bericht）である。

いずれの報告書に関係する専門家も、次のような結論で一致していた。

都会では、自動車はその占有面積が大き過ぎ、また、そのもたらす排気ガス量も騒音も大き過ぎることから、無制限に利用されるべきではない。したがって交通が増大しても、交通問題の解決から取りかかるというのでは適切ではない。国土利用・形成計画、都市開発政策、土地利用計画をこれに加えることが不可欠である。大都市については、課題の解決には政策に調和とバランスが必要である。それは詳しく言えば、自動車、歩行者、自転車、公共交通機関の間のバランスである。

このような新しい見方は、自治体の交通計画の策定、実施上、近距離交通機関、それも軌道を有する交通機関を優先して設置するという方向を導くものとなった。加えて、1971年の地方交通財政法（Gemeindefinanzierungsgesetz）は、まさにこうした都市内交通の交通形態を押し進めるものとなっていた。新たに外部資金の導入が可能となったことから、都市の多くは、路

写真5-12　シュツットガルトの連邦道路交差点

5. 旅客・貨物交通とモータリゼーション（1962－1972）

面電車を輸送能力のより高い地下鉄や近距離鉄道に切り替えることになった。

上記の2つの報告書により、交通需要の後追いでしかなかった中小自治体内の交通計画は終わりを迎えた。目標を設定して計画を策定するということが始まったのである。交通に関することだけでなく、環境への影響の可能性も配慮されるようになった。したがって、計画策定に当たっては、遙かに多くの要素に考慮を払うことが必要となり、その手法も複雑なものとなった。もっとも設計担当者は、援助なり支援を得ることができた。これは、コンピュータの飛躍的な発達によるもので、設計者が多面的に入り組んだプロセスを適切に描くことができるようになったのである。交通網はその規模が大きくても、モデルを用いて比較的短時間に描くことができるようになったし、そこで発生する交通上の効果と、それが再度交通網に与える影響も検証できるようになったのである。

60年代は、「予測ばやり」となり、専門家委員会の報告もこれを評価していたことがわかる。以前よりも、交通形態、規模、土地の利用状況から生まれる交通事情に検討が及ぶようになった。また、こうした検討から導かれた交通情勢分析を根拠に、土地利用方法を提案するということも行われたこともある。こうした新たな手法については、1969年に道路研究会が出した「地方自治体総合交通計画説明書」（Merkblatt Generalverkehrspläne der Gemeinden＝MGVP）に掲載されている。

交通技術

道路施設の設計の分野では、交通動態的アプローチ（円滑な交通の確保）がなお広く用いられ、横断構造に関する指針（RAL-Q74）と線形に関する指針（RAL-L-1=73）の考え方に影響を及ぼしていた。もっともこのうち線形に関する指針では、カーブについては最小曲線半径が確保されれば設計上十分であるとする考え方から、連続するカーブについては、その半径を相対的に把握して繋げていくことを基本に設計するという考え方に大きく変わりつつあった。前者は、最小半径のカーブで走行可能な速度を考え方の基本に据えたものであり、後者は、カーブ連続区間における曲線半径の変動を（結果的には走行速度も）安全性を根拠に一定の範囲に収めようとするものである。簡単にいえば、カーブを3つ設ける必要がある場合、これらのカーブの半径は、最小のカーブの半径に依存することになる。

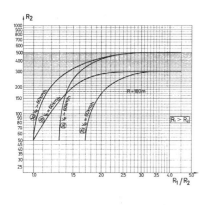

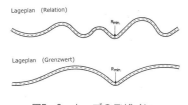

図5-3　カーブのデザイン

（訳者補足）下の2つのカーブのうち、上はその半径を相対的に捉え、下は最小半径を確保する考え方によるもの。なお図の上半分の図については原著に説明がない。

都市内道路に関する同様の指針（RAST-L-68及びRAST-Q-68）は、現在の見方からすれば誤りであった。以上の指針は、古い設計思想から導かれたもので、道路構造に歪みをもたらしているところが大きい。1969年に平面接続に関して初めて包括指針が出されて、これが広く受け入れられた。1976年の最終改訂（RAL-K-1-76）も同様であった。この指針でも、オンランプ、オフランプ、横断構造等のジャンクションを構成する要素を、原則として実際のドライバーの運転行動とそれに由来する車両走行速度の一層の上昇に合わせようとしたものである。その結果——現在の専門的観点からは疑問であるが——ランプは、州道との接続箇所が少なくなって区間距離が長くなり、また、本来地域通過区間となる部分に巨大なジャンクションが現れることにも繋がった。

　立体交差となっている箇所については、60年代に学者が特にアウトバーンに関して詳しい検討を行っている。その結果は「立体交差による道路接続の設計指針」（Entwurfsrichtlinien für planfreie Knotenpunkte（RAL-K-2=76））に収められている。この指針は今日まで実情に合うもので有効である。

　70年代の初め市民団体が、道路工事が拡大する中で、その規模、工事の内容に対して批判の声を上げることがますます多くなってきた。このため連邦交通省は、道路をより有効に活用し、安全性を高めることに一層の努力を積み重ねた。そこで関心が集まった事項としては、主として次のような例があった。

・トラフィックカウンターを多く用いた都市内の信号制御
・連邦アウトバーンにおける特定の地点、区間、地区内での交通誘導

5. 旅客・貨物交通とモータリゼーション（1962-1972）

1970年に連邦交通省は、3段階からなる「アウトバーンの交通誘導に関する基本計画」を策定した。これは連邦内の州レベルで行われている数多くの活動をまとめようとするものであった。この計画には、路線案内表示についてはヘッセン州を、走行に関する警告情報について別の数

写真5-13　トラックのガードレール衝突試験

州を、さらに走行速度の制御についてはバーデン・ヴュルテンベルクとバイエルンの各州を試行箇所とすることも定められていた。この基本計画は、路線案内を道路網全体から行うことや、交通量を基本的に自動計測できるよう通信設備を改造することが重点項目となっていた。

　必要経費は交通事故防止に支出されたばかりではない。事故発生の際に当事者を守ることについても資金は投入された。60年代の初めにはすでに、技術陣はガードレールの効果を研究していた。1962年から1964年にかけて、普通の速度のトラックや乗用車が鋼鉄、コンクリート、アルミニウム、鋼鉄ザイルのガードレールに衝突した場合の停止状況を実験している。これは、世界的にも初めてのことであった。

5.6　国土利用・形成計画と環境

国土利用・形成計画に関する連邦基準

　60年代には、国土利用・国土形成に関する連邦の基本計画ができあがった。これは90年代の初頭まで常に見直されてきた。1960年に連邦建設法（Bundesbaugesetz＝BBauG）が発効した。これは州の異なる建設法を調整しバランスをとるものであった。1962年に連邦政府は、国土利用・国土形成に関する基本原則と実際の政策とを公表した。これは1955年の国土利用に関する専門委員会報告（Gutachten des Sachverständigenausschuss für Raumordnung＝SARO-Gutachten）が基礎となっていた。都市建設促進法（Städtebauförderungsgesetz＝StBauFG）の規定は、1971年以降上記の原則を補完するものであった。もっとも、1963年に出された最初の国土利用・形成計画に関する報告には、国

土利用上の弱点となっている地区が次のように示されていた。
- 通常の発展状況から遅れた地域があること
  （エムスラント、バイエルン森林地区、東ドイツ近郊の地域）
- 人口過密地区（ルール工業地帯、ライン−マイン地区）
- 河岸、荒地、草地等自然が損なわれるおそれのある地域

効果的な国土利用・国土形成政策が開始されたのは、ようやく1965年になってからである。この年には、国土利用・形成計画法（Raumordnungsgesetz）が発効した。これは、国土全体を対象とする国土利用・国土形成の基本的な方向性を示すものであった。

これには、次のような事項が示されていた。
- いわゆる中心となる地域には、「核となる施設」を配置する。
  その例としては、専門店、専門医、上級教育施設、裁判所、文化施設、運動施設がある。以上の施設は、住民が気軽に利用できる距離に所在することが必要である。これにより町とアウトバーンとの接続位置をどこにするかという基準が得られる。
- 人口を分散させず、あるいは、住宅地区と就業地区とを混在させることにより、日常の通勤、買い物の距離をできるだけ小さくする。
- 人口の集中地域を健全に発展させる。人口が集中しても雑然とした状況を生じさせない（インフラ整備やゴミ処理など）。

連邦議会は専門家委員会が出した長期的に実効性のある原則を作るべきだという勧告に国土利用・形成計画法をもって応えた。同法は、過疎過密の問題を優先して取り組むことになった。エコロジーは――この時点では――表だった問題としては取り扱われなかった。

上記の核となる地域は、大規模、中規模、小規模、極小の中心地区という４つのカテゴリーに分けられた。

1963年の国土開発報告書によれば、中心地区を形成するに足りるだけの居住地区が相当数あって編み目をなしているが、これら地区の交通結節点としての機能は限定的なものに過ぎないという。それはこの地区内の基礎的施設が、結節点として地区が機能するには不十分であり、あるいは、その施設へのアクセスが良くないためであるとしている。このため、国土利用・形成計画法は、「生活条件が立ち後れている地域」において中心地区の形成を促進することを求めた。これを受けて1960年代には、州はすべてその

5. 旅客・貨物交通とモータリゼーション（1962-1972）

土地利用計画あるいは事業について、どの地区をこの中心地区とするかを定めたのである。中小の自治体の中心地区を対象に税収の均衡措置がとられた。1970年代になると地域整備の重点は大規模・中規模の中心区域へとその重点が移っていった。中小自治体の中心地区と大規模・中規模の中心地区間の人的・物的移動を担ったのは交通網、すなわち「軸」であった。1975年の連邦国土利用・形成計画は、地点－軸の基本システムの枠組み[33]のもとで、広範囲の交通網を示したものとなっている。こうして形成された交通網は、大小のクラス別の中心的区域が交通結節点となっている。

　地域の中心となる地区のそれぞれが出発点となって相互に交通網で結ばれることから、これらはまとめ上げることが問題になる。これらの交通網は地域を区分けし、その地域の構造を規定するもので、交通計画を特徴づけるものである。その一環として早くから計画されたのは公共交通網である。すでに第二次世界大戦前に、道路計画のための国土利用・形成計画手続が存在した。これは、現在のノルトライン・ヴェストファーレン州とニーダーザクセン州内の路線計画に関するものであった。これが適切なものであることが確かめられ、連邦交通省がこれを採用したため、連邦長距離道路の計画策定は容易に行われた。

　1957年の整備計画により主要な地域間道路網は完成していた。この道路網は、同時に観光地にも接続し、また国際交通の増大にも配慮したものであった。もっともこうした事項は国土利用・形成計画の制度がなくても組み入れていくことは必要なものであった。交通計画と国土利用・形成計画を巡る情勢は、後に変わっていった。法律や事業、諸計画、補助金と関連して、国土利用・形成計画や州の計画の背景となる情勢が、新たな整備計画に非常に有利なものとなった。1971年6月30日の整備計画に関する法律第4条は、需要計画が適正であるかを検査することを求めており、このための基本データが整えられた。国土利用・形成計画の目標は変更された。以前は特定地点間のアクセスを改善することが目標となっていたが、両地点の相違や格差を是正することに変わったのである。このことがさらにアクセスの改善の必要性を以前よりも増すことに繋がり、交通網の各地点間の連結を一層強化することに繋がった。

33）p.75で叙述されている『中心的－地区－システム』を指しているようである。

「新たな」整備計画は、連邦の国土利用・形成計画（BROP）とそこに盛られた開発重点地区に関する計画にも影響を及ぼした。その査定では、大規模・中規模の中心地区への到達が容易であること、また外国へのアクセス路線数とその質とが重要視されるようになった。以上に関しては、学者からも移動時間が比較的安定していることが重要であるとされていた。学問的みると、先進工業国では交通に削られる時間はかなり一定している。言い換えれば、欧米、また、日本でさえ屋外での移動に費やされる一日当たりの時間量はほぼ同じなのである。このため通勤時間が、例えば地下鉄新線の利用によって短縮すると、この時間はほかの交通手段（ほとんどの場合別の交通手段の利用）に「当てられる」ことになる。要するに屋外で移動に消費される時間は変わらないままなのである。

　1960年代中頃の状況は、連邦の国土利用・形成計画担当者を喜ばせるものであった。というのは、都市部等の人口集中地区と地方部の地域での開発の格差が50年代と比較して縮小したからである。もっともその後の数年で次のような状況がみられ、これは今日なお変わらない。
・どの地域をとっても都市型の生活様式が広がっていること。
・人口集中地域が拡大していること。
・住民が市の中心部から外へと移動していること。
・環境への負荷が増していること。
・自由時間と休養とを人々がより重要視していること。

環境

　1960年代に経済が発展したことから、「計画への信仰」が生じた。「研究と技術とを生かせばほとんどの問題は解決」可能であるという考え方が一般に存在しており、これは環境と人間の関係についても同じように考えられたケースが多かった。1969年の総選挙で、ヴィリー・ブラントの率いるリベラルと社会主義との連合政権が発足し、社会の変革に乗り出した。この時に「環境」というテーマがドイツの政治の世界に姿を現した。この政治変動は、国家が計画を策定するという方向を強めることと、環境政策を新たな政治分野として確立することを狙っていた。1971年9月29日の連邦初の環境事業が掲げたその目標とその手法は、今日までもなおその方向を指し示す時代を超えた基本論を内包するものであった。これは原則を遵守

5. 旅客・貨物交通とモータリゼーション（1962－1972）

しようとするものであった。
・将来への配慮（計画は現世代だけの為ではなく、将来を見据えたものであること）
・原因者負担（損害を発生させた者はその責任を追う）
・協力（政策、国土利用、道路交通、環境保全は相互に協力すること）
・将来への責任（自分が何かを行うとき、将来の世代のことを考えよ）

　この新たな政策の成果が現れたのは70年代になってからのことである。法律が先行して成果を出したのは、1971年の「無鉛ガソリンに関する法律」である。同法により、80年代の中頃には、鉛汚染が半減した。

　景観保全計画に関する規定は1966年の「道路建設設計に関する指針 (Richtlinien für die Entwurfgestaltung im Straßenbau＝RE)」に定められていた。連邦交通省は、この指針が道路建設事業の設計、工事上の基本として義務的拘束力があるものであるとした。「1966年の道路建設設計に関する指針に基づく景観計画」は、その性格上、構造設計と植栽計画に関するものであった。このように道路に関する責任者は景観計画と道路設計とをしっかりと関連づけていたのである。ここでの景観保全は、その大半は盛土や路側部分への植栽に限られたものであった。こうした施工についても指針にとりまとめられていた。道路工事における植栽に関する指針（Richtlinien für die Straßenbepflanzung (RPfの1から3、1960年から1969年）と道路工事における植物の移植（Verwendung lebender pflanzlicher Materialien im Straßenbau (RLS 1971)）に言及があるとのことである。

　景観保全には別の側面もある。道路その他の交通網には土地が必要である。このため自然のままのあるいは歴史的に形成された景観には、必然的に変更が生ずる。景観保全会議は、1969年にマイナウ島で憲章を採択した。これは、新たな構築物と景観とを調和させ一体化していくという方向性を初めて与えたものである。これ以降、交通網をいかに効率的に整備するかということだけが問題なのではなく、これを様々な景観とどのようにして一体化させることができるのかということも問題とされるようになった。これは旧指針であるRAL37でも追求されてい

写真5－14　州道1147号線（ゲッピンゲン付近）の砂籠を用いた植生

105

た目標である。

また、道路と関連して環境に影響する別の問題にも目は向けられていた。例えば、塩分を含有する道路排水（雪氷作業によるものである）の環境への影響とその対策、また、緑地の適正な保全に関する問題がその例である。

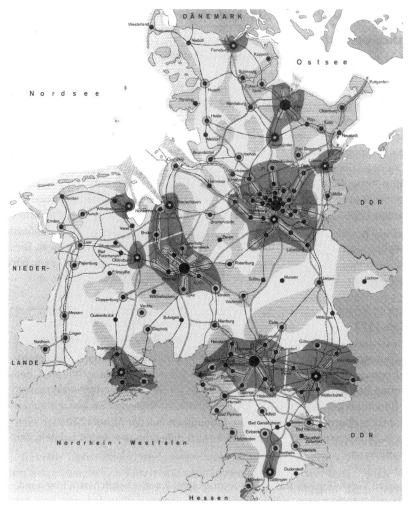

図5-4　北部4州の国土計画構想
(口絵7頁参照)

(訳者補足) 原著には説明がないが、4つの州について核とする都市と周辺との繋がりを明示している。ここに4つの州はシュレスウィヒ・ホルシュタイン、ニーダーザクセン、ハンブルク、ブレーメンを指す。

5. 旅客・貨物交通とモータリゼーション (1962–1972)

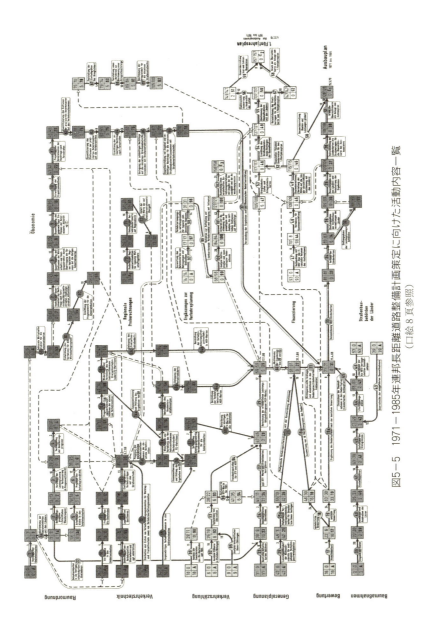

図5-5 1971–1985年連邦長距離道路整備計画策定に向けた活動内容一覧
(口絵8頁参照)

（**訳者補足**）1971年から1985年までの道路整備計画を具体的な5カ年計画・整備計画
　にまとめあげるための流れが相互関係をもって記載されている。
　　図5－5（p.107）の左端の6つの太文字は、上から、国土計画、交通技術、交通
量、一般計画、評価、工法の意味であり、例えば、国土計画のラインは、計画区画
の設定、人口動向の把握の作業からスタートし、その下の交通技術のラインの計画
区間内の車両台数に繋がっている。
　　口絵8頁の緑色の楕円部分が5カ年計画で、水色の楕円部分が整備計画で終着点と
なっている。
　　（なお、本図については、説明等の記載が本文になされていない。）

6．時代を画した石油危機：
交通量の増大、国土開発と環境問題（1973年から80年代初期）

6．1　経済全体からみた最適な交通の分担

交通政策のタイムテーブル

　石油危機の到来を前に、すでにエネルギー政策、交通政策はその変化の兆しを見せていた。ローマクラブの報告「成長の限界」は、こうしたことを描いた有名な実例である。連邦政府は1973年の政府教書において交通政策の重点が次の点に移ったことを1973年1月18日に明らかにした。
・公共旅客輸送
・ドイツ連邦鉄道
・道路工事
・交通安全
　連邦交通大臣のラウリッツ・ラウリッツェンは、1973年6月8日に、交通政策のタイムテーブルを提示した。そこでは、これからは「人間を優先すべき」であるとされていた。こうした路線の変更がもたらした結果は1974年から1980年に出てきた。長距離・短距離の鉄道旅客輸送がより強化された。貨物輸送についても同様であった。1973年に決定された連邦交通網計画（BVWP）は、その第一段階としてすべての交通機関にかかるインフラ整備を網羅するものであった。しかし、この計画は、経済成長と人口増大とを前提としていたことから「エネルギー危機」の到来により現実にそぐわないものとなってしまった。このため1977年3月に、1985年までの連邦交通網総合投資計画（Koordinierte Investition Programm für die Bundesverkehrswege＝KIP）が議会に提出された。もっともすでに着手済の計画については、1980年までの期間内は変更は行わないこととされていた。
　社会が重きをなす部分が変わり、これは短期的な経済刺激策に現われて

写真6−1 「『人が優先』連邦交通省の考えです」と記されているポスター

写真6−2 『子供が遊んでいますよ』（ドイツ交通安全会議のポスター）

きた。「将来のための投資計画」（Programm für Zukunftinvestitionen＝ZIP）においては、2つの要請に応える施策が求められていた。それは、まず公共インフラと環境・生活条件を改善向上させること、そしてこれを1977年から1980年の間に実現しようということであった。この戦略は、交通政策の動機付けとなった重点事業を追加して1981年から1987年に進められた。この事業に網羅された計画は、各交通分野の間で緊密な協力関係を築くほか、道路建設においても環境への配慮を一層行おうとするものであった。

　さらに連邦交通省は、包括的な交通安全対策に取り組むことを明らかにした。これは、1973年11月23日にラウリッツェン連邦交通大臣が公表した。大臣は結論的に「交通安全対策を十二分に成功させようとするのであれば、大事な点は結局のところ市民の一人一人にある。すなわち個人個人の安全や責任に対する意識、日常の交通事象における個々の車と他の人に対する姿勢が重要なのである。市民の協力があればこそ、我々は「道路をより安全にする」という目標に何とか到達することができる」と述べている。これが、連邦政府の初めての包括的な道路交通安全事業であった。

　この事業の第4部には、「重大事故多発地点」における事故対策として「道路建設時点での対策、交通技術的な対策と交通誘導とが掲げられてい

6. 時代を画した石油危機（1973年から80年代初期）

た。これに加え、防眩設備、濃霧警報装置のほか、交通障害発生時にドライバーが代替ルートを指示する迂回路表示標識もその対策の一部となっ

コラム7

1973年連邦交通網計画

　すべての交通網を包括する連邦交通網計画は、1967年にゲオルク・レーバーの交通政策プログラムの一部となるものであった。1973年の初めに第二次ブラント内閣の政府教書が出されたとき、連邦交通大臣のラウリッツ・ラウリッツェンは、「道路交通が経済に高い負担をもたらしている。このため鉱油税収のうち道路に当てるとされている部分、道路建設に当てるとされている部分も含めて、他の交通部門に対して支出することとする」と発表した。

　こうした政策構想には、予想されていたとおり特に関係経済団体から強い反発があった。経済団体が反対したのは、投資の重点が道路から離れ鉄道に向かうことにより、道路に当てる資金が減少するということであった。連邦貨物輸送連盟は次のように強く主張した。「鉄道が輸送部門において後退したのは、交通部門が経済的にも技術的にも進歩を遂げ、特に、貨物自動車が発展し多様な機能を発揮するようになったためである。したがって、貨物自動車は社会的に優先的に取り扱われることを求めてもよいはずである。なぜなら、道路交通がもたらす便益が、その社会的コストを凌駕するものであることに疑いがないからである。」

　こうした反発に関わらず、鉄道優位の投資政策が改めて進められた。60年代には、鉄道には交通網にかかる投資の29％ぎりぎりをあてがい、この分担率はやがて35％にまで達する見込みであった。これに対して連邦長距離道路は、直近の数値で61％であったものが、実質で54％を割ろうとしていたのである。しかし、この投資の重点を変更させようとの意図は、政治情勢の変化と地方交通財政法[34]（Gemeinde-verkehrsfinanzierungsgesetz＝GFVG）による地方自治体への資金によって妨げられることになった。連邦長距離道路への投資額（全体としては増加した）への割合は、ここ数年来よりわずかに減少して約53％となったものの、連邦鉄道への投資は計画では35％にまで引き上げるとしていたものの16％に落ち込んだのである。

34）同法は地域交通の改善のため、鉱油税引き上げ分による増収分を財源として地方を援助しようとするものであり、このため鉄道への資金供給が妨げられたということである。

ていた。このようなことに交通政策上重点が置かれるようになったのは、社会の変化と環境への意識の高まりが考慮されたためであった。政策は、交通需要に重きを置くという基本的な方向性に別れを告げたのである。もはや要望される道路のすべてを建設するのではなく、必要と見られれば建設することとしたのである。1973年から1974年にかけては、このような交通政策上の道筋が変わったことと並行して、景気が後退し公共予算は著しく減ぜられていた。道路投資、とりわけ長距離道路への投資が、復活したのは70年代も末のことであった。これは需要を刺激しようとする政治的圧力がかかったことがその理由であった。

長距離道路法の改正

　道路建設の法的根拠は1961年の法改正以降継続して整えられてきた。1974年には長距離道路法が2回目の変更を受け抜本的な改正が施された。地方自治体の財政負担は、一層軽減された。連邦が都市内においても地方自治体に対して連邦道路の建設費と維持管理費の補助を行う基準としていた5万人の自治体人口を8万人以下に引き上げたのである。

　こうした規定を設けることの背景には、大都市内では、連邦道路も主に地域内交通に用いられているのに、連邦の所管はもっぱら地域間交通であったからである。道路が交差する場合については、交差に必要となる追加的経費は連邦が負担した。例えば自治体道路と連邦道路とが平面交差する場合には、交差箇所の全体について連邦が維持管理費を負担し、交差に変更が生ずる場合についても自治体負担はないものとする条項が加えられた。以上は自治体の道路管理費用上有利なものである。

　計画確定手続が広範囲にわたって規定が新たに定められたのは、全く自然な成り行きであった。建物の建築許可手続に相当する計画確定手続の詳細とその法的効果については、市民側に有利な形で定められた。沿道の土地利用者の権利（建物の場合における隣家の権利に相当する）も、さらに強化された。これは例えば、接道、沿道隣接工事、沿道での準備工事等で問題が発生するようなケースである。以上の変更との関連事項については、法令の内容を詳細に規定していた連邦－州－市町村の指針が数多く改訂された。この中には、計画確定手続、地域通過区間、道路の一時利用、接続道路、計画関係、道路交差に関する規定が含まれた。さらに1975年には、長距離

6. 時代を画した石油危機（1973年から80年代初期）

コラム8

『シートベルト拒否者』への罰金

　1976年からシートベルトの着用が法律で義務づけられた。1981年に連邦交通省が設置した「交通安全委員会」（委員長ヘルマン・ヘッヒェル連邦大臣）は、この義務が遵守されていないことを確認した。そこで同委員会は、この義務違反に罰金を課し、なおフレンスブルクの交通違反登録所に登録することを提案した。

　当時のフォルカー・ハウフ連邦交通大臣は提案に同意し、このための規則案を策定した。後任のヴェルナー・ドリンガー大臣は、指示を幾度出しても、法律を作り禁止をしてもうまくいかないし、監視もできないという理由で、1982年7月2日に連邦参議院への規則案の提出を撤回した。同大臣は、シートベルトの装着は、事故によってはむしろ良くない影響を及ぼす可能性があるとの見解をも有していたのである。

　このような見解には、党派を越えて、また、専門家から強力な異論が出た。1984年の交通安全プログラムでは、シートベルト不装着には罰金も組み込まれた。1984年8月1日のこの罰金の導入以降、装着率は58％から92％に上昇した。これに伴い交通事故死傷者数は減少し、交通安全対策上、罰金の導入が有効な手段であることが実証された。

道路の交差に関する規定が定められた。さらに所管に関する法律を変更する法律（1975年）、行政手続法（1976年）、連邦建築法（1976年）、文化財の保護に関する法律（1980年）が、さらに後年に建築法典（1986年）が制定された。総じて道路建設が他の社会的に重要な分野と結びつき、また依存する関係にあり、さらに、これらに影響を与えるのであるということを従前よりも考慮するようになった。

　1980年の総選挙の後、道路交通がもたらす環境問題が再び政治の舞台に登場した。ハウフ新連邦交通大臣は、計画にあった3,000kmのアウトバーンの建設を断念すると発表した。あわせて、鉄道並びに公共旅客輸送を強化すると表明した。これにより1980年から1982年の長距離道路投資額は、約9億マルク減少した。これは約20％の削減となるものであった。

6．2　投資計画、評価、資金調達

第１次５カ年計画の建設状況と支出

　1971年から1975年まで（第１次５カ年計画）の連邦の長距離道路への投資額は241億マルクであった。それまではアウトバーンの拡幅より連邦道路の拡幅に多くの資金を投じてきた。が、ここでその関係は逆転した。172億マルクの資金を用いて、連邦の工事予算の70％を越える資金をアウトバーンの工事（うち84％は新設区間）に充当したのである。もっとも連邦道路についても重点が変更され、従前は既存の道路の改修を個別に行ってきたが、その後、４車線拡幅工事を集中的に行うことになった。

　このように基本線を変更した結果には目を見張るものがあった。1975年末には連邦アウトバーン網の総延長は6,200km（1971年当初は4,460km）となった。連邦道路については、２車線道路であった1,300kmが、３～４車線に拡幅された。

　以上のすべてには費用がかかる。連邦は1971年から1975年までの間に連邦長距離道路の建設に毎年約48億マルクを支出した。1967年から1970年では、平均して年36億マルク程度であった。

1976年の需要計画の見直し

　1971年の整備計画法は、1976年に需要計画を見直し、情勢に応じて新たな５カ年計画（FJP）を策定することを予定していた。1976年の見直しは、1957年計画と1971年計画の両者と比較して新たな点が盛り込まれた。これ以降、資金調達の可能性に限界があることから、事業の緊要度に区分が設けられたのである。簡単にいう

写真6-3　A2号線インターチェンジ（デュイスブルク＝カイザーベルク間）

6. 時代を画した石油危機（1973年から80年代初期）

と、1971年の整備計画にあげられているがまだ着手されていない事業は、あらためて緊要度Ｉに区分けされた。次にこの全事業を建設の必要性、換言すれば費用便益比率をもとに順序づける。ここで得られた緊要度で高い順からから並べなおす。ここで重要度が高いとされた事業は、あらためてIaクラスに区分される。このクラスの事業には1976年から1985年の予定資金が配分される。従来、緊要度のクラスがⅠとされた事業の残

写真6-4　A61号線モーゼルタール橋（ヴィンニゲン付近）

りもあらためてIbに分類される。以上の区分は固定したものではない。法律制定の段階で州や連邦議会の要請によって個別事業の区分が変更されることもあり得た。州内部で何らかの事業がIaからIbに降格された場合には、別のIb事業がその代わりとなる可能性がある。つまり昇格である。最もこれには条件がある。すなわち、コストが追加することとなってはならないのである。こうしたケースは全体事業の12.5％が該当した。

　長距離道路計画は今や、一層資金の手当ての可能性に依存することになった。これは、連邦交通網計画と関係するものであった。連邦交通網計画は需要計画を実施可能な限度に限定したためである。現実に建設が必要であり、そのための資金も存在する限度に計画を縮減したのである。

　1976年の第2次5カ年計画は、道路の需要計画に即してそのまま策定された計画としては最後のものとなった。換言すれば、この計画は道路、鉄道、水路といった全体の情勢から作られたものではない。この5カ年計画は、連邦政府の決定を待たずに、議会で法律として採択はされたが、法律で確定された1973年の連邦交通網計画に組み込まれることにはならなかった。

第2次5カ年計画の到達点と費用

　1976年の需要計画はその対象期間を1980年までとし、総額310億マルクに及ぶものであった。同計画は、非投資費用、例えば道路の維持費用を含

んでいた。第 1 次計画に比べて、一層の費用を要するものであった。すで
に述べたように[35]、連邦政府は1977年 7 月に将来のための投資計画（ZIP＝
Programm für Zukunftinvestitionen）を追加決定した。これは所管官庁における
通常の投資事業計画を補完するものであった。総額にして137億マルクの
支出が見込まれていた。この費用は、連邦と州、その他の自治体が負担す
ることとされた。ここから交通システムの改善のために35億マルクが割り
当てられた。

　連邦が1976年から1980年の間に長距離道路に対して実際に行った投資
総額は、268億マルクであった。これは、上記の将来のための投資計画か
らの支出も含むものである。こうして当該期間に投ぜられた投資額は、年
平均で54億マルクに増大した。このうち、アウトバーンの工事には162億
マルクが充てられた（新設区間に当てられた資金は、たかだかその70％であった）。
1980年末、すなわち第 2 次 5 カ年計画期間の最終年におけるアウトバーン
の総延長は、7,540km に達した。このうちほぼ1,400km が 4 車線を超える
車線を確保していた。連邦道路においても車線幅員を広げ、あるいは車線
数を増加することが進められていた。

連邦交通網計画の策定

　1970年代は西ドイツの歴史上、道路建設が最も進んだ時期である。第 1
次、第 2 次 5 カ年を基礎として、600億マルクの資金によって約3,000km
のアウトバーンが完成し、新たな連邦道路も90km に及んだ。しかし、交
通政策を巡る「情勢」はすでに変化していた。1973年は、はじめて連邦交
通網計画（BVWP）が策定された。この計画は、異なる交通部門の建設事
業が比較可能な形で示されているものであった。そしてこれらの建設事業
に有用な長期の統一的な基礎データを盛り込むほか、需要計画に用いられ
る交通容量のデータに加え、推計交通量と事業の評価基準をも備えている
ものであった。連邦交通網計画の基礎はもはや 1 つの交通分野に依拠する
ものではなくなり、広がりを持つものとなった。連邦交通網計画の策定は
こうして交通省の交通政策基礎部門が所管とするものとなった。

　1977年の総合交通計画（KIP＝das Koordinierte Investitionsrogramm）以降とい

---

35) p.109を参照。

6. 時代を画した石油危機（1973年から80年代初期）

うより、1980年の連邦交通網計画（BVWP80）からは戦略的観点に重点を置いて計画が立案されるようになった。法律に定められた５年ごとの需要計画の見直しは、総合交通計画に結び付けられるようになった。連邦長距離道路の需要計画は、これ以降連邦交通網計画の一部となった。1971年の長距離道路整備法はこれ以降定期的に改正されて、連邦交通網計画の『道路編』は連邦長距離道路の需要計画として用いられるようになった。

　1971年の連邦長距離道路の整備計画と1973年の連邦交通網計画（第１段階）にかかる費用便益分析では、環境への影響は考慮されていなかった。環境に関する検討が行われたのは、1977年の総合投資計画からである。これは地域通過区間への負担軽減が検討されたものであった。後には、費用便益分析が行われる際、あるいは経済全体への影響を検討する際に外部費用が取り込まれるようになった。環境汚染に対する補償費用という社会的コストもその一部である。連邦交通大臣は、当時、連邦長距離道路にかかる総合投資計画の中で、次のような目標を設定した。これは以前よりもエネルギー問題と市民の価値観の変化に沿ったものとなっている。

・現行道路資産を保全し改修することを、新規道路建設に優先する。
・計画のすべてについて市民の意向を以前よりも組み込んでいく。
・交通安全を促進させる。
・都市開発を道路建設によって促進させる。
・改修のレベルは柔軟に考えていく。
・エネルギーが節約できる方策を取り入れていく。

　また連邦長距離道路法も新しい要求に対応させ、計画確定手続法に合わせた（第２次連邦長距離道路改正法）。この法律では、連邦道路とアウトバーンの計画確定手続が規定された。この規定に基づいて現在行われている通常の計画手続があらためて次のように法的に固められている。これは次の３段階からなる。

・需要計画策定（新たな道路が必要なのか、それとも改修で足りるのか）
・路線、線形の決定（どこに新たな道路を通すべきか）
・予備設計と計画の確定（どのように、またどのような施設をあわせて道路を新設し、あるいは道路を改修すべきか）

　後になると、こうした手続きにおいては、国土利用・形成計画と環境保全計画との調整に一層力が入れられるようになった。例えば、路線選定と

117

国土利用・形成計画とを併せて環境影響評価のなかで検討するといった具合である。

1980年の連邦交通網計画では、州が提案する投資計画の緊要度の判断は、次の目標を基礎として行うものとされた。
・費用便益比率を経済全体から評価する。ここに便益は、多種の要素からなりプラス・マイナスいずれの事情からも発生しうる。こうした事柄には、従来必要とされなかった補修費、管理費、行政費用、改修費用があるほか、あるいは交通事情に依存する管理費の節減や旅行時間の削減がある。さらに、交通事故件数の減少、あるいは交通事故の防止、地域経済の構造、国土利用、水利関係といった状況も影響を及ぼす。
・費用便益の評価に用いる補足基準としては次のものがある。
連邦鉄道に及ぼす経済的影響、環境保全、景観保全、建設工事における新技術、考えられうる他の工法、事業に関する議員、市町村、関連団体、隣接州からの意見や決議。

以上の評価を踏まえ、鉄道の整備に一層力を注ぐことが求められた。そこで投資額の相当額が鉄道に振り向けられ、その割合は道路分を超えることとなった。道路への投資については、道路網の質を向上させるような投資が優先されることとなった。道路網の拡大はこれに準ずるものとされた。もっとも進行中あるいは計画が確定した事業についてはあらためて評価を行うことはなかった。具体的には、（将来想定される事業のうち）緊要度が1976年の需要計画におけるIbあるいはそれに次ぐものとなる可能性のあるレベルの事業のみが再評価されたということである。この事業については、環境の保全がより一層重要な問題となった。以上の再評価を経て、1971年の整備計画はかなり縮減されることになった。ここにアウトバーンについては約7,000kmに及ぶ計画が完全に中止するか、これに代えて費用減となる連邦道路で代替することになった。計画の最終段階でのアウトバーンの総延長は、10,500kmということになった。

図6-1　グシャイドレ交通大臣がトラックを鉄道貨車に載せている風刺画

6. 時代を画した石油危機（1973年から80年代初期）

連邦交通省
道路建設部 10/20.70.62　　　　　　　　　　　　　　　　　　　　1980年8月

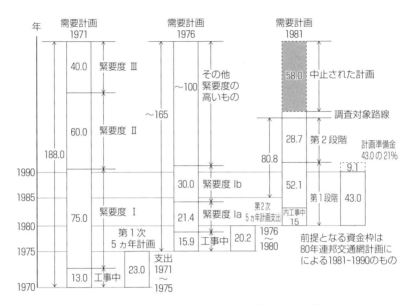

図6-2　1971・1976・1981年需要計画内容の比較

第3次5カ年計画における建設の進展と財政支出

　1971年の整備に関する法律に基づいて、1980年年末に需要計画の2度目の見直しが行われた。この結果は、1981年から1985年の第3次5カ年計画のベースとなった。同計画には、開始されたばかりの事業と緊要度がIaの事業が含まれていた。

　1981年から1985年にかけて連邦は連邦長距離道路に234億マルクを投資した。ここには将来のための投資計画14億マルクが含まれていた。この時期に投資総額は初めて減少し1976年から1980年の年平均54億マルクが1981年から1985年では年平均47億マルクとなったのである。重点事業は、推進拡大していたが資金は相変わらず不足し、1981年から1985年の第1期事業に使用できた資金は、年当たり2,500万マルクにしかならなかった。

　アウトバーンの建設には123億マルク（うち60％は新設区間）が、連邦道路

建設には、110億マルク（うち新規区間は62％）が投ぜられた。アウトバーン網の延長は8,350km に達した。このうち４車線を超える車線数を有するものは、1,660km であった。これは間違いなく必要なものであった。というのはアウトバーンの日平均交通量は、1970年には22,000台であったが、1985年には約32,500台と、この15年の間にほぼ50％の増加をみていたからである。一方、連邦道路の総延長は1981年から1985年の間に、1,186km 減少して、総延長は31,370km となった。これは連邦道路のうち1,000km が新設なり改修がなされていた時期と時を同じくしており、矛盾しているように思われるが、道路等級の変更によるものである。連邦道路が４車線以上に拡幅された場合には、アウトバーンに等級が引き上げられたが、ケースとして多かったのはその逆の場合が多かった。すなわち、連邦道路に並行してアウトバーンが新設された場合には、当該連邦道路は長距離道路としての性格を失うことから州道に等級が下げられた場合がその大半だったのである。

6.3 オイルショックの道路建設への影響

　原油の供給が突然逼迫し、車の利用者が燃料代を多く支払うことが必要になったが、その影響は車の利用者に限られるものではなかった。オイルショックは、道路建設に関して直接間接に広範囲に影響が及んだ。建設資材のアスファルトが原油から得られるため、その価格高騰が直接影響した。また、道路工事（下部工及び上部工）は、かなり機械化が進んでおり、燃料の高騰によってコストがここでも上昇した。価格は高騰したがこれに見合うだけの工事予算を増加することはなかったので、道路事業の後退が危惧されることになった。

　このような状況と並行して人々の意識も変化していた。エネルギーや原料に対する評価が変わってきたのである。今や限りある資源を節約して使おうという意識が非常に強くなった。建設関連技術もその影響を受けずにはいられかった。エネルギー意識を明確にもって計画を策定し、工事を行い、あるいは強力な環境保全の措置を取ることが重要視されるようになったのである。同時に、道路工事に伴って発生する副産物にも目が向けられるようになった。こうして建設資材を再利用することが一層重要性を帯

6. 時代を画した石油危機（1973年から80年代初期）

びることとなった。そこで建設工事入札規則（Verdigungsordnung Bau＝VOB）も変更することが必要となった。同規則では、それまでは新しい資材の使用しか認められていなかった（1.3, 11.1参照）からである。

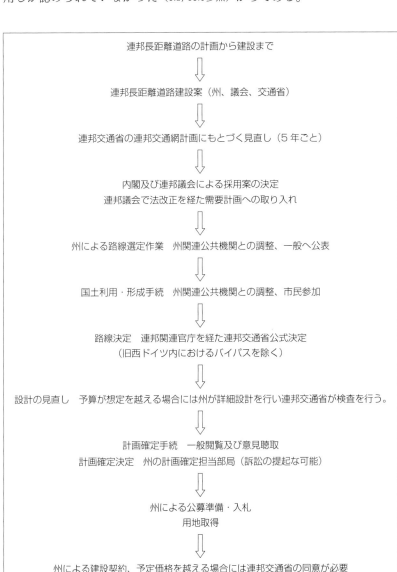

図6－3　連邦長距離道路の計画から建設まで（p.350、図表D参照）

資材の有効利用と使い捨て社会の見直しは、オイルショックの帰結であったというだけのものではない。将来の世代の生活基盤を護ることが必要であると考えられるようになったためでもある。ここから廃棄物投棄に

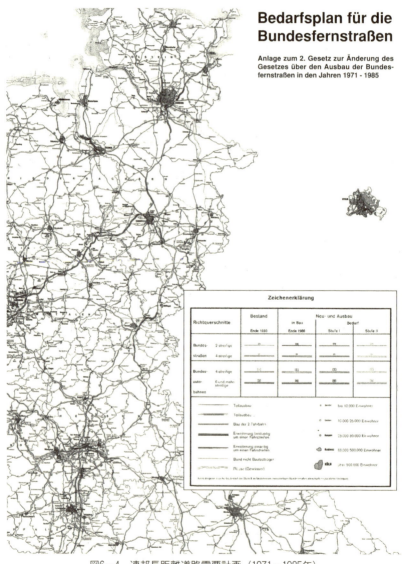

図6-4　連邦長距離道路需要計画（1971-1985年）
（口絵9頁参照）

122

6. 時代を画した石油危機（1973年から80年代初期）

も目が向けられるようになった。廃棄物投棄を減らすには、まず廃棄物を発生させないということが先決である。廃棄物の発生を回避させれば、環境汚染を防ぐことができるし、少なくともこれを減少させることに繋がる。

このような環境への有害な影響のなかには、ゴミ捨て場となる土地の

写真6-5　アスファルト合材生成施設

汚染、地上及び地下の水資源の汚染、景観への悪影響がある。いずれの地域についても資材の使用形態が異なることからそれぞれの州で独自に適用される規則には相違があった。このため様々な領域での先行事例とできる事案が少なく、すべての州で適用することが可能な共通の知見がそもそも不足していた。

資材の事例として、ここではタールを取り上げよう。「ピッチ」の名でも知られている道路用タールは石炭を熱処理して得られる。タールは道路の路床部瀝青材のほか、路盤、基層、表層の結合材として、また道路表面部分の微細な間隙の補修材として、その性能を数十年にわたって発揮してきた。もっとも施工時には高温のタールとともに蒸気が発生し作業員と環境に悪影響を及ぼすものであった。加えて雨天時にはタールに含まれるフェノール（carbolic acid）が流出して地下水を汚染する可能性があった。環境保全と作業員の保護の観点から、70年代末から道路工事にはタールは使用されなくなった。現在では、タールを用いて作られた舗装部分が再利用されるときに問題が生じている。蒸気を発生させないようピッチを含有した原材料は低温でしか用いられていない。調査が広範囲に行われているが、タールを含有した資材は一定の条件では、すなわちタールが瀝青乳化剤あるいはセメントに閉じこめられれば土壌及び地下水には悪影響を及ぼさないことがわかっている。

今日では結合材にはタールの変わりに瀝青が単独で用いられている。瀝青は原油から鉱油あるいは燃料が精製する際に生み出される。瀝青と鉱物等の混合物がアスファルトと呼ばれる。

6.4　交通安全

交通安全対策

　1970年には、西ドイツの道路でほぼ2万人が死亡していた。2000年には、ドイツ全土でその数は8,000人を下回った（図11-8、p.282参照）。

　交通安全対策は数年計画で集中して行われ、次第に効果を収めてきた。1969年に設立されたドイツ交通安全会議やその会員である1924年から活動を続けているドイツ交通監視協会は、連邦の資金を用いて交通安全事業を行っており、交通安全対策に与るところ大であった。交通事故の死傷者数は、1971年から減少した。1972年にドイツ政府は、初めて交通事故防止に関する報告書を出した。1973年には、鉄道と道路に関する改善計画を含み、「人間優先」（1973年6月8日）を唱えた「交通政策のタイムテーブル」に続いて、第1次総合交通安全計画（1973年11月23日）が出された。これは交通安全に関する全体構想を示すもので、車両や道路に加え人もその対象にした。さらに、救急体制や自動車学校、自動車学校の教員の改善についても取り上げられている。また、アルコール摂取限度と「累犯者」に対する制裁措置も導入している。道路通行許可規則を改正し、車両の安全性を様々な角度から向上させることとされた。ここでは特に照明、制動、ハンドルに関する技術基準が引き上げられている。シートベルトの車両への設置と運転手の装着が義務化された。バイク運転者には、その後、ヘルメットの装着が義務づけられることとなった。

　以上の措置は、短期間のうちに重大事故を一層減少させることになった。80年代にシートベルト装着違反に対して罰金を課すようにしたことの効果は最も大きかった。

写真6-6　アルコール制限違反での免許取消を警告するポスター

6. 時代を画した石油危機（1973年から80年代初期）

　さらに最高速度の制限がなされた。もっとも最初にそのきっかけとなったのは安全の問題ではなかった。エネルギー問題を根拠に、1973年11月19日に経済大臣が最高速度をアウトバーンでは100km/hに、州道では80km/hに制限したのである。この措置は連邦の見解により——現在では安全上の観点から——継続することになった。もっともこの速度よりも多少高めの速度が提案された。このため激しい論争が広く起こることになった。最終的には1974年3月13日に、130km/hの連邦アウトバーンの一般標準速度（allgemeine Richtgeschwindigkeit）が導入された。これは最高速度に

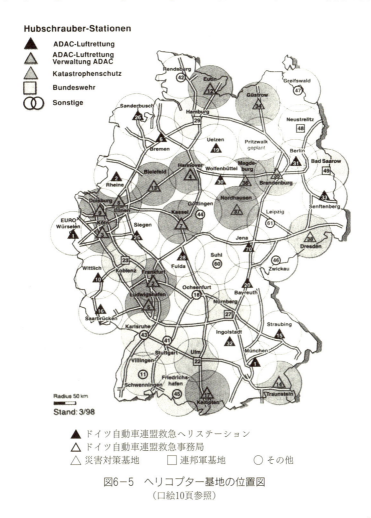

図6-5　ヘリコプター基地の位置図
（口絵10頁参照）

125

一般的な規制を加えることを放棄したことを意味した。もっとも——事故多発地点のリスクの減少に向けて——相当区間で速度制限を行うことに繋がっていくものとなった。現在では、アウトバーンの延長の35％について速度制限（Geschwindigkeitsbeschränkung）がなされている。整備後アウトバーン等級となっていない道路については1973年以降制限速度が100kmとされている。

　以上の対策とともに、救急体制が広範囲に拡充され死傷者の減少に大きく寄与することになった。救急通報先電話番号の統一、救急用ヘリコプターの導入により、負傷者の生存率が大きく上昇した。すでに1973年の政府の交通安全事業において、道路の新設、あるいは補修に際しては、安全対策についても最新の知見を取り入れることが求められていた。走行車両と停止車両あるいは歩行者とを分離することによって、安全性は大きく向上した。連邦アウトバーンと連邦道路で導入された別の施策にも、同様に安全性を高めるものがあった。これには、古いアウトバーンへの加速車線、路肩の設置、２車線の連邦道路での中央分離帯への二重ガードレール設置がある。

　全国の標準地図により事故多発地点が明確になり、原因もわかるようになった。こうして現場で交通安全の向上のための方策を講じることができるようになった。

危険物の輸送

　危険物輸送に関するドイツの法的基準は、広範囲にわたって国際協定や国際機関の勧告を配慮したものとなっている。国際機関としては特に国連の社会経済理事会が重要である。

　同理事会の勧告は、危険物輸送の分野において先導的な役割を担っている。通常このような国際的な取り決めは、変更を受けずにドイツの「危険物の路上輸送規則」に受継される。その付属文書には、危険物のドイツ国内及び国際輸送に関する規定が載せられている。

　連邦政府は、別途、すべての交通機関を対象とする危険物に関する統一規定について検討を行った。全体の枠組みとなる法律の制定を最終目標としたのである。この法律には、規則制定権者の権限に加え、安全基準と行動準則が定められるものとされていた。準則を定めることが求められた

6. 時代を画した石油危機（1973年から80年代初期）

例としては、どのような場合に、業界の専門家あるいは熟練労働者に照会することが必要となるかということがあった。また安全性を適正に保つには、危険物の輸送に際してどのような措置をとることが必要なのか、こうした規定に違反がなされた場合には、何をすべきかということを明らかにすることも求められた。

写真6-7　危険物輸送車両に『皆でもっと安全に』というドイツ交通安全会議の標語が描かれている。

　以上の問題の検討にあっては、産業界と技術の動向が大きく関係していた。産業活動と並行する危険物の輸送は、ほんの数年前には予想できなかったほど増加した。こうしたことから連邦議会と連邦参議院はいずれもこの法律を特に重要視していた。両議院の慎重な審議を経て、すべての交通機関を対象とする「危険物輸送に関する法律」は、1975年8月13日に発効した。

6．5　交通計画と交通技術

　交通計画の立案者が用いた方法論は、その拠り所を大きく交通需要に依存したもので60年、また70年代に至ってもそれは変わらなかった。
　これは広範囲にわたる調査と予測をもとに、
・交通量を推計し、
・これに応じた通行路（道路、交差点、橋梁等）を設計し、
・交通網の処理可能交通量を算定し、
自動車交通による人的移動が——公共交通機関の利用も含め——どれほど質的に改善するかを求めようとするものであった。
　こうした方法論は、モータリゼーションが爆発的に進行する中では問題が生じてきた。というのは、交通需要が不断に大きくなるため道路建設の促進が求められる一方、これに理解を示す人々の数が、周辺環境に及ぼす影響やコストを理由に減少するばかりだったからである。設計担当者と技術陣は達成が不可能な問題に直面した。それは、人間と環境への侵害が少なく、より質が高く、より走行速度が速く、より安価で、より安全な道路

127

を実現するということである。

　そこで交通計画は、交通需要をベースに出発するものではなく、設定目標から考えるという進め方に転換することになった。すなわち、計画の開始段階でモビリティに対する欲求を第一義に考えるのではなく、周辺環境を踏まえて実行可能性と政治的な優先順位を考えていくということである。それでは何が政治的に可能性があり、またどのような枠組みであれば実現が可能なのだろうか。上述の方向からは、例えば次のような目標を置くということになろう。

・交通網とアクセスしていない場所をなくすこと。
・交通需要をコントロールすること。
・交通需要の交通機関相互での分担を考えること。
・財政等の限界を考えること。

　以上の条件は孤立したものではなく、相互を関連づけて検討していくことが必要である。それゆえこうした将来の条件は、現在「シナリオ」と呼ばれている。このように計画を策定するということであれば、交通需要や交通計画モデルを、まず交通施設規模の決定に適用するというものではなくなる。むしろ地域の条件や政治的優先順位が交通需要にどのように影響するのかが問題になるのである。換言すれば、想定される利便性やマイナスを考えた場合、交通需要がどう動いていくのかということが問題なのである。

　しかし、絡み合った所与の条件を検討するだけでよいということにはならない。計画は、交通需要を（別の場所へあるいは別の交通網を用いて）移動させるだけで足りるというものではない。交通需要の発生を抑制することも重要なのである。ここにも従来の総合交通計画と現在の交通計画が求めることの相違がある。この新たな計画は、交通計画というものに対して従前と異なる理解をしており、より目標志向的で、またすべての交通機関をカバーした計画なのである。こうした交通計画の新たな作業手法は、直ちに現在の法制が反映したものとはなってはいない。1979年の「総合交通計画に関する包括指針（RaRiGVP）」と1985年の「交通計画の手引き」にようやくこうした方向への動きが見られるのである。

　70年、80年代は、交通関連技術が様々な面で発展を遂げた。これは推奨速度を示すことによって交差点での交通流を円滑にしようとする「グリー

6. 時代を画した石油危機（1973年から80年代初期）

ンウエーブ」を初め、情報機器を利用した交通網全体のマネジメントにまで及んでいる。アウトバーンでの排気ガスに関して大がかりな調査（Abgasgroßversuch）が行われたことは、この時期における重要な事案であったというべきであろう。この調査は、「森の枯死」を巡る議論を発端としたものであった。この調査が及ぼした政治的影響は明確なもので、環境保護を根拠に速度を一般的に制限することは認められないものとなった。速度を制限しても排気ガスの削減量は、結果的に1％にも満たないとい

写真6-8　公共交通機関の増強（ベルリンの2階立てバス）

うためであった。しかし速度規制の問題はアウトバーンでの交通安全の観点からは、再三にわたって取り上げられた。その結果80年代に入ってアウトバーンの事故多発区間に速度標識を設置する考え方に落ち着いたのである。もっともこれは硬直的なものであってはならず、おのおのの道路状況、交通事情に柔軟に対応すべきであるとされた。

コラム9

走行速度

　安全対策上、走行速度を規制する必要性はかなり早くからはっきりしていた。当初関心が示されたのはもっぱら市内交通についてであった。1906年に帝国議会は州に対して、車両の速度を疾走する馬の速度にまで制限するよう求めた。1909年には、帝国議会は自動車交通に関する規定を制定した。これは市内の一定地域では走行速度は15km/hを越えてはならないとしていたほか、車重が5.5トンを越える車両で車輪が全面ゴム製となっていないものについては12km/hを最高速度としていた。上級行政官庁は、例外的に25km/hまでの許可を下ろしてよいとされていた。技術進歩と例外規定の実務的な取扱いによって相違が生じたことから、1923年には、市内最高速度を30km/h、例外

は40km/h までとする統一的な取扱いがされるようになった。車重が5.5トンを越える車両については、25km/h、被牽引車を有する車両については16km/h が最高速度とされた。

1934年の帝国道路規則は、モータリゼーションが進むよう、最高速度に関する一般規定を廃止した。1939年には揺り戻しがあり郊外と帝国アウトバーンに最高速度が設定され、乗用車については100km/h、バスについては70km/h とされたほか、市内についてもそれぞれ60km/h、40km/h とされた。この最高速度は第二次世界大戦中に引き下げられ、郊外では乗用車80km/h、トラックとバスは60km/h とし、市内は40km となっていた。

1952年の「道路交通安全に関する法律」で、乗用車の「戦時」の速度制限は解除された。また、連邦交通大臣には貨物自動車の速度制限を行う権限が付与された。

現在は、次のような最高速度制限が規定されている。
- 市内　　市街地　　　　　　　　　　　　　　　　　　　　　50km/h
- 郊外　　市街地以外
　　　　－乗用車及び車重3.5t 未満の貨物車　　　　　　　　100km/h
　　　　－車重7.5t までの貨物車で被牽引車を有する車両及びバス
　　　　　　　　　　　　　　　　　　　　　　　　　　　　80km/h
　　　　－車重が7.5t を超える貨物車　　　　　　　　　　　60km/h
- アウトバーンでは、貨物車とバスは80km/h で走行してよい。バスは、技術的に特段の安全対策が講じられているものであれば、100km/h まで許される。乗用車の推奨速度は130km/h である。

もっともピーク時を除いて高速走行が可能な区間にでは、アウトバーンでの乗用車の実勢速度は、推奨速度を超えている。計測の結果では、平均速度は1980年には125km/h だったものが1990年には136km/h に上昇しており、車両の85％は、速度が145km/h に達している。しかし、著しく高速で走行する車両もあるが、走行距離を勘案して加重平均を求めるとアウトバーンでの平均走行速度は120km/h である。

速度制限の効果への疑問には、現在まで最終的な答えが出ていない。ただし、制限速度は一定速度に固定するよりも、状況に応じて変更するほうが、その遵守の度合いが高いということが分かっている。これは、制限速度が一定であるとドライバーが一概に納得できないためである。このため連邦交通省は、近年、アウトバーンの安全対策上重要な区間について交通誘導装置の設置を進めるようになってきている。分析の結果、この方策は安全対策上、また環境保全上もプラスの効果が出ていることが示されている。

6. 時代を画した石油危機（1973年から80年代初期）

6．6　国土利用・形成計画、環境問題、市民参加

1975年に国土利用・形成大臣会議は（MKRO）は、連邦国土利用・形成計画（Bundesraumordnungsprogramm＝BROP）を決定した。これは連邦と各州との同意を得たものである。バーデン・ヴュルテンベルク州とバイエルン

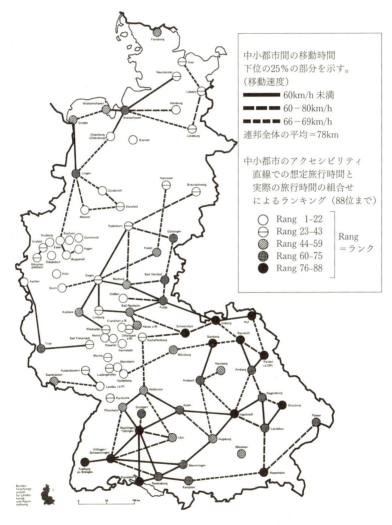

図6-6　中小都市間のアクセシビリリティの状況

131

州は反対票を投じた。連邦政府がこのプログラムに対する賛同を表明した後、連邦議会がこれに倣った。この計画は、インフラ整備、環境保全、地域経済構造に関する目標を明確に規定した。同時に、満足すべき生活条件を整えるために最低限充足すべき事項も規定している。プログラムの考え方の基本となったのは、ここでもまた「機能的に均衡のとれた地域」という概念であった。これは、都市を分散して配置するという方向性をもつ「中核都市構想」の概念と成長に重点をおいた「発展重要地区」の概念の妥協の産物であった。

　その規模から連邦国土利用・形成計画は連邦全土を視野に収めるものとなり、長距離交通を基礎づけるものとなった。これは次のように2つのチャンスに繋がるものであった。すなわち、1985年までに投入可能な財政資金のほぼ4分の1を連邦交通網計画を経由して後進地域へと流すことができたし、また交通需要が十分でない地域にも連邦長距離道路にアクセスさせることが可能となったということである。連邦国土利用・形成計画は、後進地域の開発、アクセスの基準を与えるとともに広範囲の地域におけるプロジェクトの位置づけを明確にするものでもあった。さらに、現に実施に移されている連邦交通網計画の続行には環境と国土利用・国土形成に対する配慮が要請された。同時に連邦国土利用・形成計画は、この2つの問題の政治的なレベルを引き上げた。以上を背景に、投資が交通以外の事項に及ぼす便益を把握し、評価するよう作業が委託された。ここにいう交通以外の便益には、地域経済と観光の振興がある。また、環境汚染の減少による生活条件の改善、救急医療の改善、教育施設へのアクセスの改善を挙げることができる。

　上記の評価の結果では、大中小いずれの中心地区とのアクセスを改善することと、他国間との交通に重点を置くことが求められている。この2つの調査結果は、経済全体の観点からも、また交通部門への投資の観点からも、以前よりも重要性があるものとして受け止められた。こうして連邦国土利用・形成計画は、70年代の半ばに、最大限その機能を発揮したのである。

環境問題

　1970年の「緊急環境計画」と1971年の「環境計画」は、環境政策を適切

6. 時代を画した石油危機（1973年から80年代初期）

に進めていくうえでの転換点となった。「環境専門家審議会」のような委員会組織が設置され、道路・交通計画に関する重要な法律が発効した。代表的なものとしては次の法律が挙げられる。

・連邦公害防止法（1974年、BimSchG）

・改正水管理法（1975年、WHG）

・連邦自然保護法（1976年、BNatSch）

道路の騒音基準（dB(A)）[36]

既存の道路			新設または重大な変更のあるとき		
区　　分	昼 6 〜22時	夜 22〜 6 時	区　　分	昼 6 〜22時	夜 22〜 6 時
病院、学校、保養施設、老人ホーム、住宅地	70	60	病院、学校、保養施設、療養施設	57	47
			住宅地	59	49
村・住居商業混在地区	72	62	村・住居商業混在地区	64	54
商業地区	75	65	商業地区	69	59

既存道路を対象とするもので、行政上の基準である。

新設または道路に重大な変更のあるときを対象とし、連邦法を根拠とする。

　いずれの法律についても、法律制定後連邦、州レベルで規則が定められている。規定が部分的に実施されるようになったのは、景気上昇の時期（おおよそ1975年まで）を過ぎ後退が感じられるようになってからのことであった。

　政治日程上の優先課題となったのは公害の防止であった。それは、これが道路交通に直接関連するものであったためである。「スモッグ」「酸性雨」「森林の枯死」「地球温暖化」さらにオゾンホールの問題が大きな圧力となり行動が迫られていた。公害対策は70年代初頭に初めて対策が講じられ、今日に至るまで効果を上げてきたことは我々に感じられるところである。1974年に発効した公害防止法は、いち早くその第41条から第43条の規定に交通騒音対策を盛り込み、第50条では諸計画の策定の際に騒音対策を講ずることを必要とする地域を指定していた。それ以降、騒音基準につい

36）原著には何ら注記がないが、個々の記載事項は2016年 6 月現在でも変わっていない。

て議論が重ねられ、騒音防止法を巡っても議論が交わされたが1980年には同法の成立には至らなかった。道路建設の分野においても環境保護はより重要なものとして捉えられるようなった。これは様々な騒音対策が施されるようになったことから明らかである。

連邦交通省は交通騒音に関しては、まず1975年に「道路騒音防止に関する暫定指針（VRSS）」を、後には「道路騒音防止に関する指針（RLS-81）」を定めた。さらに同省は、1983年に「連邦負担にかかる連邦長距離道路における騒音防止に関する指針」とその1987年の改訂により、騒音防止対策（道路建設時）と騒音対策（既存道路網について）に関する原則を定めた。

1985年には、「道路交通研究会（FGSV）」（訳者追記：道路研究会（FGS）の現名称であるが、いつ名称が変更になったかは不明）が「騒音対策施設の考え方に関する勧告」を公表した。これは単に騒音対策手法を論ずることで足りるとはせず、施設が地域にも美観的にも馴染んだものとすべきであるとしたものである。

連邦の年次道路建設報告書を見ると明らかであるが、環境保護が連邦省庁と連邦政府の政策評価上重要な問題として初めて取り扱われたのは1977年から78年にかけてのことである。道路建設報告書は、「騒音と排気ガス対策」の表題のもとで環境保全を優先して取り上げた。関係者による土地利用と道路建設による地域の分断に関する議論はその後のテーマとなっていた。しかし、連邦交通省内では、「道路技術部」は、すでに1976年に「道路建設時における環境保全」をその担当部門とするよう拡大されていた。対処すべき課題が多様化したため、道路技術部は1985年に「道路技術部」と「道路環境部」の２つに分けられた。

1970年にアメリカで環境影響評価法（Environmental Impact Assessment Act）が成立して以降、ドイツでも1973年から1976年にかけて環境影響評価の導入が真剣に検討された。その導入の大枠として「連邦公共事業の環境影響評価の標準手続」が定められた。これにより州においても、州公共事業の実施にかかる環境影響評価に関する規定を策定することが促されることとなった。こうして道路の計画設計、ひいては連邦長距離道路の建設についても、「環境影響評価」の手法を設計段階に差し入れることに一層努力が傾けられるようになった。もっともこれは将来の連邦自然保護法（BNatSch）に求められていた事項と繋がるものであった。これはまず「景

6. 時代を画した石油危機（1973年から80年代初期）

観の事前設計」や「生態系を考慮した設計」を前提に行うこととされていた路線選定で取扱われることになった。

　連邦自然保護法の法案が作成され、道路建設関連の景観保全の作業は、新たな局面を迎えた。道路と景観との関係に新たな時代が開かれたのである。景観計画の関連作業は、次の立脚点に従って進められるようになった。
・道路が「自然と景観」に対する侵害であるとの見方
・侵害に対して連邦自然保護法による規制が行われること
・措置に関する原則

　また、侵害は回避すべきものであり、その回避が不可能な場合には適切

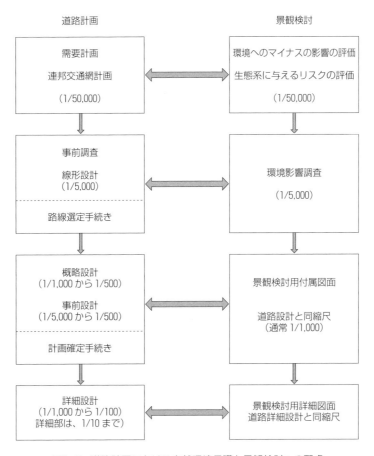

図6-7　道路計画における自然環境保護と景観検討への配慮

135

な補償を行うという 2 つの原則に基づいて、基本的な考え方が構築されている。

　連邦自然保護法が効力を生ずるかなり前から、道路建設当局は自然保護・景観保全関連事項を計画策定のできるだけ早い段階で取り入れるようにしてきた。これは1970年頃から、法律上の規定とは独立して進められてきたことである。このことは専門的な報告書が景観保全の要素を取り入れ、あるいは景観保全に適合するような検討を行っていたことから伺える。道路建設当局が、景観計画に関連する事項にも配慮していたことから、道路とは別の「行政部門による（景観への）侵害」に対峙するものとして、道路は模範となることができたのである。連邦と州は、すでに70年代の終わりに環境影響評価への取組みを開始していた。これはモデルスタディの形によるものであった。その後十年以上にわたって、研究が進められた。これは道路の路線決定と関連させた「環境影響評価研究（UVS）」あるいは「景観保全のための付属計画（LPB）」と平仄をあわせたものであった。70年代末には、「道路研究所（FGS）」の当時の知見をまとめ上げている。これがさらに様々な指針に繋がっていくことになった。以上の関連では、「道路施設に関する指針―景観の形成―（RAS-LG）の第 1 章　景観と調和した設計」を挙げておくべきであろう。この草案は、道路研究所が1978年に策定し81年に正式に導入された。

市民運動と世論の反映

　70年代の環境保護運動は、環境政策に対して批判的な世論を形成することをその中心目的に据えていた。一般市民は影響力のある団体を通じて、計画手続に長年にわたって関わってきたこともあった。しかし、以上のような新しい運動に参画するようになったのは比較的遅くなってからである。その一例が自然保護関連団体である。バイエルンの自然保護連盟等の諸団体は、1975年に設立されたドイツ自然環境保護連盟（BUND）の母体であった。しかしこうした伝統的な自然保護団体――19世紀から20世紀の変わり目に創設されていた――は、ドイツ自然保護連盟とは異なり、長きにわたって狭い意味での自然保護や景観保護に限った活動をしてきていた。これらの団体の活動は政治に関わらないものであって、新しい環境保護運動とは早期の段階では共有するところが少なかったのである。

6. 時代を画した石油危機（1973年から80年代初期）

　道路交通の分野の個別事業計画で最初に衝突が起きたのは、地方の市民団体とであった。そのメンバー——直接の当事者だけではなかった——は、道路交通と都市内での工事が街の生活空間に及ぼす悪影響に反対し立ち上がった。1967年にはカールスルーエでは航空騒音への反対のため、1969年にはフランクフルトで都市内高速道路の建設のために何ら社会的に問題がないのに旧市街を撤去するということに反対して市民運動組織がつくられた。大規模な道路工事に反対して市民団体が数多くできあがった。なかでもよく知られているのはシュヴァルツヴァルト・レーゲンタール　アウトバーンへの反対運動である。多数の地域で行われた積極的な反対活動は1972年にドイツ環境保護運動連盟のもとに連携することとなった。また「ラインタールアクション」というような州を跨いだ連合組織も設立された。西ドイツにおける市民運動の団体総数は、1976年時点で約５万団体に及ぶと推定された。

　しかし、環境保護運動は、ますます専門的な活動をするようになっていった。反対運動は、地域が限られたり、あるいは、情緒的なものに留まるケースが多かったが、その活動が広範囲に及ぶようになり組織間の連携が進んだ。これにより反対運動は、その立脚点が学問的にも強力なものになって行き、専門的見解から根本的に問題があるとされた計画や、官庁・裁判所の決定を批判し、裏付けある根拠をもとに自らの主張を展開できるようになったのである。環境保護運動を巡るこのような状況の中から、学問的に中立な組織が現れた。フライブルクのエコ研究所はそのうちもっとも有名なものである。環境保護運動は交通の分野においてもその専門的知見を磨いて行った。この知見をもとに、交通政策に関する基本構想や具体的提案が早い段階からなされていた。このような提案等は当初は構想とか要求事項といった性格を有していたが、次第に学問的要求にも耐えうるものとなり、細分化されて行った。その事例としては「自然・環境保護連合（BUND）」あるいは、「ドイツ交通クラブ（VCD）」の交通政策基本プログラムを挙げておくべきであろう。このプログラムは現在でも残されている部分がある。次に事例を掲げよう。

・国土利用・形成計画によって交通需要が発生するということを避けること。

・鉄道あるいは公共交通機関に有利になるように交通流を移動させること。

・交通路をまとめること。
・交通網の拡充に限度を設けること。
・環境にマイナスの影響を及ぼす交通に課税すること。
・投資政策を適宜変更すること。

市民と行政

　1976年の連邦行政手続法とこれと相当程度内容を一にする州行政手続法は、正しい方向に一歩を踏み出すものであった。以上の法律によって、規定が多く、また相違のあった法規が調整されて統一性のあるものができあがった。この新しい行政法体系は、市民の請求権を特段強化しようとするものではなかったが、市民は自己の権利について情報を得やすくなり、法律上保護を受ける自己の権利を行政当局に対して、今までよりも早く、実質的に確保することができるようになった。その後市民は自らの権利を根拠に行政手続に参画できるようになったわけである。

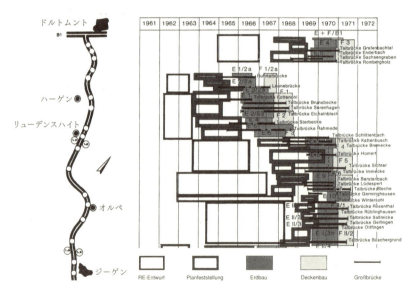

図6-8　アウトバーンの設計から供用までの進捗度（Ａ４号線ザウアーラントリンデの事例）
　　　　　　　　　　　　　　　（口絵11頁参照）

（訳者補足）右の文字は橋梁名である。

6. 時代を画した石油危機（1973年から80年代初期）

　環境保護団体や、自然保護団体が、環境保護手続においてその権利を行使できるようにも配慮が加えられた。この権利は、「連邦自然保護法」の草案にかかる交渉において重要な検討事項となっていた。

　自然保護団体の訴訟能力は連邦自然保護法では認められず、それより後の州の自然保護法の中には、これを取り入れたものもあった。これによれば、自然保護団体が原告あるいは被告として訴訟に参加することができ、この場合、当該団体自らが当事者であることを証明することは要しない。もっとも1976年の連邦自然保護法は、認可を受けた自然保護団体は、一定の計画あるいは行政手続に関して、正当な当事者として扱われることを認めている。これには、（自然保護法第8条にいう）自然と景観に対する侵害と当該団体とが関連を有していることが前提とされている。「連邦長距離道路法に基づく計画確定手続に関する指針（PlafeR）」が1975年に改訂されることとなったが、自然保護団体がその権利をどのように行使して訴訟に参加できるのかが具体的に示されている。

　世論は今や、増大する道路交通から受けるマイナスの影響に神経をとがらせるようになった。同時に直接影響を受ける市民も、道路計画に関してより多くの情報を求め、計画に参加できるよう要請するようになったが、そのいずれもが市民の反対と積極的な市民運動から出てきたものであった。計画が異議申し立てや訴訟によって止まるケースは増える一方であった。このような状況の変化は、70年代の終わりになると道路建設を巡る政策に強い反響を及ぼすまでになった。1979年4月に出された「連邦長距離道路に関する目標」では、市民参加の強化が強調されていた。市民参加によって計画が最終的には改善されることが期待されていたのである。市民の信頼の回復に繋がると思われる方策も実施された。直接影響を受ける市民を、路線決定の前にこれに参画させるとか、あるいは市民に対する情報提供を従前より早い段階で、またより詳しく行うということである。また道路行政当局は、適切な市民参加を着実に進め、計画手続の段階で自治体側の要望なり提案に一層配慮することとされた。さらには、計画策定に直接影響力を及ぼすことが可能となるようにするものとされていた。

　政策立案上の重点は、様々な段階を経て変わってきた。交通需要の設定について見ると、世論が考慮されてこれが決定されるようになったのは、1980年の連邦交通網計画の策定以降になってからに過ぎない。州に対して

139

は、市民に対して適切な時期に総合的な情報を提供するよう要請がなされた。それもできるだけ広い範囲で提供することとされていた。計画の当初の段階から市民が情報を得て参画していくということが想定されたのである。ここでは、基本的なルート選定、またその設計についても議論がなされることとなった。地元中小自治体が計画に参画するに当たっては、公の手続きとは別に、道路行政当局も同席した市民集会が開かれることになった。国土利用・形成計画の手続きでは、比較検討案について議論を進めていく場合には、ヒアリングを行って議論を深めることができるようになった。ドイツ商工会議所や労働組合、自然環境保護連盟は、情報の提供を受けるとともに事業について判断を下すよう要請された。反対論に根拠があり、あるいは環境団体が懸念を示すことがあっても、事業構想が需要計画そのものから外されるということは非常にまれであった。こうした場合には、結果的には計画が変更されたケースが多かった。

コラム 10

計画への市民の参加 （図6−3 （p.121）参照）

　計画確定手続で市民の要望が取り入れられるのは、法律的には原則として、市民が手続上の直接当事者である場合に限定されている。これには反対が強く、訴訟への引き金となっていた。このことは政治的にも問題視され、道路計画の段階から市民の参加を強化していくことが必要であり、正しい方向であると考えられていた。これを具体化したのは、二人の連邦交通大臣であった。

　クルト・グシャイドレ（大臣）は、1979年4月19日に発表した「連邦長距離道路に関する連邦交通大臣の目標」の中で「計画段階における市民参加を強化すべきである」と表明した。

　フォルカー・ハウフ（大臣）は、この方向を継承し、強力にこれを推進した。この方向に向けたハウフ大臣の活動は、1982年6月29日に明らかにされた次の見解に基づくものであった。

　「現在の計画手続において市民がその意見を反映する可能性は不十分なものでしかないということを、今や見過ごすわけにはいかない。現行の計画手続法で定められた諸権利は、新しい道路がどこでも歓迎され、交通が与えるマイナスの影響ははっきりとは意識されなかった時代のものである。参政権のある市民を尊重するのであれば、行政は今

6. 時代を画した石油危機（1973年から80年代初期）

後市民を避けて通ることは許されない。必要なのは市民とともに市民のために計画をつくることなのである。」

　市民の計画手続への参画に関しては、参加関連法規に関連する規則や行政内規があるが、これは関連団体の参画にも影響を及ぼすところが大きいものであった。これは連邦交通網計画手続に関するレビューの抜粋にも明らかである。ここには連邦交通省の当時の担当者の発言を掲げる。

「事業内容については1979年から議論を重ねてきた。大きく２つの見解が相対立していることが次第に明らかになった。１つはドイツ商工会議所の見解であり、地域の商工会議所と連携しているもので、インフラ事業に強く賛同していた。これと対峙する見解を有していたのは、ドイツ自然保護諸団体であった。ドイツ自然環境保護連盟の代表は計画の撤回を提案している。それでは、このような関係団体の参画は具体的にどのような結果をもたらしたのだろうか。76路線の計画のうち、代替措置もなく計画そのものを取り消すことが要請されたのは41路線であった。これは半分以上が、計画を全く実施しないのか、あるいは実施されても著しく限定されたものとなったということである。」

（訳者追記：本第６章 p.110・116・119、第７章 p.152、第９章 p.204、と補説 p.339で言及されている「将来のための投資計画」は、本書の記述から判断すると第６章と第７章のものは1977年に決定されたもので、その対象を1970年代後期から1980年代中ごろまでとするものである。その年次は明確には記述されていない。一方、残る第９章と補説のものは、対象年次が2001年から2003年と明記（コラム４（p.55-56）にも記載がある）されている。このため、両者は別の計画ということになるが、その予算上の取扱い、両者の関係等については、本書では明らかにされていない。）

141

7. 強まる交通部門の規制緩和の傾向
(1982-1989)

7.1 事業進捗の鈍化と柔軟な対応へのシグナル

　長距離道路の計画がその目標とするところは、西ドイツにおける経済、社会、インフラの整備の進展によって、改めて次のような事項に変わっていった。
・完全雇用を長期にわたって実現すること
・環境の保護を一層強化すること
・道路網の連結の密度を高めること
・産業立地条件として交通費の重みを下げること
　新たなインフラが必要である点に争いはないが、他方で自然環境保護に対する要求もあるという緊張関係が存在した。そこには技術の進歩と技術の可能性に対する懐疑が増大しているという背景があった。産業社会は40年にわたり成功をおさめてきたが、マイナス面も顕著になり、一般的に言って以前より柔軟性が失われてきた。法的手続も複雑かつ広範囲に入り込んで来るようになった。こうして交通事業は建設の機が熟するようになるまで、手続に一層時間をとられるようになった。シュペースアルトアウトバーン（写真4-10, p.76）を例にとると、事前調査が1955年に実施され1960年には開通した。現在では、長距離道路の建設には、12年から20年を要している。計画決定手続の段階で計画が放棄されることも稀というわけでもなく、鍬入れ式もできないということもあった。
　こうしたことは道路、鉄道のいずれも同じである。連邦鉄道のシュツットガルト＝マンハイムの区間については、6,000もの反対意見と13の訴訟の処理に追われた。このためこの区間は、計画から建設まで20年を経て1991年にようやく開通した。一般的にいって、意識の向かうところが変わってきている。これは、市内高速道路の大半が拒否されるということに

143

見られるだけではない。地方の遠隔地へと連なる長距離道路もその多くは望まれていないのである。また、新しい情報収集や相互通信の技術が交通問題を解決する手段となるようにも思われる。こうした技術はサービス業や情報産業の発達した社会において、モリビリティーを確実なものとしていくもののようなのである。

　少なくとも裁判所手続きが迅速になるよう、1985年7月24日のいわゆる「促進法（＝Beschleunigungsgesetz）」によって上級行政裁判所に専属管轄権が与えられた。その対象となるのは、連邦アウトバーンの建設と変更にかかる計画確定手続に関する争いである。

　これによって下級裁判所にただでさえ過重になっていた負担を減ずることができた。ドイツの再統一後、このような管轄の簡素化はさらに進められ、計画手続の別の段階にも広げられた（p.230参照）。

　モータリゼーションがさらに進んだため、長距離道路網は一層必要性を増すこととなった。1971年の「新整備計画」では、その計画の最終段階に当たる1985年の乗用車の台数は3人に1台となることを前提としていた。しかし、これは実際には70年代の終わりに実現してしまった。その後しばらくは景気の後退により車両台数の伸びは鈍化した。80年代後半には、新規車両は再び大きく増大した。1990年には、旧西ドイツ地区での登録自動車台数は3,000万台を超え、2人（全年齢層）に1台という割合になった。統計上、全国民が乗用車の前部座席にすわっていることになる。

　以上と並行して、1980年代には連邦アウトバーンの走行台キロは60％増加した。しかし、この間長距離道路網の路線延長は10％しか延伸していなかったのである。

　モータリゼーションの進行は、道路の貨物輸送が恒常的に増加するということも併せ持つものであった。もっともこれは車両台数や走行台キロ増加には、明確に反映するものとはならなかった（トレーラーの年間輸送量だけは目立って増加していた）。車両の大型化と積載可能重量の向上により輸送可能量が増加していた。こうした状況が生じたのは、道路の交通容量に限界があることやトラック運送に対する合理化の圧力、さらには、環境政策上交通量が過大となることを避けたいとする意向が働いていた。「トンキロ」が「走行台キロ」から切り離されたのである。道路の輸送量の伸びがその交通量の伸びを上回ったわけである。1980年から1989年では、800億トン

144

7. 強まる交通部門の規制緩和の傾向（1982－1989）

コラム 11

ドイツのモータリゼーション（図11-9（p.287）参照）

　1949年には西ドイツでは乗用車は50万台以上になっていた。自動車登録台数が初めて100万台を超えたのはその4年後である。さらに100万台が増加したのは、そのわずか2年後のことであった。1961年には約500万台に、1966年の初めには1,000万台となった。もっともこの時期は、旧西ドイツの人口が増加したときでもあり、ほぼ4,800万から6,000万人へと増加していた。60年代の終わりから70年代の初めにかけて人口の増加はわずかでしかなかったが、1977年には乗用車の台数は2,000万台を記録した。1989年の末には、国内の乗用車登録台数は全体で3,000万台となった。

　この40年の間、乗用車の台数が増加しない時はなかった。ここではっきりと伺えるのは、台数の変動が景気変動に従っているということである。いわゆる「経済の奇跡」と西ドイツの創設時に乗用車が非常に少なかったことが合わさって50年代のその年成長率は20％を越えていた。成長率がもっとも低かったのは、1974年と1982年の1.9％と1.5％であった。しかしこれでも32万台から35.5万台の乗用車が道路に出されることを意味していた。これは1973年のオイルショックとイラン・イラク戦争によるガソリン価格の高騰の反動にほかならない。

　1949年から1989年までの間で、台数に大きな変動を生じたのは、1965年、1969年～1971年、1976年～1978年さらに1986年～1987年である。この時期には、廃車台数を上回る数の100万台の乗用車が売れた。このうち台数が多かったのは、1970年と1978年で、いずれも120万台の車両がドイツの道路に繰り出したことになる。これは増加率にしてそれぞれ9.6％、6.3％に相当する。

　以上の背景だけでも、西ドイツ創設後の最初の10年にしてどれだけ巨大な要求が道路網に突きつけられたか理解できよう。また、当時のドイツにあった道路建設に対する社会的コンセンサスを正しく理解するには、こうした事情をも考えに入れることが必要である。

キロから1,130億トンキロ増加した。対して走行台キロは、340億台キロから380億台キロに「しか」増えていない。

　以上に対応して1980年から1989年までの交通機関の貨物輸送の分担率は、道路輸送が大きく優位に推移している。道路以外の交通部門は、一層そ

の分担率を下げている。鉄道の分担率（道路による近距離貨物輸送を除く）は31％から26％に後退した。内航水路による分担率も24％から22％に下がった。

道路交通は、次の事情を加味しても増加している。

・低価格で嵩の大きい物の輸送が減少し、高価格で嵩の小さい物の輸送が増加している（財貨の構造的影響）こと。
・輸送計画が合理化（物流上の効果）されていること。
・輸送に関する法規上の規制が緩和されていること。

こうして道路交通に特有な排気ガスや騒音といったマイナスの影響に関する議論が再熱した。一方で、特定の交通システムを拡張することの便益を喧伝しながら、もう一方ではこれによって生ずる環境破壊とそれを取り除くためのコストを原因者に求めるという課題の2つの側面をなおざりにするのは疑問である。80年代の終わりには、連邦アウトバーンは、外国車両の流入により非常に交通量が多くなっており、平均交通量では、よく話題に上るオーストリアアルプスのブレンナーアウトバーンと同様に3倍から4倍増加しているのである。

7．2　道路網の保全を優先

1982年の秋に発足した新たな政権（キリスト教民主同盟他の連立政権）は、基本的には前の社会民主党の連立政権の投資政策を継承した。これは、鉄道部門への投資に重点を置く方向を強めるもので、道路の整備計画の目標年次は、当初目標の2000年から2010年へと先送りされた。これはコスト上昇と、財政資金の不足がその理由であった。このため建設することができたのは予定より少ないものとなった。このギャップを埋めるべく、道路関係者は既存の道路をより効果的に利用するという方向性を強めていた。

それでも1982年の政権交代は、なお交通政策の変更を意味するものであった。その1つは、70年代以降削減される一方であった道路建設に対する資金の投入を再度引き上げることで、連邦交通大臣はこれに努力を払っていた。2つ目は、道路投資の重点に変更が生じたことである。道路に対する投資額を大きく引き上げるということはおよそあり得ぬことであった。新政権が目標の中心に据えたのは財政を盤石にするということだったから

7. 強まる交通部門の規制緩和の傾向 (1982-1989)

である。

アウトバーン網を延伸することは重要性を失った。これは市民運動により反対運動が大きくなったということもその理由である。資金は、現行の道路に優先的に流された。これは、従来の道路を整備、保持するということである。同時に、建設が進められている工事は完了させ、道路網として不十分なところは補うということである。財政資金が不足している以上、再投資を優先するという政策は避けることはできない。道路インフラが老朽化し、その水準が現行の道路が有すべき水準以下に下がっていくことに対処するにはこうし

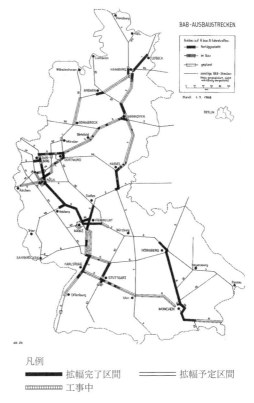

図7-1 現行アウトバーンの6-8車線拡幅

た方法しかないのである。さらに再投資を行えば、通常、その工事の完了後は、道路は現在の要求水準を満たすものとなることから、交通機能の向上に繋がることになった。

現行路線の整備を優先的に行い新規路線の建設は断念する、という決断は財政状況の逼迫だけがその理由なのではない。これには環境政策上の理由もあった。道路インフラに対する需要は増大しているが、このようにすれば、少なくとも部分的ではあるが道路網を延伸する場合よりも安価に需要を満たすことが可能だからである。さらに新しく道路を建設する場合に生ずる環境上のマイナス影響を避けることができる。例えば、野生生物の生息地の分断を避けることができる。さらに、交通需要の大きな区間について整備を行えば、これはアクセスの弱い地域に道路網を拡げるよりも、

図7−2　交通量が少なく地域が分断されていない箇所（面積が100km²以上）の分布
（口絵12頁参照）

（訳者補足）上図について詳しい叙述がないが、その問題意識は過疎化ではなく、逆に人間の手があまり加わっていない土地が減少することに問題意識をもった図面である。このような土地はUZVR（Unzerschnittene verkehrsarme Räume：交通稀少非分断空間）と定義され、保護の対象と考えられている。ドイツ環境省によれば、2000年〜2010年の間に、その全国土に占める割合が26.5％から23.5％に減少（概数である）したとされる。ドイツは十分な交通網が整備されている以上〔建設よりも〕その利用に重点を置くべきであるとの論拠にもされている。
参考：https://biologischevielfalt.bfn.de/ind_zerschneidung.html

7. 強まる交通部門の規制緩和の傾向（1982-1989）

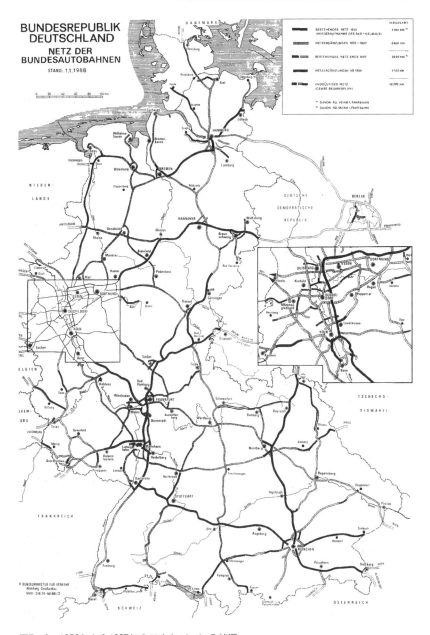

図7-3　1952年から1987年のアウトバーンの状況

（訳者補足）原著でも凡例と図の対照が十分にできないため、訳出していない

より交通需要に見合ったものとなる。

　1985年の「連邦交通網計画」の策定に当たっても、やはり以上のような目標を前提にその作業が進められている。その第一の目標は、既存道路の保全であった。交通需要に合わせて新規建設を行うというのは最終順位となっている。新規建設は、必要な場合でも、その支出を最低に抑え（アウトバーンではなく交通容量十分な連邦道路とすることとし）て実施することとされた。これは1971年の車線拡幅を優先した需要計画に照らすと、各事業の緊要度による優先順位を見直すことを意味した。

　1985年の連邦交通網計画の策定には相当の労力を要した。ここで重要事項となっていたのは、投資決定の評価手法の改善であった。これと並んで85年連邦交通網計画には次の事項が目標として掲げられた。

・新たな情勢にあわせて国土利用・形成計画を改正すること。
・環境への影響を軽減させること。
・自然と景観を保全すること。

　以上の目標は基準化され、金銭的評価もなされた。これによって財政への影響が把握可能になった。これに従来から用いられてきた評価基準を組み合わせて、経済効果全般の評価に組み入れられた。さらに、道路建設事業の「環境リスク」の評価が行われた。これにより需要計画の策定段階で、環境の視点からの配慮が織り込まれるようになった。各事業の緊要度を正しく把握するには、当初の段階から費用便益分析を行うことが必要である。これは交通状況、環境への影響（騒音被害や大気汚染物質の排出の変化）の双方の面について配慮をするものであった。法律上必要とされている公害対策はコストを上昇させている。

　さらに「需要の緊要度」が別の基準で検査される。この基準は新設工事を抑制する方向で影響を及ぼしている。道路網の密度が高くなりつつあることも、学問的な検討が進んだことと並んで、評価手法の完成度を高め、また複雑化させる要因となっていると思われる。

　道路インフラの交通容量の増強速度は、交通需要が求めるものより遅いものとなっている。アクセスという観点からは、これはほとんど完成の域に達しているが、なお残るミッシングリンクがなおざりになる可能性はあった。なお、道路網が補完された場合には、その交通網全体への影響を測定するため、道路網全体の関係箇所への影響が測定されている。これに

7. 強まる交通部門の規制緩和の傾向（1982－1989）

コラム 12

1985年連邦交通網計画

　連邦交通大臣ヴェルナー・ドリンガーの意向に基づき、1985年の連邦交通網計画は、投資の方向が変わることになった。長距離道路網を延伸するというのではなく、ミッシングリンクをなくし地方部との連結を促進し、あるいはバイパスを建設するという方向である。これらはすべて既存道路網の枠組みの中でのものであった。また投資政策の中心には、もう一つの目標として鉄道に競争力を与えようということがあった。このため85年の連邦交通網計画では連邦長距離道路は特にその主力事業が削られ、計画に占める割合は大きく低下することになった。

　経済団体はこの意向に強く反対し、専門的観点からの批判も強かった。また、ドイツ商工会議所も、交通の流れを変えようとするのではなく、交通需要に合わせて交通網計画を策定するべきであると要求した。そして「市民と経済とが使用を望む交通手段の利用を拒絶しながら、交通手段の選択の自由を与えるということはできない。交通と関連のある投資と関連のない投資を区別することが必要であり、交通の発展（交通量の増加）に必要とする投資を行わないのであれば、これは渋滞を認容することを意味する。安全性の低下、環境に対するマイナスの影響の増大、交通のコストの増大も同様である」としている。

　このように「通行の安全を確保するため道路資産の保全」だけが優先されるべきというものではなく、交通網の「需要に見合った整備」も同じく、交通と関連性のない目標より優先するのだという。もし、以上のいずれの目標も並行して追求するのであれば、連邦予算の追加が必要である。道路工事にかかる資金を削減することは許されるべきではなかろう。環境問題に配慮するには追加投資が必要であり財政資金を要する。「交通需要に見合った整備」を行わないというのは、環境に配慮した投資政策とは対極のものであろう。「渋滞はコストを生み、排気ガスを出す」からである。

　連邦交通大臣はこれに対して、道路建設なり投資政策については、もっぱら交通需要に依存したものではないと強調した。むしろすでに存在している交通容量をよりよく活用するべきであるとする。さらに、地方部の開発やアクセスの向上のように、投資についてはその質的向上も考慮すべきであるとしている。交通安全、環境保全、エネルギーの節減についても同様である。現にある交通容量を、情報技術を活用して効果的に活用することが必要である。こうした技術を用いて、車両に対して個別にあるいは全体的に働きかけ、ひいては交通流

> をコントロールすることが可能なのである。
>   1986年の初めに連邦交通網計画1985は決定された。連邦交通大臣の見解によれば、これにより道路建設への資本の投下の方向が明らかに変わったという。すなわち、既存道路網を保全するという方向と鉄道を一層振興させるという方向とを関連させていくということである。

対して国土利用・形成計画や環境上の影響については、いまなお個別のプロジェクトのみを対象する調査しか行われていない。

第4次5カ年計画の事業進捗と財政支出

　[連邦長距離道路] 整備法では、需要計画は交通状況に見合うものに修正すべきか検査されることになっている。1985年末には3度目の検査が行われた。1981年と同様1986年に始まった計画によって、新規工事のうち緊要度が極めて高い新規道路に当てられることが可能であった約300億マルクの財源が、1986年に開始した事業費184億マルクのために制約を受けていた。重点事業は継続されていたため、難しい財政事情の中で調整が行われていた。第4次5カ年計画の予算総額は、1981年から1985年ではまだ320億マルクを保っていたのに対して310億マルクとなった。実際には、317億マルクが支出されており、これは第3次5カ年計画の支出額に相当した。この額から、将来のための投資計画の資金を含めて、248億5,000万マルクが連邦長距離道路に投下された。連邦アウトバーンと連邦道路とはそれぞれこの約半額を受領した。新規建設の支出はそれぞれ50％を超えていた。これで1986年から1990年に投下された投資資金は再び年平均50億マルクとなった。

　アウトバーン網はこの5年間で約8,350kmから約8,960kmに延伸した。走行車線延長は38,580kmに達した。連邦道路網については、890kmが新たに建設され、そのうち200kmは、4車線区間であった。新設区間の多くはバイパスであった。もっとも連邦道路は等級の見直しが再度行われその延長は30,860kmに減少した。うち2,910kmは3車線以上である。

7.3 路線設定の変化

ルート、換言すれば道路線形は、主に土木工学、交通技術、経済、環境の観点から決定される。ここ10年についてみると、その決定に際して重視される事項は幾度も変わってきた。路線決定は土地が建設に適しているか、工事に経済性があるかによって決まってくることが多かった。この場合重要視されたのは、例えば搬出土量を極力抑え、かつ、その搬送ルートも可能な限り短縮できることにあった。このため地質検査は、地盤が堅固で含有する水分も程良い場所を探し出すことを目的とするものとなっていた。岩石のある箇所や、地滑りの危険のある傾斜地は避けるべきであるとされた。しかし、大型機械が導入され、施工者は高い盛土・切土にためらわなくなった。また、切り盛りによって多量の土量が新設工事で生じても、機械化が進んだため、問題が大きくなるということはなくなった。

道路網が拡大しその密度が高まるにつれ、道路工事にも容易ならざる事情が生ずるようになってきた。地盤条件が良くない場合でも、これを容認せざるを得ないケースが頻繁になった。設計に際しては、湿原、河川区域、傾斜地、水源地、ブドウ畑などについて考慮しておくことが必要である。こうしたケースで「問題」が生じるのは例えば、建設に当てられることとなった用地の付近の将来の利用状況をめぐって紛争が生ずる場合である。事例として多かったのは、防音対策上、道路と住宅地との間に距離を置くことが必要とされているのに、設計段階ではこれが配慮されていないといったケースであった。路線選定の当初の検討項目に生態系やビオトープが挙げられるようになったのはその後しばらくしてのことである。こうしたことから遮音壁を設置せず、盛土を利用し、橋梁を長くし、高架で車線を通すようになっている。湿地も橋で通過している。

他の問題についても解決法が改善されている。ゴミの投棄場所を路線が通過する場合については、「緩い」

写真7-1　A8号線アイヒェルベルク付近の土工工事

写真7-2　A20号線シェーネベルク・ヴィスマール間のグリーンブリッジ

地盤を固める新技術を利用して問題が避けられた。住宅地の騒音問題は、通過部分を住宅地から離すことでは解決に至らない場合がある。近隣に保養地区をつくり、あるいは景観保護区間を設置して解決させることもある。道路の全面あるいは一部を覆う工法を採用し、あるいはトンネルを設置することによって道路の通過区間を住宅地に近づけることが可能となるケースもあった。また住宅地を通過させ、あるいはその地下をくぐらせるケースもあった。保護を要する動物の生息区域や植生区域を通過することが避けられない場合には、獣（けもの）道をつくっている。これでいわゆる「分断」の影響が和らげられる（相互に関連する規模の大きな生存圏が道路で二分され、あるいはそれ以上に分断されると動物が孤立し絶滅する可能性がある）。ビオトープが補完的に創られる場合もまれではない。ハンブルク＝ベルリン間のA24号線の建設に際して設置された広大な森林と草原地区が優れた事例である。水を引き、人工的な湿地のビオトープを造成したのである。それ以来ここは建設で失われた土地に代わる鶴の生息地になっている。

7．4　交通安全

　1984年に、3年をかけて作成された「ヘッヒェル委員会」の提案が、若干の修正を経て第二次交通安全計画に取り入れられた。委員会は交通安全対策予算が必要であることと、飛行機のフライトレコーダーに相当するも

7. 強まる交通部門の規制緩和の傾向（1982－1989）

のを車にも搭載することを計画で明らかにすることを求めたが、安全対策
予算額は固められず、装置の搭載についても計画には入らなかった。当時、
乗用車での死亡リスクは、1970年と比較して57％減少していた。乗用車利
用者の交通事故死者数は、いまや交通事故死亡者2人のうち1人となって
いた。こうした事情から、歩行者等の交通安全対策が必要となった。そこ
で「安全はあなたの経験とテクニックから」という交通安全運動のスロー
ガンが公にされた。交通安全技術の進展が見られなかったので、教育・啓
蒙に力を注がれることになった。交通安全対策上、特に3つの人的グルー
プが重点対象とされた。18歳から25歳までの「若年層」、特に子供と高齢
者を対象とする「交通弱者」、さらに車両に対しては弱者であり、歩行者
に対しては逆の立場となる「自転車利用者」がその3つである。

　他方で交通法規も再三の変更がなされた。自動車運転の初心者への「仮
免許」の交付、オートバイ利用者のための「等級別免許」とヘルメット着
用義務はここで挙げておきたい。交通安全対策は、上に挙げた交通事故の
リスクがもっとも高い3つのグループを念頭に置いたものであった。職業
運転手には責任感に大きく訴えるような広報が行われた。1984年の8月1
日からはシートベルトの非着用者には罰金が課せられるようになった。

　交通安全対策には、道路の建設段階でも積極的な取り組みが可能であっ
た。1984年の交通安全プログラムには、バイパスの建設が明記されていた。
連邦道路新設のために予定されていた投資資金の5分の4は、当初からバ
イパス建設に支出されていたのである。これにより市内の自転車利用者と
歩行者の安全性が大きく向上することになった。自転車道路の建設によっ
ても安全性は向上した。自転車道路の建設は、本来、連邦の所管ではな
かったが、これにより連邦道路の安全性を向上させることができた。1981
年から1999年までの間で、連邦は6,200kmに及ぶ自転車道路事業を実施し
た。これには総額で20億マルクを要した。2000年時点では、連邦道路に
並行した総延長約15,000kmの自転車道が完成している。次の重点項目は、
鉄道踏切の撤去である。踏切は連邦道路網から次々に消えつつある。

　連邦アウトバーンの分野でも安全対策に資金が投じられている。ジャン
クションが複雑な形状の場合は、これを改良して安全対策を施した。車両
の走行はもはや車任せにはせず、むしろ積極的にコントロールするような
試みがなされている。これには可変の標識が有用でその設置数は増加して

155

いる。渋滞情報や霧情報の提供装置も設置されている。凍結によるスリップ注意を知らせるものも特に危険な区間に設置されている。

　自動車教習の現場でも予防教育が行われるようになっている。新しい教習指導員規則や、試験規則、教習場所や教習資料に関する規則には、教習生が集中的に実践的な教育を受けられるよう定めが置かれている。1984年の交通安全プログラムでは、次のように重要部分にさらに変更が加えられている。

- 危険に関することや、主だった事故の状況に関することを、理論の試験だけでなく、実技試験においても取り入れること。
- アウトバーンでの教習を義務づけること。
- 長距離のオフロード走行を修得させること。
- オフロード走行については夜間運転を重要項目として取り入れることとし、これは、オートバイについても同様とすること。
- オートバイ教習の内容と最低履修時間の引き上げを行うこと。
- 教習員資格取得の難易度を高めること。

　1989年7月4日に現行法規違反に対する制裁規定が発効した。これは、連邦全域で適用されもので、長いこと議論になっていたものである。この規定は「罰金カタログ（BkatV）」と呼ばれるもので、罰金額と運行禁止措置を含む行政刑を統一的に運用するものとなっている。違反行為のケースが非常に多いもの、すなわち不注意のケースや日常的に行われる違反行為は罰金が80から450マルクの対象として規定されている。

写真7-3　プラスティックバリアの衝突実験

写真7-4　視覚(SICHT)が『無くなる(weg＝ヴェック)』ガス(GAS)のかかった『道(Weg＝ヴェーク)』というドイツ語を掛けたポスター

7. 強まる交通部門の規制緩和の傾向（1982－1989）

　特に重大な違反行為については、当局は、1カ月から3カ月の運転禁止措置を取ることが可能となった。これは、交通法規を順守させるための見せしめとなり、有効な手段であるということが次年度以降明らかになっていった。とはいえ、運転手が正しく運転するかは、罰金の高さだけが圧力となっているわけではない。少なくとも同じように重要なこと、あるいは運転に影響を及ぼす可能性があるのは、法規違反に引っかかるかもしれないという可能性なのである。

危険物

　1982年から1984年に発生した危険物輸送事故については、そのすべてについて調査が行われた。この調査結果に基づいて、安全性向上のため次の措置がとられることとなった。
・タンク車の後部と側面の防護強化
・輸送許可を必要とする危険物リストの拡大
・危険物輸送を鉄道もしくは水路によりシフトさせ、特にマルチモーダルな輸送を強化すること。
　1987年に発生したヘルボルンでのタンク事故[37]の後、1989年からは次の措置がとられるようになった。
・一定の引火性の液体を特に危険な物に指定
・運転手の教育を改善。輸送に大きな関係を有する荷主と運送業者による運転手の教育の実施。運転車の教習の再履期限を3年に短縮する。この履修項目に「バラ積み」と「梱包商品の搬送」を入れる。
・車両装置のタンクの安定性等の技術的改善
　重量貨物車や危険物輸送車用のルートマップが出された。これは経路選択上重要なものであった。これにはドイツ国内で定められた危険物輸送禁止区間や急勾配の区間が示されており、1989年に連邦交通省が発行した。
　この地図（縮尺＝15万分の1）を見て、車両運行者は出発前にリスクのある区間を避け、適切なルートを選択することができる。
　すでに1985年には危険物輸送審議会が設置されていた。この審議会は専

---

37) フランクフルトから北約80キロにある町で、燃料用油34,000ℓを積載したタンク車が横転し、死者6名、重傷者28名を出す火災が発生した。70mの火柱が立ったという。

写真 7-5 危険物事故と危険物のマーク

門家と関係経済団体の代表者からなり、危険物輸送に関する法規が出される前にヒアリングが行われた。

　民間の活動が連邦交通省に影響を与えたことをここで言及しておきたい。民間団体である化学工業連合会、化学事業・鉱油経済連盟がドイツ連邦鉄道と協力協定を結んだのである。この協定の目的は、基本的には自由意志に任せるものとはいえ、危険物の輸送は安全性と経済性が確保できるものである限り、可能な限り鉄道輸送により行おうとするものであった。

7.5　交通計画と交通技術

交通計画

　来たる80年代の新たな10年間の交通政策の目標は、環境への影響を最低限に抑えるということであるとされていた。その実現のためには、交通需要、すなわち交通行動に積極的に働きかけることが必要である。これは容易に聞こえるが、交通計画に従事する者にとっては非常な難問であった。いったん身についた行動様式は容易には変えられないからである。

　そこで最終的に考え出されたのは、「穏やかな情報によるキャンペーン」である。これはその終局的な目標を、交通に参画する者の行動を環境の視点から変えていくことに置くものであった。「バラ色の週末」というス

7. 強まる交通部門の規制緩和の傾向（1982−1989）

ローガンを用いたり、アウトバーンでの適正な速度走行や、静かな走行を要請するといったことがそのキャンペーンの事例である。

　このキャンペーンによって、個人の行動を変えていくことについては成功を収めることができたが、モータリゼーションの進行は持続し、80年代末ごろになっても国民の交通需要は増大する一方であった。それもおよそ想定され得なかったような増加率を示したのである。これは地方で生じている問題とも、また、ほかに考えられていた解決策とも無関係のようであった。

　インフラ整備の計画についても状況は同様であった。資金の配分のゆとりは狭くなっていた。資金は窮屈になる一方だったのである。地方部での反対運動は広範囲に広がり、規模も拡大していった。こうした状況から交通計画はその基本に据えた「道路網全体の整備」という構想と決別することが必要になった。当面処理すべき課題は、ごくわずかな新規事業と既存道路の整備ということになった。

交通技術

　1980年代には、交通施設の設計の分野——特に道路建設——においては基本的な変革が行われた。詳細な分析を経て1979・80年には、新たな設計方針が出された。この方針では周辺地域からの交通の流入が考慮されている。1988年には、「道路交通網 RAS-N の機能的分類に関する指針」により道路の種類別等級区分と区分別設計指針ができあがった（図7−4参照）。ここでの道路区分は次の基本的要素をもとに定められる。

・連結機能等級（I-VI）　　交通機能と道路の重要度
・地域特性と周辺環境（A-E）　　道路の都市建設上の意義と機能

　今や設計上重要になったのは道路空間形成と環境適合性である。これまで通行機能の視点から用いられてきた尺度であった車両通行の円滑性は、逆にその重要性が減ずることになった。これまで分野別に用いられてきた線形設計、横断設計、インターチェンジ・ジャンクションの設計に関する設計指針は、類似する道路を対象とする新世代の統一指針に次第にその場所を譲っていった。郊外の道路については、道路種別にそった設計はRAS-Q-82で初めて用いられるようになった。1988年に平面接続のインターチェンジに関する統一的設計指針が出されて、ようやく道路種別をベースとした最終的な設計指針が整うことになった。また、車両の動きを前提に

連結機能のレベル			カテゴリーグループ				
内　容	レベル	A	B	C	D	E
大都市間の接続	I	AI	BI	CI	認容不可	
中核都市間の接続	II	AII	BII	CII	DII	認容不可
地方都市間の接続	III	AIII	BIII	CIII	DIII	EIII
中小自治体地域間の接続	IV	AIV	BIV	CIV	DIV	EIV
土地間の接続	V	AV	─	─	DV	EV
各世帯・事務所等との接続	VI	AVI	─	─	─	EVI

認容不可　　問題あり　　─ 存在せず

図7-4　道路の接続機能と道路カテゴリーのマトリックス

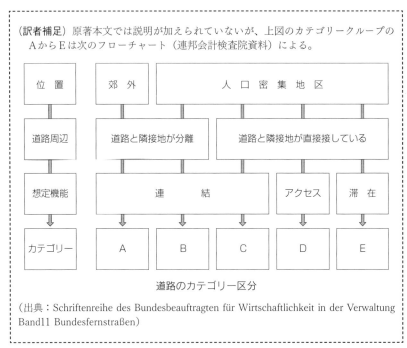

（訳者補足）原著本文では説明が加えられていないが、上図のカテゴリーグループのAからEは次のフローチャート（連邦会計検査院資料）による。

道路のカテゴリー区分

（出典：Schriftenreihe des Bundesbeauftragten für Wirtschaftlichkeit in der Verwaltung Band11 Bundesfernstraßen）

　設計に「修正を加えていく」という方向の考え方ではなく、交通誘導を行うことを前提として、インターチェンジでのコントロール可能な走行速度を技術的に算定し、これを基礎に設計していくことが設計指針で明文化された。設計指針では、その後、交通結節点に関する構成要素は、流入交通量、形状、通行空間のカテゴリーに基づいて様々に取り扱われている。

　市内の道路設計についても、その基本的な考え方には上述のような大き

7. 強まる交通部門の規制緩和の傾向（1982－1989）

な変化があり、郊外に関係する交通計画とも関連して論争があった。以前は、長距離道路の市町村の地域通過区間となる自治体の道路が、長距離道路の需要にあわせて優先的に建設されるのが通例であった。地域交通が広域交通に左右されていたということである。走行調査の結果、余りに速い速度で走行する「トラック」が郊外の居住区に出現し、横断もままならなくなっていたことがわかった。今や人々は長距離交通と近距離交通の利害を慎重に比較衡量するようになった。この新しい哲学の特徴は、「交通空間を全体的観点から設計すること」である。これは、従前の都市の建設をベースとした旧来の「専門家の道路設計」と対極をなすものである。今や最上位の目標は、利用者のすべてが道路を適切に使用することが可能であること、そして、道路をそれぞれの地域と融合させることなのである。ここでいう道路利用者には、走行・運搬・停止中のトラック、公共輸送機関、歩行者、自転車利用者、遊んでいる子供たちが含まれる。また周辺地域は、可能な限り緑化しまた静謐にすべきである。同時に道路網は、いくつかの前提条件を満たしていなければならない。沿道住民が、財の供給や廃棄物の処理、さらにはかさばるものの搬入などが戸口で行うことが可能なこともそうした条件の１つである。車両を所有する世帯についていえば、住居の近くに駐車スペースがあることも当然の要求である。

　道路空間の設計に以上のような要求が満たされるには、交通技術者と他の分野の専門家との緊密な協力が必要である。市内の建設工事との関連で特に問題の生じやすい道路周辺については、こうした協力によって――景観保全にかかる設計案の取扱いに準じて――市街地における道路空間形成案ESG87/96に沿った「都市構築に関する専門的覚え書き」にたどり着いている。新しい設計指針は、道路空間の設計が全体的なものとなるような方式を定めている。このためには道路の利用とそれに伴う社会、経済、環境に及ぼす影響とが両立しバランスのとれたものとなっていることが必要である。この関係では、「接続道路施設に関する勧告（EAE85/95）」並びに「主要幹線道路施設に関する勧告（EAHV93）」が有用である。以上の指針は、当時は通常、設計上の要素とされていなかったり、あるいは当時としては新しい要素であったものを取り入れることを認めるものであった。これには次のようなものがある。

・流動島
・ボンエルフ

写真7-6　1964年には「緑地」にショッピングセンターが出現した。

・資材の変更
・道路わきの空間の拡大
・新しい形態の駐車場、配達中の停車場所
・住宅地進入路の形態の変更

7.6　国土利用・形成計画と環境

国土利用・形成計画

　政治、経済、空間の尺度が大きくなっていった。これは都市部と地方部の連携や道路網にも影響が及ぶものであった。同時に国土利用・形成計画の持つ影響力が失われた。このためその力点は——交通計画と同様に——環境保護に置かれるようになった。さらに国土形成計画は、地方各地の個別の専門計画を調整しまとめるという方向に進むようになった。こうして国全体の国土形成計画を政府が自らの役目として行う姿勢からは脱却がなされることになった。以上は「国土利用・形成計画の重点事業（1986年）」にも反映されている。これは、国土形成上の重要な事業の枠組みについて連邦の全所管官庁の計画が記されたものとなっているのである。

　中心点と軸という形態の交通網という考え方は70年代から賛否が戦わされることが多くなっていた。しかし、その望ましい形状の交通網が現れる

7. 強まる交通部門の規制緩和の傾向（1982 – 1989）

ことも、またそうした方向への発展を見ることもないまま、乗用車による
移動が大勢を占めるようになり、居住地域が平面的に広がるとともに、中
心というものが失われるという変化が生じた。自動車会社、放送局、電話
会社といった市場の動向を見据えた企業は、都市中心部を頂点とする地域
の序列に縛られないことが多くなった。換言すると、市民の交通移動がよ
り円滑になり、また、市民への情報提供が増大するにつれて、中心という
ものが以前ほど重要性を持たなくなった。このため、中心として小さいと
か、中心から離れているという特徴は、「値札」とならなくなったのであ
る。人々は一番近い中規模都市にいくのではなく、都市のはずれにある
ショッピングセンター、大規模映画館、大きなディスコ、大規模な多目的
ホール、温泉、多種多様なテーマパークへと足を運ぶのである。

環境問題

　1970年代の終わりには、環境政策の改善の波はドイツ全土に及び尽くし
た。今度はこれを現実に実行する段であった。環境に関する諸原則が打ち
立てられた時に増して、論争が起き、長引くことになった。経済界はとり
わけ、もともとの原則の多くに反対であった。市民も専門家も従前と異
なり、環境保全が経済成長の妨げになっていると見るようなった。それで
もなお交通との関係では、連邦レベルで重要な規定がいくつか決定された。
ディーゼル燃料の硫黄分の制限に関する第3次連邦公害防止規定がその1
つである。

　専門担当官は、関連規定に対応する詳細規定を作り、あわせてその環境
政策上の解説も著している。上述した事情もあるため、きわめて広範囲に
わたる要求事項に合わせた詳細な規定を作り上げることとなった。「連邦
長距離道建設における環境及び景観保全にかかる検討事項に関する指示書
(HMLS87)」は、一定事業を環境に馴染むよう計画するうえできわめて重
要であった。連邦交通省は1999年に、この改訂版を出している。同指示書
には、設計に関するどの解説を個々の設計段階における環境問題について
適用し、あるいは参考とすべきかが記されている。また、路線決定と計画
確定決定手続における景観保全に関する付帯計画（LBP）との関連で環境
影響評価（UVS）の意味を定義づけている。景観保全に関する付帯計画の
もっとも重要な役割は、道路の設計を巡る紛争をできるだけ減らし、不可

163

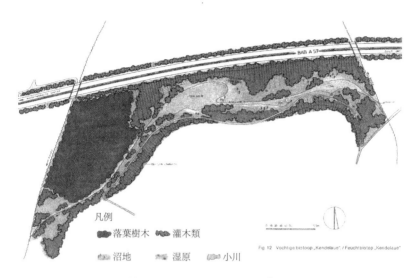

図7-5　A57号線ケンデラウ付近のビオトープの計画図（1985年）
（口絵13頁参照）

避であった環境への侵害が環境保全の観点から埋め合わせがなされたと認められる方策を作り上げることにある。

「道路設計にかかる環境影響評価に関する公報（MUVS）」により「連邦道路の工事にかかる環境及び景観保全の検討に関する指示書（HNL）」の枠組みが整えられた。同時に1985年に出された欧州共同体の環境影響評価に関する指針との関連も明らかにされた。上述の公報（MUVS）には、路線決定の際に必要とされる環境影響評価上の手続きと専門的要求事項とが記載されている。環境影響評価の中には「現地感度分析」がある。この分析により、土地の利用（通行、住宅、余暇医療、自然保護地区）の競合により紛争が生ずることが比較的少ないルートが選択されることが期待されている。また、ルート選定がもたらす効果とリスクやルート案の相互比較も分析の対象となる。これは問題を回避する可能性を明確にすることが目的である。このような方式により、計画担当者は早期の段階で問題を取り除くことができる。環境影響評価の内容の一部分が計画の当初の段階で検討されるわけである。特に、地域の分断や騒音によるマイナスの影響を避けようとするケースがこれである。

8．ドイツ民主共和国（旧東ドイツ）の道路

8．1　戦争終了時点の状況（1945年から1949年まで）

　第二次世界大戦終了後、当時のソ連占領地区（SBZ＝sowjetische Besatzungszone）の道路網の状態は、英米仏占領地区の状況以上に劣悪であった。1945年の夏に1,000kmを超えるアウトバーンと道路橋は通行不能であった。爆弾や手榴弾によって破壊された道路は広範囲に及んでおり、ほかにも別の武器で損傷を受けた部分があった。交通網の機能低下は、経済をほとんど麻痺状態に陥れていた。交通網の主要部分の仮復旧が喫緊の課題であった。

　ソ連占領地区、すなわち後の東ドイツは、政治経済的に西ドイツとは異なった道を歩んだことから、この第8章で取り扱うことができるのは、道路網の状況と国家の指導に直接関連する問題だけである。本書の第2章から第7章に記したように、西ドイツ内において様々な側面の動きが連邦長距離道路の整備の態様や規模に決定的な影響を及ぼしていた。同じく、東ドイツにおいても道路建設を巡る状況は変動していた。こうした状況の要因となっていたものには、資金の確保、資材、建設機械の確保、交通安全・交通計画・交通技術の発展、あるいは国土利用・形成計画に対する異なった要求といったことがあった。国際的な状況や環境保全といったことも東ドイツに痕跡を留めずに通り過ぎていくということはなかった。それどころか、社会の前提条件が、こうした影響をいっそう強めることとなったのである。本書では、こうした点については言及していない。

写真8-1　オーダーハーベル運河（エーベルスヴァルデ付近）のA11号線の橋梁

「ソ連ドイツ軍政局」の交通部（SMAD＝Transportabteilung der "Sowjetischen Militäradminstration）の命令によって、1945年8月に「総合交通局」が同軍政局に設置された。9月には総合交通局は「自動車・道路総局」に拡大改編された。これに併せてベルリンにあった帝国アウトバーン総局は廃止された。アウトバーン総局の動産・不動産は同総局が引き継いだ。アウトバーン施設の維持管理は、1945年10月に担当州政府に移転した。12月11日の軍政局令第167号により最終的に、自動車・道路総局に、道路部門の業務を遂行するすべての組織に対する専門的指導と監督を行う部局としての権限が与えられた。道路工事の内容、その指導、管理は、州ないしその他の自治体に委ねられた。予算措置も同様であった。

　軍政局は、ブランデンブルグ、メックレンブルク、ザクセン、ザクセン・アンハルトの各州に州政府を設置した。いずれの州にも、軍政局の高官が送られ、道路施設の復旧担当組織の監督を担った。これは特に橋梁がその対象となった。

　この「自動車・道路総局」は、1948年5月に設置された「ソ連占領地区ドイツ経済委員会（DWK＝Deutsche Wirtschaftskommision für die sowjetische Besatzungszone）」

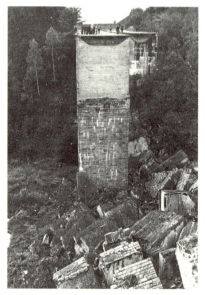

写真8-2　ザール川（エルベ河支流）ヒルシュベルク付近Ａ9号線の橋梁

の交通部に組織替えされた。橋梁の状態は特に問題であったので、自動車・道路総局には橋梁について強い権限を有する橋梁課を含む道路部が設置されていた。橋梁課は、重要案件となっている戦争で破壊された大規模橋梁の復旧について各州の支援に当たった。ハレに設置された橋梁建設局は、最初の数年間は復旧工事の設計に取り組んだ。ベルリンの軍政総局には特別の専門部局があった。これは、工期の遵守に特に力を注いでいた。工事進捗を同局に定期的に報告することが義務づけられていた。

　1948年末には、道路管理が機能するだけの大方の条件が整った。州の

道路部局は、かなり広範囲の地域に道路管理事務所を置いて、道路管理員、道路管理員補助者に活動させることが可能となった。州の道路部局は２つの組織の下に位置していた。１つは各州の経済省自動車総局の道路部であり、もう１つはソ連占領地区ドイツ経済委員会であった。

　恒常的な労働力不足が大きな問題であった。管理事務所長の中には、以前炭坑の鉱夫長であったり、建設工事の現場監督であった者がいた。その中には、よその地域から移ってきた者もいた。道路管理員は工事作業員であった。その補助員には、職種の異なる労働者が投入されることが普通であった。

８．２　1949年以降の構造的変化

道路の管理

　1949年10月７日にドイツ民主共和国（東ドイツ）が成立し憲法が発効した。この時点で、州には道路管理部局が大方設置されていた。管理事務所の設置も同様であった。州の道路部局は２つの組織のもとにあった。１つは州政府の専門部局であり、もう１つは国家中央レベルの「自動車・道路総局」であった。後者は、1949年から1953年にかけて、交通省のもとに置かれるようになった。その後この業務は、「国家道路自動車交通総局」が行うようになったが、最終的には1955年６月から東ドイツ交通省道路総局（HVSW＝Hauptverwaltung des Straßenwens）の所管となった。憲法第124条にしたがい、従前の帝国アウトバーン、帝国道路ならびに長距離交通用のその他の道路はすべて共和国管理下に入った。

　州政府の道路所管部局は設計事務所を——通常州政府所在地に——に設置した。1951年には、州道路建設監督局の名称は道路監督局[38]となった。もっとも実施業務内容に変更はなかった。

　1952年、社会主義統一党の第２回党大会が開催され、「社会主義の計画的建設」が決議された。この党大会を受けて５つの州からなる連邦制度は解体されて、これにかわって14の地区（Bezirk）ができた。これによって中

38）州は1952年に解体されたため、州に対応する組織は以下のページに示される東ドイツの道路管理・建設組織図（図8−1と8−2）のいずれにも明示されていない。

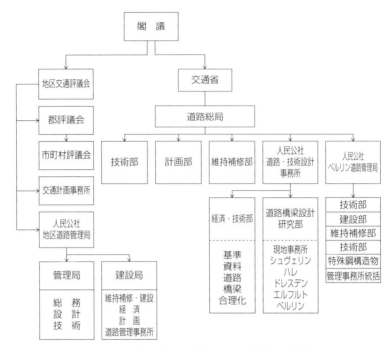

図8−1　1965年頃から1989年までの道路行政組織

央での決定事項は容易に実施されるようになった。ドイツ民主共和国の建設途上におけるこの大きな変更によって道路監督の所管も部分的に変更されて、1953年には「国立道路管理会社[39)](SSUB＝Staatliche Straßenunterhaltungsbetriebe)」ができた。しかし1956年至るまで道路総局が依然業務を率いていた。道路工事の監督については、地区の直属の管轄下にある国家道路工事監督局(SBA＝Staatliche Straßenbauaufsichtsämter)が権限を有していた。

　時間の経過とともに、道路部門が所管する設計事務所から、すぐれた「道路技術設計事務所(EIBS＝Entwurfs- und Ingenieurbüro der Straßenwesens)」が育った。この事務所は独立した組織として活動していたが、交通省の道路総局(HVSW)の配下にあった。しかしながら道路総局の技術設計事務所

---

39) 同社については、本書 p.169にも言及が再度あるが、道路管理・建設組織図（図8−1と8−2）のいずれにも記載がない。これは、この組織図が若干時代を下ったものであるためと思われる。また、本ページにいう SBA は、図8−2道路建設監督局に対応する組織と考えられる（直接の言及はない）。

8. ドイツ民主共和国（旧東ドイツ）の道路

に対する影響力はかなり減少していた。こうして、図8-1に示すような構図ができあがった。その大半は1989年までこのままであった。

大都市では、道路管理局が設置された。小規模の自治体でも同様の組織が設置された。都市とその他自治体とでは、道路管理局の態様とその業務遂行能力には、1989年に至るまでかなりの開きがあった。小規模自治体は、例えば自治体道路の認定に非常に及び腰であった。自治体によっては全く認定をしなかったところさえある。こうした自治体では、道路等級が「州道のII」の道路より下位の全道路に対して担当者が1人か2人であった。この担当者は、国立道路管理会社（SSUB）の支援をよりどころに活動していたが、後には地区の道路管理局、特に管理事務所の支援を多く受けるようになった。

道路建設体制の展開

州に代わって地区が設置された後、道路総局は建設事業を目的とした道路建設人民公社を設置するようになった。公社は、大規模な道路工事を実施するためのものであった。1965年には道路建設人民公社を建設省の所管とした。1967年には、人民公社はアウトバーン建設コンビナート（ABK＝Autobahnbaukombinat）とまとめられた。同コンビナートはその後拡大され、アウトバーンの大規模な整備や新設の実施に当たった。

地区では、「交通・土木コンビナート人民公社」が設置された。この公社は、標準的な道路、橋梁、埋設管工事を行うこととされた。以上の工事は、比較的大きな都市で行われた（図8-2参照）。呼称は必ずしも統一性のあるものではなかった（例：ベルリン土木人民公社）。

国立道路管理会社には、道路維持部とともに道路工事部と橋梁工事部とが設置された。その規模は異なるものであった。同社は地区内の維持補修業務を主に実施していた。その後同社は道路建設監督局と統合されて、人民公社地区道路管理局と呼ばれるようになった（図8-1参照）。

道路建設従事者の教育制度は、比較的規模の大きなものであった。グライスヴァルト、ポツダム、ツヴィカウの企業勤務者学校（付属寮があった）では、道路工事専門従事者、建設機械作業従事者、コンクリート技術者、建築作業員が養成された。履修完了者は、国立道路管理会社やアウトバーンコンビナート人民公社に入社した。地区の都市の交通土木コンビナートは付属職業学校を有し、専門教育を行っていた。

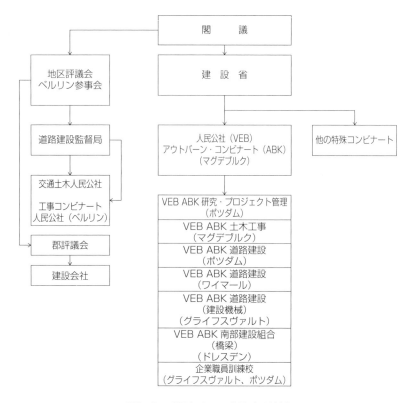

図8-2　1989年までの道路建設体制

　熟練工の養成の教育には特別校（テクニカ）があり、これは建設省の所管であった。以上の職業教育施設は、道路管理事務所長の養成にも当てられていた。
　50年代の始め、シュレジンゲン（テューリンゲン州）に、道路技師学校が開設された。この学校には、能力と意欲のある専門技術者が送り込まれた。後に彼らは、その卒業生として企業の様々な分野で活躍することになった。この学校は後日閉校となったが、コトブスとヴィスマール建設技術者養成所とドレスデンの交通技術学校が教育活動を引き継いだ。当時ドレスデンのフリードリッヒ・リスト交通大学の交通施設建設部が大卒技術者を多く輩出していたが、ライプツィヒの建設大学、ワイマールの建築大学でも技術者を送り出していた。

8. ドイツ民主共和国（旧東ドイツ）の道路

1960年から、ライプツィヒでは「道路工事の現況と課題」という会議が毎年開催されるようになった。同会議は東ドイツの技術連合会、エンジニア協会の後援によるものであった。会議は、道路部局と密な調整を行って進められた。ドレスデンのフリードリッヒ・リスト交通大学が開催した交通技術会議は、この会議の目玉であった。それは、その会議には、例年西ドイツの大学教員が招待されており、その教員による講演によってこの会議の水準が左右されたし、また東ドイツ側の関係者との意見交換も行うことが通例となっていたためである。

コラム 13

世界道路会議 WRA/PIARC

90年以上にわたって、世界規模での道路関係部局間の意見交換の場が存続している。これが世界道路協会（Word Road Association WRA）である。1977年までは、常設国際道路会議（PIARC）と呼ばれていた。同年からは、この旧称は、サブ名称となっている[40]。

PIARC は、事務局所在地をパリとして1909年に創設された。参加国は115カ国であった。世界道路協会は、世界的規模で知見を交換し、道路分野における重要な技術がすべて実際に使用されるような取り組みを行った。活動は20の委員会を通して行われ、世界会議が4年ごとに開催された。

95の国々が、道路部局の最上級組織から代表を送っていた。この道路関連組織が、同時に、交通部門の最上級組織となっている場合がその大半であった。理事長と20人の理事をもって理事会を構成して意見交換を進め、また世界会議の準備に当たった。西欧で積極的にこの組織運営にかかわったのはベルギー、フランス、ドイツ、イタリア、スペイン、スウェーデン、スイス、それにイギリスであった。中欧、東欧諸国からは、ロシアとハンガリーが理事会に代表を送っていた。世界道路協会は、専門家に報告書の作成を依頼し、これは会議や雑誌「道路」で公表された。さらに同協会は、OECD、世界銀行その他の組織とも協力関係を結んでいる。

世界道路協会に相対する産業界側の組織は、ジュネーブとワシントンに本部を置く「国際道路連盟」である。これには世界中の道路建設事業者が参加している。

40）日本では PIARC と呼ばれるのが普通である。

171

1949年にモスクワで設立された社会主義国の経済組織である「相互経済協力会議」の活動にあわせ、1961年からは、4年から5年の間隔で「道路専門家会議」が開催されるようになった。会議では相互経済協力会議参加国間で経済・技術的事項に関して意見交換が行われていた。これが研究事項の検討へと繋がっていった。さらに、話題となっているテーマに関する各国の報告がドイツ語とロシア語で出されていた。この会議は、80人から120人の小規模のグループで行われたことから、道路部局の担当者同士の接触や大学教員間の情報交換も進むことになった。

　東ドイツが国連に加盟してからは、東西ドイツの専門家レベルの接触が容易になった。技術連合会からの申請を通じて、東ドイツは、現在の世界道路協会に加入することができた。その後、東ドイツは、ドイツの再統一まで独立した1メンバーとして「世界道路会議」に参加した。もっとも東西ドイツはその評判では西ドイツが勝っていた。世界道路会議が発行した会報には、1973年の第4号に「西ドイツにおける道路とアウトバーン」という長文の論文が掲載されていた。

8．3　発展の可能性とその限界

建設資金、工事実施と中断

　道路関連事業に支出する資金は東ドイツ政府の予算に基づいて割り当てられた。アウトバーン関連予算は、交通省が中心となって管理していた。そのほかの道路関係の資金は、各地区の評議会によって長距離・近距離交通道路事業に割り当てられた。しかし、工事担当者側からは、用立てられた予算以上の要求が出されるのが普通であった。

　橋梁と大規模な道路工事については、その必要性が認められたものがリストに載せられていた。これは、1956年までの予算基準にしたがって確定されていたものである。優先度が低いとの評価を受けた事業、例えばバイパス事業等については財源難のため、10年以上も実施が延期されることがしばしばであった。これは関係資料が整っていた事業でも同様であった。

　1945〜1953年、54年頃までの間は、未だに「入札規則（VOB）」に従った指名競争入札に基づいて工事が実施された。橋梁の架け替え工事が非常

8. ドイツ民主共和国（旧東ドイツ）の道路

に複雑で特定企業間でしか競争にならない場合には、随意契約が行われることもあった。発注者側は基本的に、稀少で割り当てが少ない建設用資材とプラント（ボート等も含む）を用意しておくことが必要とされた。

1953〜54年から、当初は道路建設監督局のもとで、後には国立道路管理会社のもとで道路と比較的小規模な橋梁の補修工事が行われた。小規模の道路管理行政組織は、発注者と受注者の両方の役割を担っていた。国立道路管理会社内の組織は詳細な算定データをもとに入札を行い——修正があれば修正完了後——契約を締結した。工事監督、引き受け、精算を並行する２つの部が引き続いて実施していった。主観的影響を完全に拭い去ることはできなかった。

橋梁と道路部門の工事の相当量は、建設投資に当たる部分であった。これも、地区評議会の交通部が担当とされていた。交通部は公募入札に加え監査と工事完成物の引き取りまでを実施した。投資担当部門は、工事監督官の養成もその業務にされていた。

1956年まで、エンジニアと技師長にはかなりの権限が与えられていた。建設費の積算と精算の客観性を保つことに大きな責任を負っていた。1956年に、いわゆる「定額公示価格」（構造物のメンテナンスについても同じ）が導入された。これは工事目的物よって生ずる工事条件の相違を無視するものであった。これによって価額と産出額の比率に歪みがもたらされることになった。

国立道路管理会社は、バランスシートの作成や新規投資の根拠となる減価償却の根拠付けをほとんどの場合に放棄してしまった。自らの投資基金を作ることなどは論外であった。これとは逆に、年の初めにはどれだけの利益が実現するか、どれだけの予算を準備するかを中央が公式に決定した。そのうえ、個々の企業体に供給される資金は余りに少なかった。こうした事情は、回り回って維持修繕に余りに多くの資金が投入されなければならないという結果を招いた。こうして国立道路管理会社の運営は経済性とは関係のないものとなった。窮余の策として、道路施設を新しいものに換えていくのではなく、資金的な援助が得られることを理由に修理改良でしのいでいくという方向にことは進んだのである。

個々の企業の業績については、1956年以降国立道路管理会社が算定を行っている。この算定では、労働者１人当たりの年間平均出来高を労働生

写真8-3　コンクリートフィニッシャーの導入

（訳者補足）上の文字は資材搬入の意味

産性の尺度としている。これだと、資材をより多く使用する仕事がより高く評価されることになる。こうして休憩施設の手入れや、管理は、見る間にいい加減になって行った。

アウトバーン建設監督局——後のアウトバーン管理局——がベルリンですべてを握っていたアウトバーンの建設は、以上とは逆であった。同局は交通省の委託を受け、予算措置、会計処理（建設の上限設定、資材の手当）、完成区間の引き取り、事業の精算を中心となって行っていた。割り当てられた予算をもとに、工事契約が局とアウトバーンコンビナート人民公社との間で締結された。中央の決定事項（アウトバーン、長距離道路、国境地区の道路）のうち500万マルク以上のものについては、国家計画委員会（SPK＝Staatliche Plankommision）の同意があったときのみにしか実施することが許されていなかった。交通省が工事を実施しようとした場合には、資金と権限を得るには多大の労力を要した。この場合には建設省も関わっていた。最終権限は、ドイツ社会主義統一党政治局の財務、建設、交通の各局長にあった。さらに、中央から持ち出された問題を最初に処理することが義務づけられていたことも問題を難しくしていた。当然にして出てくる道路の維持補修や道路網の拡大といった計画は先延ばしされることが多かったのには、こうした理由があった。例えば、輸送路の「障害を除去するため」1961年に「国境沿い」のアイゼナッハに5,000人の労働者、大量の輸送車、建設用機械器具が集中的に投下されたという事例がある。その目的は、延長14kmの鉄道区間と10kmの道路区間を工事が地形的に難しい地域に最短期間で新設しようとするものであっが、その理由は、現行区間が西ドイツ地域を幾度も通過しているということだったのである。

資金調達に特別の手法が用いられる建設区間もあった。この区間の工事は西ドイツ側にとっても非常に関心が高いものであった。すでに1964年に、両ドイツの代表者間で国境地域に所在する道路と戦争で破壊されたヒル

8. ドイツ民主共和国（旧東ドイツ）の道路

写真8-4　西ドイツの資金による橋梁再建に関する両ドイツ政府の合意を伝えるドイツ社会主義統一党の機関紙の記事。

（訳者補足）写真右上方に「Grenze ＝国境」の文字がある。点線は東西国境を示す。

シュベルク近郊（A9号）のザーレアウトバーン橋の復旧工事について合意が成立していた。工事区間の多くが東ドイツ地域に所在していたが、西ベルリンへの通過が容易になるよう復旧工事費用の全額を西ドイツが負担することとなったのである。道路の工事実施、技術検査、維持補修は東ドイツ交通省が所管した。同様の手法は、後に西ベルリンと西ドイツを結ぶ道路の拡幅、新設の際にも適用された。

建設資材の供給

　道路と橋梁用の建設資材はすべて配給となっていた。道路工事に割り当てられた資材、特に道路工事用の砂利の供給は、需要に遠く及ばなかった。
　ポットホールの補修には、当初は砕石、粘性砂利と簡単な道具で補修していた。走行車線の表層の損傷がひどい場合には、表層を広範囲にわたってはがし、粘性砂利と砕石で覆って修復した。1950年代の初めはこの補修方法が主流であった。このようにして補修された表層部分のメンテナンスにはかなりの手作業が必要であった。このため交通量の増大とともに、2～3 kmに作業員1人が割り当てられた。この時代には、潜在労働力があったため、質の高い作業員は問題なく確保することができた。補修用の資材も十分であった。というのは戦争直後のことであり、道路沿いには莫大な瓦礫があったのである。その大半は草に覆われていた。
　瓦礫がより多く必要な場合には、考えておかなければならないことが

写真8-5　コンクリートフィニッシャー（稼働中）

あった。それはドイツ帝国鉄道の輸送力に限界があり、その運行がまばらだったということである。このため建設用資材をため込むという事態が生じた。このような企業行動は、ベルリンの壁が崩壊するまで続いた。これは工事の最盛期に労働力と資材とを継続して確保できるようにするために不可欠だったのである。

1951年以降からは東ドイツで補修に瀝青材が使用できるようになったため、良質の砕石の需要が次第に高まるようになった。しかし実際の割り当てでは需要の15％から20％しかまかなわれなかった。こうしてまた、他の経済部門と同様に、恒常的に資材が不足し、自給に迫られた。例えば東ドイツの北部の国立道路管理会社は、折を見て労働者をザクセン地方の採石場に送り、会社が必要とする砕石の生産に当たらせた。このような「自らの率先した作業」によって資材不足のかなりの部分を埋め合わせられた。こうしたやり方は1989年に至るまで残っているところがあった。これはコストがかかり、砕石1トン当たり3.5マルクにまでなったが、道路状況にはプラスとなったので良しとされていた。

1950年ごろ、褐炭からタールを製造し、道路工事用結合材に用いることが試みられた。試行は当初は失敗に終わった。粘性がきわめて低くもろいのである。これでは大きな後退である。結合材にタールと輸入瀝青材を少量加えることで試みはようやく成功した。1952・53年までには、舗装面と路床混合材に用いる結合材が製造できるようになった。稀少な道路用タールは、砕石（3～8mm）混合材による表層舗装（仕上げ）に用いられた。東ドイツが瀝青の輸入とオーデル（Oder）河沿岸のシュヴェット石油加工施設で石油蒸留を許可して、標準的な道路工事用アスファルトと瀝青乳化剤の製造は増加した。これによりアスファルト舗装は以前より著しく増加させることも可能となり、また補修にアスファルトが使用できるようになった。70年代末に当局は、石油危機を理由に瀝青の使用を抑制した。1977年、政府は瀝青の割り当てを60％削減し、1982年までその制限より厳しいもの

8. ドイツ民主共和国（旧東ドイツ）の道路

にしていった。こうして購入されたばかりの作業機械は遊休化せざるを得なくなった。瀝青の使用量が再び増加したのは1985年になってからであった。

こうした資材不足の結果、道路の工事手法が混在し、道路利用者から不満があがった。例えば、ポットホールは、あるいは砕石で埋め、あるいはセメントで補修され、新しい住宅地への接続道路は漆喰で固められたりしていたのである。瀝青の使

写真8-6 作業を機械化しても問題は残った。

（訳者補足）上の文字は、フィニッシャーでの施工不良部分が手作業で補われたとの意味

用が広範囲で抑制されたのは、原油が不足していたからではなかった。東ドイツの外貨が不足しており、売れるものはすべて世界の市場で売りさばくことが必要だったからで、ドルを稼ぐ必要に迫られ、暖房用燃料、ガソリンも輸出していたのである。このために必要な石油を瀝青に回すことはできなかった。もっともドルか原油と引き合えに定期的に瀝青をポーランドから手に入れることは可能ではあった。

上述した状況から、自力で調査研究を実施していく必要に迫られた。これは、政府中央と地区の中枢についていえることであった。マグデブルクでは中央道路研究所が設置された。ライプツィヒやドレスデン、その他の地区でも研究所がつくられ、マグデブルクと協力して多面にわたる研究を行い、それに見合った成果を上げようと考えていた。企業が有する作業機械は様々な問題を抱えていたことから、道路関係の作業機械の製造企業を設立することになった。この企業の課題は、可能な合理化策を探し出すことであった。同じく、優先事項となったのは企業の通信設備であった。資金は乏しかったが通信設備網は整備が進められた。これは、特に雪氷作業に利用されたが、通常業務にも有用であった。

このように問題はあったが、東ドイツでは比較的規模の大きい構造物が完成してきた。道路の復旧工事なり改良なり、その決断が下されれば、鋼材、セメント、骨材、木材は確保された。アウトバーンコンビナートに必要な資材はすべて割り当てられたのである。しかし帝国鉄道の輸送は不定

期であったので、セメントと骨材はなお備蓄しておく必要に迫られた。建設現場と引き込み線の用地が大きくとられるようになったのはこのためである。セメントサイロと骨材置場には、コンクリートプラントよりも広い場所が必要だったのである。

基準

　道路の維持補修に関しては「サイクルシステム」というものが開発された。これは管理事務所が実施する年間の維持管理計画のベースとなるもので、担当者は、ここに様々な作業を一覧表の形でまとめていた。これには必要な作業時間の見込み、必要資材、必要経費、作業サイクルが関わってくる。これらを基礎に管理事務所が必要とする労働力、資金が算定された。それぞれの部署の計画進行については、毎月コントロールする事が可能であった。

　1960年までは、通常、ドイツ工業規格と「連邦道路研究所」の指針が用いられてきた。1959年には、中央政府の道路局が東ドイツにおける長距離道路の改修・整備に関する暫定指針を出して上述の基準を補っていた。この暫定指針は、東ドイツにおける専門標準基準である工事品質技術基準（Technische Normen, Gütervorschriften und Lieferungen＝HGL）をもとに幾度となく改訂された。しかし内容からみれば、西ドイツの基準と本質的に変わるものとはなっていない。

　この専門基準のほかにも、基準（案）、交通省通達や技術省通達が存在した。80年代になって、以上の規定は「道路技術基準（Technische Vorschriften des Straßenwesens＝TVSW）」にまとめ上げられた。

現状分析

　道路本体やそのほかの道路付属施設の現況は、主にその平坦性と耐荷力の不足を計測して調査された。この調査結果は、視認による確認で補完された。以上の結果は、総合評価がⅠ（非常に良い）からⅣ（非常に悪い）までの走行性評価にまとめられた。視認による評価は、主観的、客観的影響は避けられない。付属施設（路側、排水施設、盛土、方向標識等）の評価は、道路全体としての評価の補完材料となる。

　道路の耐荷力は、選定した道路区間でデフレクトグラフを用いて計測す

る。ここから舗装部分の現況が把握される。この手法は、比較的労力を要するが、主に、表層部分を強化することを予定していた長距離道路、地方道路その他の重要区間で実施された。外気温や下層路盤の湿度ができるだけ均等で比較可能なものとなるよう、調査期間は、春の２ヶ月ほどの期間内に留めた。これでもなお主観的な影響は排除できず、耐荷力に関する統計データにはずれが生じた。様々なことを理由に数値が「改竄」されたこともあったのである。

写真8-7　ドレスデン東のＡ４号線の状況（1989年）

しかし、これでも状況が変わるということはなかった。統計データは、新設工事がいくつかは実施されたものの、道路網全体としては整備工事の工事品質は低下していたことを示していたのである。アウトバーンの

写真8-8　A84号線（現A72号線）の拡幅工事の期限内竣工を祝う。

走行性評価Ⅰの全体に占める割合は1963年には65％であったものが、1989年には49％に低下した。この時点では、走行性評価がⅢとⅣとなる割合は30％を超えていた。長距離道路については、走行性評価がⅠとなる割合は、同じ時期に80％から50％に低下した。逆にⅢとⅣが２％を下回っていたが約24％に上昇した。この後者の状況によれば、1989年にはアウトバーンの600km（32％）と長距離道路の2,800km（25％）が悪い状態にあったことになる。

しかし状況がさらに深刻であったのは道路橋である。1988年には30,670橋のうち40.8％——その大半は中小の橋梁である——の状態は、総合的にみても、また耐荷力からみても損傷がひどい（評価としてはⅢからⅣ）状態にあった。これは地域によって大きく異なっていた。ひどくなおざりにされていたのは、市町村道路であった。しかし、アウトバーンでも橋梁の8.3％は、耐荷力は不十分であった。

道路の保全がなおざりにされていたため、ドイツの再統一後に著しい費用がかかることになった。アウトバーンの場合には、旧西ドイツ地域における維持管理費用が4.85マルク/m²であったのに対して、旧東ドイツ地域では15.10マルク/m²が投ぜられたのである。連邦道路については、この費用はそれぞれ3.90マルク/m²、9.65マルク/m²であった。

管理

50年代の冬は地域により非常に厳しく、東ドイツでは特に長距離道路と交通量の多い州道のかなりの部分に損害をもたらした。その結果、特に道路の耐荷力が影響を受けたほか、舗装が全面的な損傷を受けた。下層路盤の霜防層と舗装面を全く新しくしない限り、こうした損傷は防げないものであった。

地区の道路管理人民公社の主な職責は、付属施設も含めて道路を維持していくことである。この業務はきわめて労働集約であったので、1人当たりの労働生産性は低く、このため予算の割り当ては少なかった。こうしたことからサイクルシステムを用いても等級の低い道路の維持に十分に手が回っていなかった。

経済全体が目標としていたのは、国民経済の計画的発展であった。このため、生産、旅客及び貨物輸送、市民に対する財貨の供給を確実にするということに重点が置かれていた。これは例年にない厳しい冬にあっても変わるものではなかった。しかしこうした目標を達成するのであれば、翌年の冬への備えを1年がかりで行うことが必要であった。このためには物理的にも心理的にも、過剰な負担を強いるほど関係者を業務に専念させることが求められた。そもそも求められていたことは、道路等級を問わず、冬期間いつでも昼夜通行が可能なようにするということであった。1975年に道路規則が新しくなり、これにあわせてこうした要求は現実的な限度に引き下げられるようになった。

写真8-9　交差道路（A4号線とA13号線）の状況（1991年）

8．4　道路網の維持、延伸、利用

　道路総局の設計技術部の「道路計画課」は、次第に長距離道路の計画に取り組むようになった。これは西ドイツの連邦道路に相当するものであって、統一後、連邦道路網に編入されることになった。地区に設置された道路建設監督局は他の道路の設計に当たった。
　1958年頃、交通に関する基本構想が示された。これは、道路構造、道路等級の見直しの方向の指針となるものであった。その大都市交通総合計画は、60年代から70年代にはその実情に合わせて、各都市の評議会の判断基準となった。
　50年代にはすでに第1級、第2級の長距離道路と地方道路の「基準となる」文書をまとめ上げていた。戦争の影響もあったが、「道路台帳」は残っていた。また他の資料も道路事業に用いることが可能であった。道路台帳は、19世紀から20世紀の変わり目の時期の道路建設の際に調製された文書で、その精度は極端なほど高く、沿道の土地所有境界すら復元できることがしばしばあった。もっとも「不動産管理」に当たる部局では、道路についても、また橋梁についても、暫定的な図面が使用されることも多かった。この分野は、道路建設監督局に編入された。ここには、工事マネジメントの部門があった。この部門は地区参事会の交通部の積算、入札、大規模工事完成物の引き取りを行う組織にあった。暫定図面は、道路管理データの構築にも用いられたのである。
　道路の新設、整備にかかる許認可手続きは、恒常的な資材不足という事

写真8-10　プラノグラフによる平坦性調査

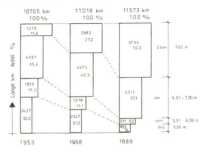

図8-3　長距離道路の車線幅の推移
上から7m、6m、5.5m以上（％分布）

181

情はあったがその処理は比較的早かった。新設の対象となったのは、アウトバーンとバイパスであった。また、褐炭を産出する中部ドイツが西ドイツ領となったため、その供給が停止し、建設が中断された道路があり、その代替道路の建設もその1つであった。政治動向に影響を与える政権中枢が道路建設について非常に重みを持っていた。西ドイツの場合とは異なり、州の同意や市民の同意に煩わされる可能性はなかった。

東ドイツ内における道路延長と幅員は、図8-4-1と8-4-2のとおりである。道路の総延長合計は大方変化していないことが目につく。換言すれば、東ドイツは、基本的に道路網を延伸しなかったのである[41]。数値に変

（単位：km）

	帝国アウトバーン	帝国道路	州道（1級）	州道（2級）	合計	割合（%）
ブランデンブルク	532	2,099	3,024	3,424	9,079	18.7
メクレンブルク	19	1,738	2,478	2,227	6,462	13.3
ザクセン-アンハルト	252	2,293	5,005	4,535	12,085	24.8
ザクセン	335	1,795	5,113	6,497	13,740	28.1
テューリンゲン	240	1,751	2,793	2,482	7,266	15.1
合　　計	1,378	9,676	18,413	19,165	48,632	
割　合（%）	3	20	38	39		100

図8-4-1　道路の等級別延長（1949年）

（単位：km）

	連邦アウトバーン	連邦道路	州道	自治体道路	合計	割合（%）
ブランデンブルク	766	2,702	5,713	3,210	12,391	22.4
メクレンブルク	235	2,018	3,184	4,163	9,600	17.3
ザクセン-アンハルト	210	2,231	3,768	4,272	10,481	18.9
ザクセン	432	2,268	4,514	5,856	13,070	23.6
テューリンゲン	250	1,874	5,479	2,314	9,917	17.8
合　　計	1,893	11,093	22,658	19,815	55,459	
割　合（%）	3	20	41	36		100

図8-4-2　道路の等級別延長（1997年）

41）この記述には疑問の向きもあろうが、ここに掲げられた下表は、ドイツ再統一後のものであることに注意されたい。

8. ドイツ民主共和国（旧東ドイツ）の道路

更があったところには2つ理由があった。1つは道路等級の変更である。もう1つは、石炭の露天掘りの箇所を回避するため地方道路の付け換えを行ったためである。

1969年に開始されたアウトバーン建設事業は完成した。ここで注意しておくべきなのは、「アウトバーン」の区間には片側2車線がありながら1方向1車線しか確保されていない区間があったということである。道路延長の18％にしか路肩が確保されていなかったためである。

道路の新設

60年代、東ドイツ首脳は、800に及ぶ村を季節を問わず通行可能な公道で繋げるという事業を初めて決定した。これは特に東ドイツ北部に有利になるものであった。この事業では、1962年から1970年までの間に約1,200kmの接続道路が造られた。これと並行して大規模農業関連企業にも、農業用道路を整備させあるいは改修させた。

これに対して都市内の道路の新規建設は、地区の中心地と大規模住宅地域に集中して行われた。しかもその対象となったのは、主たる道路と新住宅地とを接続する道路だけであった。都市内の主要道路で大きな変更を受けた道路は次のとおりである。

- ベルリン東部（カールマルクス通り、フランクフルト通り）
- マグデブルク（北部の接続道路）
- ドレスデン（南北の接続道路）
- エルフルト（シュミットシュテット橋、ユーリー・ガガーリン環状道路）
- ライプツィヒ（市内リング）

しかし選択肢が限られ、要求が通らなかったものも多かった。いわゆる政治路線は、道路事業をいっそう困難なものにしていた。例えば、ロストック（Rostock）の国際港やムクラン（Mukran）のフェリー埠頭の建設が行われることによって、もともと不足して

写真8-11　当面用いられなくなったA4号線の16kmの区間は、国の穀物備蓄倉庫用地として使用されていた。

183

いた資金、資材、施工能力がいっそう逼迫することになったためである。

1942年に建設が止まったアウトバーンにしても事情は同じようなものであった。戦後、東ドイツ領となった地区には1,380kmのアウトバーンが残り、これは戦前のドイツの道路網全体の35％を占めるものであった。東ドイツ領を超えた区間も加えれば、その値は41％となる。のちの西ドイツ側と異なり、東ドイツ側ではベルリンの環状道路とベルリンとドレスデンを結ぶアウトバーン4号線を除けば、その道路ネットワークには大きく途切れた区間は少なかった。もっとも片側1車線しか確保されていない区間も

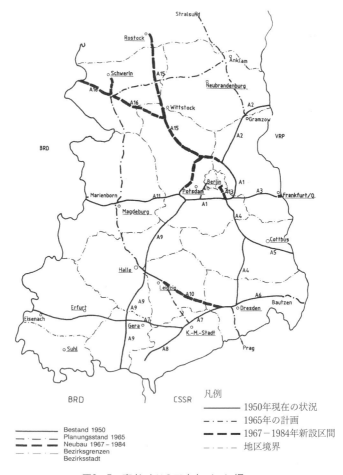

図8-5　東ドイツのアウトバーン網

8. ドイツ民主共和国（旧東ドイツ）の道路

存在していた。1969年までに70kmで車線拡幅を行った。1959年10月1日の「ドイツ民主共和国経済発展7カ年計画に関する法律」で予定していた最初の新規建設区間は、ベルリン－ロストック間の260kmであった。資材は完全に不足しており、アウトバーンとこの法律で定められた道路の建設は非常に遅れた。例外となったのは、またベルリンの環状道路とベルリン－ドレスデン間の区間であった。

政府は1967年に1975年までに500kmのアウトバーンを完成させるという基本決定を行った。この決定は、国道網の長期計画に関する広範囲にわたる交通計画研究に基づいたものであった。この計画を実施しようとしたが、別の事業にマイナスの影響が出てしまった。元から厳しかった別の道路の状況が悪化したのである。このため資金を節約するため路肩の設置、休憩施設の設置を見送るほかなかった。この点でも例外となったのは、ベルリン－ロストックとライプツィヒ－ドレスデンの区間だけであった。

1971年12月17日の通過協定（Transitabkommen）の21箇条は、西ドイツと連合国4カ国管理下のベルリン間の通行を規定しているが、これは連合国間ですでに締結されていた協定（1971年9月3日）に対応したものであった。

通過協定には、通常のビザ及び税関に関する書式（第3条）が定められていたほか、次のような規定があった。

協定の対象は「所定の国境検問所と通過区間」とする。この通過区間を離脱し、または、人を受け入れ、物資を受領した場合には、第6条に規定する犯罪行為とみなされ、訴追される。問題の処理に当たる通過委員会を設置する（第19条）。

西ドイツ側は、通過に伴う次の費用をまとめて支払うことが協定第18条に規定された。

・道路利用料
・ビザ手数料

図8-6　上部：『ベルリンへの新アウトバーンに20億マルク』
　　　　下部：『熊からミルクを絞る』

（訳者補足）東ドイツ（＝DDR）が、西ベルリン（＝熊がシンボル）から建設資金を得ていることの風刺画である。東ドイツが熊（＝西ベルリン）のミルクを絞っている。東ドイツの人物は、同国のホーネッカー書記長。
西ドイツのハンブルク（＝道路標示）に向かう道路が中断している。

185

- 租税調整差額
- 東ドイツ側に生ずるバス及び内航船舶の収入減の補償

この額は最初の4年間で総額2億3,490万マルクに達した。

1972年5月26日に33箇条からなる交通協定（1972年10月16日付けで法制化）が締結され、営業関係者と貨物とが越境する場合について規定した。国境の通過の承認に当たって、さらに申し合わせがなされた。西ドイツ側から支払われる通行料の総額については、その率、単価が明らかにされた。船舶による通行についてはこの申し合わせからは除かれていた。

協定は無期限とされたが、5年経過後の解除は可能とされていた。その後の申し合わせより、西ドイツ市民は東ドイツ内を自由に旅行することができるようになったが、東ドイツ市民は、身内に差し迫った事情が生じた場合にしか西ドイツに入ることは許されなかった。

以上の2つの協定が締結されたのち、西側と繋がるアウトバーンがその計画の中心課題となった。東西は次の事業計画に合意した。

写真8-12　西ベルリンへの通行路を示す標識

写真8-13　西ベルリンとの境

（訳者補足）『DANKE GORBI!』は、ドイツ再統一に際しての、ソ連ゴルバチョフ大統領への呼びかけ「ありがとう！ゴルビー」である。

- ベルリンとマリーエンボルン（東西国境）間の道路の完全復旧
- ベルリン－ハンブルク間の道路の新設
- 国境周辺の大がかりな修復（ヘルレースハウゼン－ヴァルタ、ルドルフシュタイン－ヒルシュベルク間）
- ベルリンの周回道路の完成とその北部地区と西ベルリンのアクセスの改善

以上のアウトバーンの建設費は、そのほとんどを西ドイツ側が負担した。東ドイツ側のアウトバーンの延長は、その後1989年までに500kmが加わり、約1,900kmに延伸した。

以上の事業は、技術的にはどのように実施されたのだろうか。走行車

線の舗装は、セメントコンクリートで行うこととされていた。アウトバーン維持管理人民公社は、西ドイツとの協定に基づいて工事施工を引き受ける代わりに国際水準の機材を導入することが可能となった。こうした機材には建設機械やコンクリートプラントが含まれていた。

しかし、道路舗装の耐久性が予想どおりにはならないことも想定しておくことが必要であった。舗装が最新の工法を用いたものであっても、資材の大半は使用に不適切なものであった。資材不足から粗悪な材料とセメントが用いられたのである。さらに施工上の要求事項が遵守されない現場もあった。

資金不足を補うため、新設区間の相当延長の路肩が設置できなかった。このコンクリートの表層施工には横幅2.5m のフィニッシャーを用いるのが普通であった。路肩施工に手が回らなかったのと同様に、必要なガードレールの設置もできなかった。財源不足は新しいアウトバーンの安全性に致命的なものとなった。

８．５　東西国境の開放後

交通情勢の変化

東西国境が開放された1989年以前から道路網は不十分であった。壁の崩壊後自動車が激増したときには、もはや手のつけようがない状態であった。通貨統合とドイツの再統一後には、インフラの実状はひどくなるばかりであった。ここ数年のうちに、道路の大半で車が２倍以上に増加して、ひしめいている状態であった。積載量の大きな貨物車は、それ以上で４倍にもなった。これにより貨物車両の交通量は増大し、過大となっていることも多かった。舗装改修が喫緊の課題となった。

行政組織

1952年の行政組織の改編は元に戻された。地区が廃止され、旧州が改めて復活したのである。これにより、1952年当時存在していた州の道路部門が改めて組み直された。道路管理局はその組織人員とともに、併せて新たな道路部門に引き継がれた。道路管理事務所は州の同意を得たうえで、旧

西ドイツ地域の形態に合わせて改組された。その設置基準とされたのは
周辺20〜30kmを範囲として車線延長を220〜250kmとするものであった。
ザクセンを例外として、州の担当官庁と担当部門には、州の建設部局また
は道路建設・交通部局が当てられた。以上の組織は、職員に対する指導指
示を行うものとされた。ザクセンでは、さらに州政府に専門部局が設置さ
れた。テューリンゲンでは、州の委託により道路管理が試行的に民間企業
に委ねられた。

　アウトバーンの組織については違いがあった。ザクセン・アンハンルト
州とテューリンゲン州では、アウトバーン管理局は州の組織に沿って設置
された。ブランデンブルク州とザクセン州のアウトバーン管理局は、担当
州官庁の直属組織となった。

　従前の道路設計技術部（EIBS＝Entwurfs- und Ingenieurbüros des Straßenwesens）
の中には、強力な資本出資者を得て計画、設計、入札に留まらず、建設工
事の指導監督まで実施することが可能となったものもあった。EIBSには、
ドレスデン、エルフルト、シュヴェリンに現場事務所がある。出資者を得
た例としては、ほかにもアウトバーンコンツェルン（ABK）を母体とする
ポツダムのプロジェクト会社「有限会社交通・設計技術コンサルタント」
がある。

　大都市では従前の道路管理局を母体に道路工事局が発足した。維持補修
に加え、近距離交通企業と連携して大規模工事を行っており、工事広告、
入札、監督を行っている。

建設会社

　建設会社の設計部門をも含めた市場経済への参入は、その行きつく先は
ほとんど見通すことのできないものであった。大規模会社は、民営化信託
公社（Treuhandanstalt）[42]の手を経て大手の国内企業あるいは国際企業へと
移行した。地域の会社の場合には、交通・土木関連会社の管理部門、ある
いは道路管理局の道路建設部門が他の部門と併せ、あるいは総合企業とし
て独立していった。資金力のある出資者を得て、機材と施工能力を有する

42）東ドイツの解体の際に設立された公法上の組織で、人民公社の民営化に当たった。ドイツ
　　再統一後の1995年に連邦組織に改組された。

8. ドイツ民主共和国（旧東ドイツ）の道路

中堅企業となったケースもある。

ドイツ再統一後は、資金も資材も遥かに豊かになったため、まず分断されていた東西間を繋ぐ道路を回復するとともに道路網として整備し、そのいずれもが快適に走行できるようこれらの資金、資源が投入された。工事が国土全体で進められることとなり、薄層舗装で済ませた箇所も多くなった。

しかし、連邦道路と主要な州道を舗装するということとなると、その費用は大幅に増加せざるを得なかった。これは新規道路の建設にしても、連邦道路に接続するバイパスの建設にしても同じことであった。そこで当初、薄い舗装で「覆った」だけの道路が数多くに上り、舗装プラントが数多く出現することになった。これにより1990年代末にはプラントが過剰となり過当競争を招く結果になった。

写真8-14　東ドイツで生産されていた小型乗用車トラバント

（訳者補足）性能は悪かったが、構造が簡素で修理が容易であった。
再統一後、生産がストップし、東ドイツ時代の輸出先であったアフリカ諸国などが困惑したとのことである。

特に意が注がれたのは、舗装路面の改修、交通安全施設の設置、連邦道路の拡幅と新設であった。バイパスの多くは、1992年の連邦交通網計画の実現に寄与するもので、連邦道路網の立ち後れを解消するものであった。これに対して、州その他自治体の道路については長期的に資金難であることが見込まれた。道路をシステマティックに復旧していくにはとうてい資金は不足であった。とはいえ道路利用者は、地方道路の利用を望んでいる以上、なお暫定的な措置が必要であると思われた。

9．90年代：
ドイツの再統一と東西国境の開放（1989－1999）

9．1　急がれる構造改革

　ドイツの再統一と市場経済の導入をもたらせた東西国境の開放のスピードは驚くべきものであった。この時点での西欧諸国の交通政策や交通経済の中心テーマは、西欧内での交通市場を市場競争に委ねること（自由化）であった。同時に、それまで財の運搬を制限していた厳しい法規制を緩和し、場合によっては撤廃することが望まれていた。以上を背景にドイツでは、東西のみならず南北の交通流への対応もが問題となった。すでに貨物輸送は全体として著しく変容しており、それはそれとして受け入れざるを得ないものとなっていた。例えば、小口でも価額の高い財貨の輸送が大きく成長して、嵩は大きいが価額は低い財貨の輸送にとって代わっていた。加えて、運送会社は都市間の運送に当たるだけでなく各戸口まで運ぶことが多くなっていた。さらに、半完成品・中間製品が欧州全域の製造拠点間で輸送されることが多くなった。このように貨物輸送の外的な条件が変化してきたのである（統合の効果）。また、輸送業に対する規制が緩和ないし撤廃されたことから競争が促進され、結果的に運送価格が下がって道路の交通量が著しく増加（規制緩和効果）した。結局のところ、市場が開放されたこと（輸送許可限度量の撤廃、EU加盟国のドイツにおける長距離貨物輸送の承認）が別の製品供給者の目にも明らかなものとなり、長距離貨物輸送が特にアウトバーンの交通量を増加させることになったのである。

　90年代の初め、ドイツは突如このような大変動の渦中に巻き込まれた。このため交通量が著しく増加し困難な問題に直面することになった。その原因は次の点に求められる。

・ドイツの再統一

・西欧諸国の欧州共同体への統合

191

・東欧の政治的、市場経済的変動

　こうして新たな状況に至ったのである。これは西ドイツの始まりの頃を彷彿とさせることが多い。目標は、ドイツ全体をカバーする交通市場と近代的な交通網、そして交通需要に見合う供給体制を創り出すことであった。当時の実情からして、道路交通の充実度にあわせてドイツの再統一を進展させていくことが可能であった。また道路交通の充実は、数十年にわたって滞っていた改革を進めることになった。それは次のようなものであった。

・ドイツ鉄道株式会社設立に向けた1994年1月1日付けの鉄道改革、軌道と鉄道運行との組織的分離、鉄道網の第三者への開放並びに鉄道旅客運送の地域化
・実際上の手続が硬直化した交通インフラ計画の改革
・インフラ利用対価をその整備財源に充てること、例えば道路利用料徴収の真剣な検討

　さらに計画関連法規については、環境上の問題と経済的問題とを相互に調整することが必要であった。ドイツの統一は、交通事業を促進するうえ

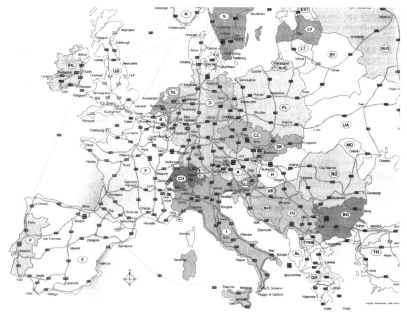

図9-1　ドイツは欧州諸国の中央に位置する。
(口絵14頁参照)

9. 90年代（1989-1999）

コラム 14

計画策定の促進と簡素化

　再統一の時点から旧東ドイツ領内のアウトバーンと長距離道路には、連邦長距離道路法が適用されることになった。1974年のドイツ民主共和国道路規則は、新たに設置された旧東ドイツ地区の州においては、他の道路では引き続き適用された。それまで、旧西ドイツの州では、計画から道路開通までにはおおよそ15年を要していた。東側の再建には、これだけの時間を費やすことは望ましいものではなかった。そこで、ギュンター・クラウゼ連邦交通大臣は、政策リストを作成した。このリストには、行政手続を促進させるための行政組織内での方策と交通計画に関する法規の変更案が載せられていた。

　閣議決定がなされ、以上の事項を「基本とした法案の策定」が大臣に付託された。1991年12月には「交通網計画策定促進法」が発効した。この法律は、旧東ドイツ地区とベルリンにおいて交通インフラの大規模整備が早急に実施できるようその基盤を提供するものであった。この計画に関する特別法規は、連邦鉄道、連邦長距離道路、連邦水路、空港並びに旧東ドイツ地区とベルリンの特定の路面電車の全交通網の建設、整備がその対象であった。また、以上の交通網と関連する旧西ドイツ地区の長距離交通網もその対象であった。その詳細は、1992年6月3日の「長距離交通網決定に関する規則」で規定された。以上により、多大な時間を要する計画確定手続に関連する環境影響評価への市民参加手続が省略されることとなった。この市民参加は、通常の計画策定手続きでは路線決定を取り扱う国土利用・形成計画手続で実施されている。

　さらに路線決定と計画確定手続については、別の期限が導入された。この期限は行政に対して拘束力を有する。この期限は不可争力の性格を有することもある。また、別の新たな規定によって、計画の策定の時間は大きく節減された。例としては、第三者の権利が侵害されることがない場合や第三者が財産の収容を認めている場合に関する新たな手続きがある。この規定によって「裁判所手続き」も簡素化された。連邦行政裁判所が、計画決定手続と計画確定許可にかかるすべての争訟について第一審かつ最終審となったのである。連邦行政裁判所が計画保持の原則を厳格に適用していることから——学会もこれを支持している——行政当局は客観的観点から計画策定を進めることができた。しかも、裁判所の決定が再度覆されることを想定せずに進められるのである。

193

いわゆる投資事業法も建設工事の促進に役立った。同法により建設計画区間は、計画確定所管官庁ではなく法律で確定されたものとなり、これに対抗する法的手段は連邦行政裁判所への訴えによることしかできないのである。
　土地問題が困難な交通計画については、行政に大きな負担を強いることとなるため、上記の二法が適用される見込みである（シュテンダール南迂回線（鉄道）・1993年10月29日、連邦アウトバーン20号線ビースマール南バイパス・1994年3月2日）。もっとも後者に関連する法律については、連邦行政裁判所は、憲法に適合するとの判断が下されている。
　交通網計画策定促進法によって得られたプラスの知見は、1993年12月17日の全交通網を対象とする計画簡素化法に反映されている。

写真9-1　いずれも東西の境付近（マリーエンボルン）のもので、左がベルリンの壁が開放された1989年11月のもの、右が1999年6月のもの。

でいわば触媒となった。1991年末には、「旧東ドイツ地区及びベルリン市における交通網計画策定を促進する法律（交通網計画策定促進法）」が制定された。これは時限立法で、旧東ドイツ地区とベルリンをその適用対象として特定したものであった。その法的構成が優れていたことが示され、2年後にはその大部分を取り入れた「交通網計画手続簡素化法（計画簡素化法）」が恒久法律としてドイツ全国に導入された。
　旧東ドイツも旧西ドイツと同様に、1968年の道路交通及び交通標識に関する国際協定を批准していた。このためドイツ統一契約が締結された際には、再統一されたドイツの双方でほとんど同一の規定が適用されていた。ドイツ統一契約第8条に規定する権利の統一に関する規定により、旧東ドイツ地区の市民にはあらためて法規定が適用となり、これは道路交通についても同様であった。旧西ドイツ地区の市民は、結局のところわずかに緑色の矢印表示——現在でも、旧西ドイツ地区では広くは用いられていない

9. 90年代（1989-1999）

——に慣れることが必要になっただけである。これは信号が赤の時でも、一定の条件のもとで右折してよいとするものである。

　この数年の間、国庫への要求が過剰になり、民営化や民間資金の道路資金への導入が多く議論された。基本的な解決手法として、補助金の削減や道路利用料の徴収が提案された。しかしこれはドイツが単独で実施するというわけには行かなかった。国内外の運送業者から通行料金を徴収し併せて国内の業者については自動車税からこの料金相当額を減ずるという案があったが、1989年6月に欧州委員会から異議が出され、欧州裁判所もこれを拒絶する最終決定を下した（1992年5月）ことから失敗に終わった。この方式でも自動車税を相互に撤廃する条約が欧州諸国間で広く締結されたこともあり、平等原則を侵害することにはならなかったであろう。1995年1月欧州共同体は欧州内の道路貨物輸送にかかる競争条件の平等が確保されるよう条件整備を行うとともに、その最初の措置をとった。これによりドイツのアウトバーン、ベネルックス3国、デンマーク、スウェーデンの高速道路では12トンを超える貨物車からビニエット方式による料金が課された。これに先立ち、比較的高額であった自動税が——車両の排出ガス量について相当な配慮をしたうえで——1994年4月1日から大幅に減額された。自動車税減額とビニエット料金の徴収に関する2つの法律との間には9カ月の期間があったが、この間に欧州共同体の平等原則の要請を満たすことに加え国内の貨物車所有者がさらに受ける不利益を回避あるいは減少させることができた。

自動車税と環境基準

　昨今、環境政策の目標が乗用車に対する課税方式に影響を及ぼしている。以前はもっぱら排気量に着目されていた。1985年以降、特に1991年からは、車両がどれだけガスを排出しているかに目が向けられるようになった。すなわち、誰がどれだけ有害ガスを排出しているかが問題となったのである。1997年からは、納税義務が車両の排出ガス量に沿ったものであることが一層明確にされた。排出ガスについては実際にはかなりの違いがあることから、適正な運用が行われるよう租税体系には広がりがある。例えば、有害ガスの排出量が一定限度（ユーロ3とユーロ4に分類される車両）である乗用車については、期限付で自動車税を免除するものから、有害ガスの排出がないもの

195

乗用車の区分	税率：排気量100cc当たり、上ガソリン車、下ディーゼル車				
	現行	1997.7	2001.1	2004.1	2005.1
Euro 3, 4	免税	10.00DM	10.00DM	13.20DM	13.20DM
		27.00DM	27.00DM	30.20DM	30.20DM
Euro 2　免税	13.20DM	12.00DM	12.00DM	14.40DM	14.40DM
	37.10DM	29.00DM	29.00DM	31.40DM	31.40DM
Euro 1と類似車両	13.20DM	13.20DM	21.20DM	21.20DM	29.60DM
	37.10DM	37.10DM	45.10DM	45.10DM	53.50DM
大気汚染時走行許容車両	21.60DM	21.60DM	29.60DM	29.60DM	42.20DM
	45.50DM	45.50DM	53.50DM	53.50DM	65.10DM
大気汚染時走行禁止車両等	13.20DM	33.20DM	41.20DM	41.20DM	49.60DM
	37.10DM	57.10DM	65.10DM	65.10DM	73.50DM
排ガス抑制値小または無いもの	18.80DM* 21.60DM**	41.60DM	49.60DM	49.60DM	49.60DM
	42.70DM* 45.50DM**	65.50DM	73.50DM	73.50DM	73.50DM

*、**当初車両登録の時期による

図9-2　排出ガスによる自動車税（乗用車）の違い

と認められず税の負担感があり、なお長期的には税率が上昇していくもの
までがある。定額課税となっていることから、車両の利用頻度には影響を
及ぼさない。耐用年数との関連もない。環境政策上の効果が出るのは、排
出ガス量の少ない乗用車の購入の動機付けになるということだけである。

9. 90年代（1989－1999）

コラム 15

自動車税の変更

連邦財務省は、1996年5月中旬、乗用車の自動車税課税について有害ガス排出量を一層考慮に入れた法案（自動車税を変更する法律 KraftStÄndG 1997）を、連邦閣議に提出した。その目標は、租税効果を利用して有害ガス排出量が少なく、燃費の良い車両の生産と有害ガスを排出する車両の改良や廃車を進めようとするものであった。そのモチベーションは次のようにしてもたらされると想定されていた。有害ガスの排出量が少なく、燃費がよいとされる最新技術を備えたとされる乗用車については、1997年以降自動車税を軽減する。その他の車両については、オゾン層の破壊の問題から交通の用に供することが禁じられた車両を除いて、自動車税は従来のままとする。有害ガス排出量が多い車両については、税額を多くするというのである。新たな法案の基礎となったのは、1994年の「ユーロ2」であった。連邦交通省は、この財務省の提案に同意した。法案は、早くも1996年5月に特に緊急を要するものとして連邦参議院に提出されたが、大反対にあった。1997年の初めに、調整委員会[43]がこの問題に関する作業グループを設置した。すべての方面から満足のいく方策を探るのは困難であったが、その大きな部分は連邦と州の双方を同様に満足させるということであった。税負担を、自動車税に求めるというのであれば、税収は州に流れることになる。しかし連邦予算は少なくなる。なぜならその財源は鉱油税だからである。結局問題となるのは税収の不足をどうするかであった。

連邦交通省は、問題の解決が長引いたり、あるいは調整委員会で法案審議が頓挫して、市民に対して顔が向けられなくなることを懸念していた。さらに同省は、自動車業界と関連業界からの強い反対も想定していた。というのは今の業界は、現行法を頼りにかなりの投資を行っていたからである。同省の懸念は大きかったが、調整委員会は最終的には次のような法改正を提案したのである。

・有害ガス排出量を基準とする税率を用いること。
・有害ガス排出量が非常に少ない車両（Euro 4に相当）については、2005年まで免税とすること。
・古い車両については特別措置を講じること。

連邦議会と連邦参議院はこの調整案に同意し、1997年4月中旬に自動車税を改正する法律は議会を通過し公布された。

43）連邦議会と連邦参議院の意見が一致しない場合に開催されるもので、日本の両院協議会に相当する。

有害ガスの排出量を減らすには、石油製品の消費を削減することが必要である。現在の鉱油税率は、生計費との関連でいえば低すぎるため、自動車の利用を抑制するモチベーションが働かない。税率を上げても租税負担の分配上の問題が生じる。低所得層の負担が大きいためである。つまり環境政策と所得分配政策の目標が衝突する。さらに隣接諸国についても考慮を払う必要がある。税率を大幅に上げるのであれば、税率の低い国で燃料を購入するといった望ましくない行動を防ぐためだけにも、こうした諸国との調整をせざるを得ないのである。

9．2　整備計画、評価、財政負担

道路網計画

ドイツの再統一により連邦長距離道路網の計画は改編が必要になった。これは、交通インフラ網の全体についても同様であった。計画手続については、難しい問題が生じていた。東側の再建に関しては短期資金であれば融通が可能であったため、資金は比較的早期に実施される事業に投入することが必要であった。このため整備、新設のためには、計画の熟度を早期に上げることが要請されたのである。

交通需要の算定は、多くの場合、幹線道路網を想定して行われている。これは旧東ドイツ地区の州や従前の東側の隣接国では交通インフラの改修が数十年にわたっておざなりにされていたことから当然のことであったし、また目標としても適正なものであった。主たる課題は、東西間の長距離交通の繋がりを新たにし、かつ、完全なものにすることであった。それも道路、鉄道、水路のすべてについてであった。同時に、従前南北の方向で構築されていた欧州横断道路網の一部を東西方向に転ずることが期待されていた。これは東西間の道路の改修あるいは新設を可能ならしめる1つの選択肢であった。最終的にはこうした形で新しい東欧内の長距離交通網構想、コペンハーゲン－ベルリン－プラハ－ウィーン／ブラチスラバ－ブダペストとヘルシンキ－バルト三国－ワルシャワ－クラカウ－ブラチスラバ－ブダペストができあがった。これは長期的には、欧州横断道路網に組み入れられることになっている。

ドイツのインフラプログラムは、17のプロジェクトからなるドイツ統一

交通プロジェクト（VDE＝Verkehrsprojekte Deutsche Einheit）で実現したものが多かった。VDE のうち 9 つは鉄道、7 つは道路、残る 1 つが水路にかかるものであった。以上の事業を迅速に進めるため、連邦と州は共同で1991年にベルリンの「ドイツ統一長距離道路計画建設会社（DEGES）」などの民間会社を設立した。DEGES の場合、連邦が50％、旧東ドイツの地区の 5 つの州がそれぞれ10％出資した。

旧東ドイツ地区の州の投資需要

　1989年11月 9 日に国境が開放されたとき、問題は一瞬にして明らかになった。東西両国を繋ぐ道路網が全く存在せず、あるいはあってもその改修が満足なものではなかったのである。そこで統一以前から、「道路網の間隙（かんげき）を埋める事業」がスタートしていた。この事業には、東西ドイツの長距離道路網を繋げる事業も含まれていた。A4号線と A72号線がその実例である。全体で120を超える個別事業が、かつての東西ドイツ国境沿いのものであった。さらに別の事業を加えて、非常電話、ガードレール、路肩の設置を行うことができた。安全性を一層高めるためには、全体的な改修が必要であった。

　投資政策は、次の 2 つの事情から抜本的に見直すことが必要になった。その 1 つはすでに予見されていたことで、東西間の交通流が大きくなったことである。もう 1 つは、当時の旧東ドイツ地区内の交通インフラの状態がその経済成長を妨げていたということである。こうしたことから重要な地区に早急に投資を行うことが喫緊の課題であると考えられた。

　旧東ドイツ地区における重点投資項目も、また「ドイツ統一プロジェクト」の内容をなすものであった。道路、鉄道、水路にかかる17の大規模プロジェクトには、1991年に570億マルクが必要であると想定された。早くも1997年には700億マルクとなり、うち300億マルクがもっぱら長距離道路の 7 事業に当てられた。旧東ドイツ地区の投資需要を賄うよう、道路予算のうち投資資金は大きく増額された。1989年に48億マルクであったものが1991年には67億マルクとなった。1993年にはさらに80億マルクとなった。しかしその後の税収はそれほど潤沢でなくなり、公共部門の投資額を縮減せざるを得なかった。このように財政が逼迫したのは次のような事情によるものであった。
・1993年以降の景気後退により税収が予測を下回ったこと。

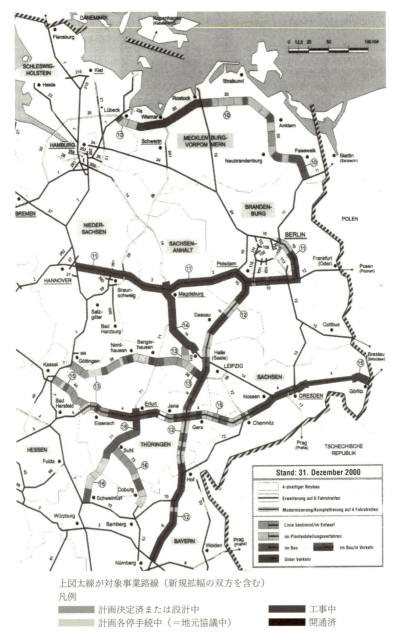

図9-3　ドイツ統一交通プロジェクト対象路線（2000年12月31日現在）
（口絵15頁参照）

9. 90年代（1989－1999）

AED プロジェクト No.	連邦 道路番号	区　　　間	延長 (km)	現時点 までの コスト (10億 マルク)	2000年 までの コスト (10億 マルク)	完成 延長 (km)	工事中 延長 (km)
No.10	A20	リューベック－シュテッティン	323	3.8	1.5	92	94
No.11	A2/A10	ハノーバー－ベルリン	328	4.4	3.6	284	10
No.12	A9	ベルリン－ニュルンベルク	371	5.2	3.7	254	26
No.13	A38/A143	ゲッティンゲン－ハレ	208	2.8	0.5	29	39
No.14	A14	マグデブルク－ハレ	102	1.2	1.1	102	－
No.15	A44/A4	カッセル－アイゼナッハ/アイゼナッハ－ゲルリッツ	450	8.0	3.7	242	51
No.16	A71/A73	エルフルト－シュヴァインフルト/ズール－リヒトフェルス	222	4.8	1.2	26	101
		合　　　計	2,004	30.2	15.3	1,029	321
		うち拡幅	1,059	15.4	10.5	754	83
		うち新設	945	14.8	4.8	275	238

（翻訳は接続位置の詳細地名は除く）

図9-4　ドイツ統一交通プロジェクトの路線一覧

・ドイツが欧州通貨統合に向け財政赤字・インフレ目標にかかる基準を満たす政策をとったこと。これにより財政赤字の限度額が引き下げられ、公債を新たに発効する可能性も大きく制約を受けることになった。

それでも連邦はきわめて短期間のうちに莫大な資金を供給した。1999年末までに、ドイツ統一プロジェクトの7事業に約130億マルク[44]の資金を投じた。毎年おおよそ24億マルクが統一事業に流れたのである。現在のところ、2005年までには事業の大半が完了する見込みである。

写真9-2　A72号線

（訳者補足）東西の分断で放置されていた道路の状況
西側から東側を臨んだもの。
こうした箇所を繋ぐことが必要であった。
現場には「州境」の標示があり、再統一後のものと思われる。

44）この金額の記載に加え、図9-4に示すコストの記載があるが、連邦交通省の報告書（Sachstandsbericht Verkehrsprojekte Deutsche Einheit（Stand: Juni 2014））によれば、2014年6月現在でこの7道路事業の総事業費は、173.8億ユーロ、執行分152.7億ユーロであるとされている。

工事進捗と財政負担

　1971年の整備計画法には、需要計画が交通状況に適合しているかを５年
ごとに見直すことが規定されている。1990年も見直しの年に当たっていた。
しかし1989年の中頃までは、見直しをする必要は無いように思われていた。
緊要度の高い事業に次ぐ「重要事業」が背後に控えていたからである。こ
の事業規模は５カ年計画分１回分を上回るものであった。この事業は2000
年までには終了するものと考えられていた。
　しかし、ドイツ内の国境が消滅し、その後東西ドイツが統一されたこと
で状況は一変した。連邦交通網計画と連邦長距離道路のための需要計画は、
ドイツ全体を視野に納めることが必要となったのである。ドイツの再統一
によって連邦長距離道路網は飛躍的に拡大し総延長は約53,400km となっ
ていた（1991年１月１日現在）。

（単位：km）

延長（1991年）	旧西ドイツ地区	旧東ドイツ地区	合計
連邦アウトバーン	8,960	1,900	10,860
連邦道路	30,860	11,690	42,550
連邦長距離道路計	39,820	13,590	53,410

　連邦交通大臣は早くも1992年の半ばに、連邦長距離道路の新たな需要計
画とともに全ドイツ連邦交通網計画を閣議に提出した。1992年７月の閣議
はほとんど交通問題に終始し、1992年連邦交通網計画に加え、交通投資に
民間資金を投入するための法案、鉄道構造改革、南シュテンダールバイパ
ス、ベルリン－ハノーバー間の鉄道路線に関する決定を行うという重要な
ものとなった。加えて、すでに述べた重量貨物自動車からの料金徴収や計
画手続の促進に関する法案策定についても閣議決定がなされた。
　約１年の後、連邦議会は長距離道路整備法の第４次変更法を可決して
1992年の連邦交通網計画を承認した。以上を基礎に、1993年から1997年ま
での５カ年計画が、2000年までの見込みも含めて策定され、その資金は約
530億マルクとみられた。加えて事業対象範囲を拡大して重点プログラム
──70年代からの課題となっていたものもある──が認められた。これに
は次のものがある。
・バイパスの建設

9. 90年代（1989－1999）

・踏切の撤去
・連邦道路沿いの自転車道の建設促進
・連邦道路の騒音対策の改善

　1991年から1995年までの間に連邦は、総額389億マルクを連邦長距離道路に投資した。この5年間に平均78億マルクの支出であった。アウトバーンの建設には210億マルクが投ぜられた。新規区間の建設に用いられたのはこのうち3分の1だけである。次第に道路の保全、改修、拡幅が重要になってきた。これは連邦道路の分野でも同様で、179億マルクの相当部分が既存道路の保全や拡幅に用いられた。新規投資への投入額は42％にまで減少した。

　2000年1月1日現在で、連邦アウトバーンの延長は11,500kmとなった。新たに工事を実施するものは、最低4車線以上の区間でのみ実施された。この例外となったのは、比較的距離の短いA72号線ホーフ＝ツヴィカウ間の約80kmの区間で、将来の4車線区間を2車線で整備した。

　1991年から1999年の間に、1,380kmの連邦道路が新設された。その大半はバイパスとなるものであった。うち200kmは4車線であった。連邦道

コラム 16

1992年連邦交通網計画

　クラウゼ連邦交通大臣は、連邦交通網計画を提出した際、その投資政策の目標は次のようなものであるとした。
・旧東ドイツ内の交通インフラを早期に改善し、西側の質的水準に合わせること。
・鉄道交通を推進し環境に適合した交通システムを構築すること。ドイツ分裂の後遺症を克服しドイツ統一交通プロジェクトを優先させること。
・欧州内市場の基盤を確固たるものにし欧州横断交通網の建設に寄与すること。

　1992年7月半ばに行われた連邦交通網計画の閣議決定後、連邦長距離道路整備法改正案は、需要計画の修正と併せて連邦議会を通過した。同法の有効期間は、議会内での意見を受け2010年から2012年に延長され、投資総額も増加となった。事業は進捗したが、交通インフラの状態は要求水準を下回ったままであった。これは交通量の増大、交

203

通圏の拡大と公共予算の逼迫とともにコストが著しく上昇した部門があったことが影響している。

1992年の連邦交通網計画は、経済と環境保全に向けた観点の政策を融合させて、総合的な交通概念を早急に構築しようとするものであった。連邦政府は、当時の議会任期中に新たな連邦交通網計画案の土台を固め、その上で、既存の整備法の改正に持ち込もうと考えていた。

工事計画とその実施が一貫性を持って進められるようにするには、新連邦交通網計画が公表され新たな需要計画が議決されるまでに、同交通網計画による緊急工事の実施規定を整備しておくことが必要であった。これに向けて連邦交通省は、鉄道・連邦長距離道路・連邦水路の整備のための投資計画（1999－2002）を1999年の閣議に提示してその周知を図っている。この投資計画は、旧東ドイツ地区における工事、特にドイツ統一交通プロジェクトの実施を確定し、また着手済みの工事の継続をも保証したものとなっている。

連邦政府の決定より、Universal Mobile Telecommunication Systemのライセンスが競売にかけられ、その収益が連邦債の償却に当てられた。これによって軽減された金利を財源に、将来のための投資計画（2001－2003）の連邦長距離道路の投資金額を27億マルク増額することが可能となった。さらに鉄道網とコンテナ輸送設備に連邦の資金が充てられた。

渋滞対策事業（2003－2007）では、2003年以降の対距離重量貨物車料金収入が道路のボトルネックの改良に当てられる見込みである。

写真9-3　A2号線エルベ川橋
（旧橋に並行して架設）

写真9-4　B87号線エルベ川橋
（トルガウ付近）

9. 90年代（1989－1999）

路の延長は、道路等級の見直しの結果、再び41,400km に短縮した。

　1999年までの期間は、道路の建設促進に事業の重点が置かれた。これは2000年までをその期間とする5年計画に対応したものであった。必要な資金の確保は依然として困難であった。このため資金を確保する別の方策が一層試みられることになった。技術陣は道路の横断構成、例えば車線幅員（追越車線）を狭めた。こうして資金を節約したのである。

ドイツにおける道路建設資金の調達

　ドイツでは、道路利用者は、連邦アウトバーンを含む公共の道路を料金なしで走行することが当たり前になっている。道路の建設・維持に要する予算は担当道路管理者によって供給される。市民の税金によって道路工事が行われているわけである。ここで重要なのは鉱油税である。鉱油税は連邦歳入のほぼ5分の1に達している。道路の分野でさらに必要となることが明らかな資金需要と他の部門で必要な連邦予算への需要とを考え合わせれば、ドイツが恒常的な予算不足に悩まされていることははっきりしている。

　ドイツの再統一後の交通インフラについて、しっかりとした計画を立案するためには、次のように課題が2つある。1つは、旧西ドイツの中心となる部分と旧東ドイツ地区とを相互に結びつけることであり、もう1つは、旧東ドイツ地区の交通網を、近代的な水準に適合させることである。旧東ドイツ地区における積み残し工事の資金を連邦が賄うのであれば、別の重要な施策、特に旧西ドイツにおける施策は、その実施を2000年以降に延期せざるを得ないという結果になろう。このため道路建設資金を民間から調達することや道路料金を徴収するという議論が浮上してきた。

　対距離料金については、コンセッション方式をとる近隣諸国で実施されているようなものが知られているが、これはドイツでは伝統的に導入することはできない。以上の国々では料金の徴収は、料金所での人手を介した金銭の授受によって実施されている。しかし、ドイツでは、インターチェンジ平均間隔が6km 未満であり、これには短すぎるのである。さらに加えて2つの理由から問題がある。1つは、料金所を設置するには場所が狭隘で、車線の確保ができないことである。これは料金所渋滞と待ち時間をなくすために不可欠である。2つ目は一般的にいって、ドイツでは交通量が多すぎるのである。

とはいえ、なお資金の徴収に向けた動きが1995年1月1日にスタートした。車両総重量が12トンを超える貨物自動車について一定期間内定額のアウトバーン利用料金を徴収する法律が施行されたのである。これは「ユーロビニエット」と呼ばれるもので、道路利用者は道路にかかる経費をこれまでよりも多く負担することになった。外国の車両は燃料を（燃料タンクを満タンにしてさらに200リットル分まで）ドイツ国内に持ち込んで、ドイツの鉱油税課税を逃れることができる。ユーロビニエットによって、今後外国の貨物自動車はドイツの道路費用の一部を負担することになる。もっとも料金の額は、実走行距離に基づいたものではなく、期間（日／週／月／年）に応じて徴収される。この料金は、軸数によって支払金額が区分されている。これは重量が大きいほど道路に対する負荷が大きくなることによる。現在、連邦はこのビニエットにより年額で約7億5,000万マルクの収入を得ている。しかし、これは約60億マルクに及ぶ連邦アウトバーンの工事と維持補修に要する支出に比べれば、ごく僅かなものに過ぎない。しかもこの収入は財務省の直接収入となるもので道路予算に入るものではない。

　しかし便益の大きい道路事業については、公共予算を用いた場合よりも早期に実施できるよう、民間先行投資方式[45]を採択した。これは、連邦の計画が工事着手にまで熟したものである場合に、民間企業が（連邦所有の土地または連邦が使用権を有する土地において）その工事及び資金調達を実施するものである。道路管理者側は、連邦予算から直接資金の供給を受けることなく、より長い期間について道路を使用することができる。州の道路網が早期に建設できるよう、この方式を利用している州もある。

　連邦議会は、民間からの資金調達について別の可能性を切り開いた。1994年8月の「長距離道路建設のための民間資金調達に関する法律[46]」を制定して、連邦長距離道路の建設について事業者モデル（Betreibermodell）が活用可能となるよう新たな法的措置をとった。しかし、欧州共同体の枠組みでは、ビニエットのほかに料金が一般に追加されると二重負担を生ずることとなるので認められないことから、このモデルの対象はコストが非常に高い事業に限定されている。これに該当するのは、橋梁、トンネル、

45）高速道路機構海外調査シリーズ（ドイツにおける道路事業のPPP、No.17 p.13）参照。
46）高速道路機構海外調査シリーズ（ドイツにおける道路事業のPPP、No.21 p.132以下）に同法の邦訳が掲載されている。

9. 90年代（1989－1999）

山間のボトルネックとなる区間、改修後アウトバーン規格類似の道路となった連邦道路である。民間企業による資金調達と工事だけでその事業が完了するものではなく、その運営も民間事業が実施する。事業者モデルは、実行可能性調査の結果、可能性ありとされたものであるという前提が満たされたものであることが必要である。個別事業の問題点は別として、この方式で資金調達が想定されるケースは、連邦の補助なしでは事業実施の見込が立たないと思われるものがその大半を占める。したがって、このモデルの適用は個別事業ごとに可能となるだけであるので、将来連邦予算の負担が軽減されるのは極僅かなものにしかならないだろう。

　資金のすべてを民間資金によって賄うというのであれば、資金回収のために料金を徴収することが必要である。しかもこれは自動的に回収されることが望ましい。このため1995年から96年にかけて、可能な方式が検討された（図9-5）。料金の徴収は、試験済みの方式で効率よく行えることが明らかになった。

	1	2	3	4	5	6	7	8	9	10
料金徴収の形態	料金徴収施設ポイントを実際に設置 路側機・車載器間の交信による							料金徴収ポイントはヴァーチャル車載器と外部機器との交信による		
道路側、固定機器	ガントリーに DSRC 機器を設置							ビーコン	GPS	GPS モバイル
車載器	マイクロ波通信機						赤外線通信	通信ユニット		
	チップカード無し				チップカード有り					
料金計算	車両外で計算							車両内で計算		
料金精算・領収書	車両外で処理				チップ上で計算			チップ上で計算		
料金修正精算	路側機により直ちに処理							ターミナル経由で処理		GSM経由
周波数帯	2.45 GHZ	5.8GHZ					850 nm	434 MHz	1.5 GHZ	1.5/0.9 GHZ
交信方式	片方向	双方向						車載機が受信		
路側交信モジュール ガントリーの数	4 / 1	4 / 1	7 / 1	4 / 1	80 / 2	26 / 2	7 / 1	2 / 2	– / –	– / –
システム番号	1	2	3	4	5	6	7	8	9	10

図9-5　A555号線で実験された料金システムの仕様

処理できないことが1つ残った。それは、システムが誤って使用された場合、それが意図的なものなのか、あるいは事故なのかが判別できないということである。このため、当面は大型車についてデータを集積していくこととされた。現行のビニエット方式は2003年に対距離重量貨物車料金に変更される予定である。この段階では自動収受ではあるが、まだ人手で補完されるものである、これは外国の重量貨物車には重要である。重量貨物車の道路交通に占める割合が量的に小さいことから、補完的に人力を用いてもこれは許容範囲内のものとされているのである。知見が十分に蓄積した段階で、料金徴収の対象となる車両と道路区間の拡大が検討されることとなろう。

連邦アウトバーンの付帯施設の民営化

ドイツではアウトバーンの建設が始まってから、給油施設と休憩施設とを整備してきた。道路通行者の必要を満たすよう、50km から60km の間隔で給油所や休憩施設といったサービス施設を設置している。こうしたサービス施設の間には無人のトイレつき休憩所も置かれている。道路利用者のために、可能な限り15km から20km おきに休憩施設が設置されているわけである。サービス施設——連邦長距離道路法では「付帯施設」と呼ばれている——は、50年代の初めから、連邦所有の会社である連邦アウトバーン付帯施設有限会社（GfN）から資金が供給され、その大半が中堅の会社に貸し出された。付帯施設の建設は連邦による州の道路部局への委託行政事務であった。建設費と維持管理費が施設使用料で償還された後は、この付帯施設は連邦所有となった。

1988年に連邦交通省は連邦議会交通委員会に「連邦アウトバーン付帯施設会社にかわる新たなモデルの考え方」という報告書を提出した。委員会では諸会派が共同で作成した意見書で付帯施設の新たな枠組みを提起した。それは、国よりも民間に主導権をもたせるということを目標としたものであった。1990年11月7日の民営化及び投資政策大綱において連邦政府は、連邦政府所有の付帯施設会社を株式会社に改組することを決定した。さしあたり株式の49％を民間に売却することとされた。その前に、連邦所有となっていた付帯施設を付帯施設会社に戻すこととなった。旧東ドイツ地区の州内の付帯施設も統合されてこの新たな仕組みで取り扱われるようになった。さらにテナントが投資コストを負担する様々な方式が試みられた。投下資

9. 90年代 (1989 - 1999)

コラム17

民営化

　90年代の初めから交通インフラそのもの、またその利用について民営化手法を取り入れるべきかという議論が盛んになされるようになった。逼迫した財政状況を克服することがその目標である。と同時に、道路にかかるコストを、道路利用者が従前よりも広い範囲で負担する方向を固めることであった。

　アウトバーンへの必要資金を民間市場から調達するという考え方は、50年代からあったが、これはその後引き続いて取り上げられるということはなかった。連邦政府が民営化あるいは民間資本の活用が可能かどうかについて立ち入った検討を行ったのは、1992年になってからのことである。この手法で交通インフラ整備の資金を調達しようとするのであった。こうした検討が進められるようになったのは、旧東ドイツ地区に重点的に投資が行われるようになり、旧西ドイツ地区の州の財政状況が厳しくなったことが要因であった。

　民間先行投資方式の枠組みで、連邦長距離道路の資金調達と工事とが民間のプロジェクト会社に委ねられた事業数は12件に上った。以上の事業で46億マルクの支出があった。その後、小規模な連邦道路事業15件についてもこのモデルが用いられた。この民間側が調達した資金は15年の期間で返済される予定である。この返済は工事完了のときから開始される。

　このモデルは機能しているが、万能薬というわけではない。適用可能な事業が限定されているからである。それは、この資金調達方式は事業費総額では、公共予算によって資金を調達する場合に比べて高額となっているためである。資金返済期間である15年の期間中に、別の工事あるいは事業の運営や維持管理を行えるだけの資金的なゆとりがあることが必要である。この別工事等には、このような資金調達方法を利用するということはできない。しかし、道路建設事業のなかには、この民間投資先行方式を用いることによって、より早く事業を推進することができるものがある。換言すれば、「時間を買って」いるわけである。

　いわゆる事業者モデルでは、民間の手には資金調達と工事だけでなく、工事目的物の運営をも委ねられた。このため事業者に対し施設の利用料金を、通常30年の期間に渡って徴収する権利を与える余地が生じた。国家の役割はもっぱら法的監督と、場合によっては料金の上限を設定することに限られる。この場合、連邦と所管州との意志疎通が必要である。事業者との契約期間が満了した後は、事業は公共側に移

209

管される。この事業モデルは事業が競争市場において相当の収益を上げられる場合に限って実施可能である。民間事業者は、利益を手にすることができるときにしか参入してこない。このモデルでの事業は現在のところ2つがある[47]。ロストック市内のヴァルノートンネルとリューベックのトラーフェ横断道路である。連邦は11事業がこの資金調達方式の対象となるかを並行して審査しているところである。

　1994年3月24日の連邦長距離道路法の改正により、連邦所有の休憩施設会社（GfN）が民間財産に変更された。連邦は、この会社を「Tank & Rast AG（休憩・給油株式会社）」として1988年に民間株式会社に対して競売にかけた。個々の休憩施設の営業について、連邦はコンセッションを与えている。その対価は連邦貨物庁が連邦大臣に代わって徴収している。アウトバーンの電話回線と非常電話は1999年以降民間会社が管理している。

本が大きい場合には、企業の活動範囲が広げられた。以上のような方向で付帯施設会社は1994年にアウトバーン休憩・給油株式会社（Autobahn Tank &Rast AG）に改組された。

　連邦長距離道路法の第3次改正以降、民間の第三者は、例えばアウトバーン休憩・給油株式会社と同じように、資金調達と施設運営だけでなく施設建設も行うことができるようになった。付帯施設の建設、運営には免許が必要である。

　この免許は、連邦長距離道路に関する州政府への委託行政事務の一環として州が交付している。以上については標準契約書が作成されている。それによれば休憩施設と給油についてはその期間を30年から40年、宿泊施設については40年から50年とされている。既存の営業中の付帯施設については、既存の営業者やアウトバーン休憩・給油施設株式会社とコンセッション契約が締結された。新たな施設については、コンセッションが公募されて免許が付与されている。

　アウトバーン休憩・給油施設株式会社の全株式は、1988年に民間コンソーシアムに売却された。その後、10年間の包括協定が結ばれた。この協定は必要に応じて契約当事者である連邦、アウトバーン休憩・給油会社か

---

47) この事業については報告書が出されている。邦訳は高速道路機構海外調査シリーズ No.21（ドイツにおける道路事業の PPP（その3）を参照。

9. 90年代（1989−1999）

ら延長することができる。コンソーシアムの共同発表でアウトバーン給油・休憩会社の統一性と独立性を確保し、企業価値を高めることが表明された。休憩施設は5つの例外はあるが休憩給油会社の直営ではなく、中堅会社のテナントによって営業されている。国の役割は、連邦アウトバーンを構成する付帯施設の安全性と秩序を確保することに限定されている。民間が営業の主体となった事例のうちひときわ目立ったものとなっているのは、イレルタール（Illertal）休憩所（東側、写真下）である。この休憩所は民間主導で大手民間投資家が参加して実現したものである。これはアウトバーンに芸術的なアクセントを与えている。

　付帯施設は単一もしくは複数の営業施設のみからなるわけではない。付帯施設には、車両用の通路、駐車場、休憩用スペースもそこに含まれる。以上は今もなお、連邦の行政事務委託先である州によって設営されている。アウトバーンでドライバーが立ち寄り、サービスを受けるには駐車場の整備が必要である。旧東ドイツ地区では、90年代になってもまだ駐車場の必要マスを大きく増やすゆとりがあった。旧東ドイツ地区内においてこのように事業実施をしていく上で有利に働いた点は、ドイツ統一交通事業でも見受けられる。サービスレベルを引き上げるため、旧東ドイツ地区では、新たな休憩施設を建設することが必要であっただけでなく、従前に建設されたままの休憩施設についても、その多くを拡張することが必要であった。これは交通量が増大したためである。

　旧西ドイツ地区では、交通量の増大にあわせた営業中の休憩施設の改修は必ずしも広くは行われなかった。駐車場不足を改善するために、営業施設の整備計画が立てられた。これは10年わたる計画のもので、5億マルクを要するものと見込まれた。事業は1995年に開始した。21世紀にはアウトバーンが提供するサービスは素晴らしいものとなろう。営業施設は422カ所、給油所は362カ所、休憩所は371カ所、加えてモーテルが54カ所となる。さらに、アウトバーン沿線には1,682カ所の営業施設のない休憩施設がある。

写真9−5　A7号線　イレルタール休憩所

211

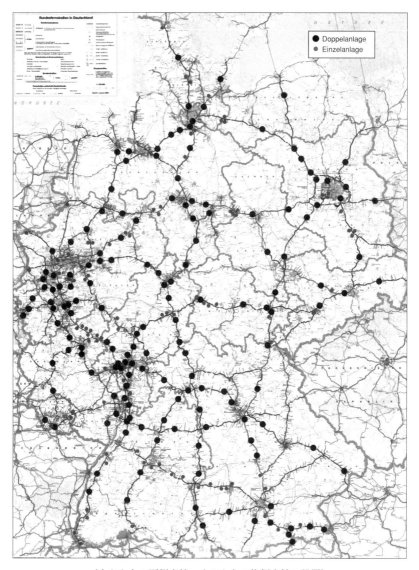

(大きな丸：両側車線、小さな丸：片側車線に設置)

図9-6　連邦アウトバーンの給油所と休憩所
(口絵16頁参照)

9. 90年代（1989－1999）

9．3　道路への負荷とそのもたらす結果

　ドイツにおける交通施設の純資産価値は、約9,400億マルクに達する。
これは市民１人当たりにしてほぼ12,000マルクに相当する。うち道路分は
約6,000億マルクで、連邦長距離道路にかかるものは約2,340億マルクであ
る。連邦長距離道路は、道路延長の23％をわずかに切るものの資産価値と
してはほぼ40％を有していることになる。道路インフラは、その投入され
た資金が大きいだけにきわめて重要な価値を有する経済的資産となってい
る。その使用価値と資産価値は、その利用者のみならず道路管理者の多様
な要請を満たすものでなければならない。この点で特に求められているの
は、走行車線の舗装である。これは走行車線の上層舗装と関連して、走行
の快適性と安全性を大きく決定づけるものである。他方、道路資産は耐久
性を有し、投資が採算にのるものであることが必要である。

　舗装の耐久性は走行車両台数と走行速度のみならず、軸重——重要な
ファクターである——すなわち舗装面に加わる荷重によって決まってくる。
近年、特に重量車両が増加し、軸重も大きくなったことから、道路網はそ
のかなりの部分において、以前にも増してより短い周期で、大がかりな修
繕、整備がますます必要となってきた。加えて道路が増えないため問題は
なお難しくなっている状況にある。

　道路は完成後、その交通量に関係なく外部環境にさらされる。「時間の
経過」だけが問題なのではない。日光や降水量と降水強度といった気象条
件の影響も破壊的である。道路の寿命に決定的に重要であるのは、個々の
部分の工事品質である。60年代までは、施工手法や施工資材は、現場の状
況や利用可能な技術や労働力に大きく依存していた。特に、道路の「基
礎」をなす下部工の工事品質は、施工に当たる技術者の経験知識に依存し
ていた。道路下部工の施工上の要求事項が統一されたのは1965年になっ
てからに過ぎない。これは、「土工工事技術追加基準及び指針」の策定に
併せたものであった。これは、特に下部工の霜対策を対象としたもので
あった。路面舗装の全国標準基準は、1966年に出された。この基準に基
づいて霜対策が講じられた上部工は、少なくとも20年の耐久性を有する
ものとされていた。「道路工事全国基準（上部工編）(Richtlinie für Straßenbau,

213

Teil Oberbau（RSt-O））が策定され道路施設全般にわたる詳細な基準となった。同基準は、現在までの道路上部工整備基準を削減するとともに、路肩等の舗装に関する規定が記されていた。

写真9-6　A7号線ヴィルデゲラにかかる橋梁（スパン長252m）
（原著には、この写真について言及・解説が全くない）

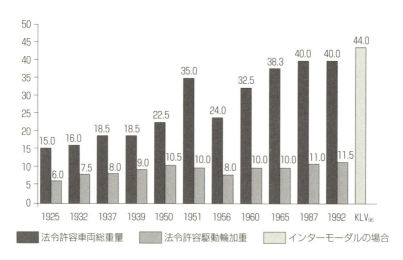

図9-7　法令許容車両総重量等（単位：トン）

9. 90年代（1989 – 1999）

　90年代の初めには、道路の維持管理に関する基準が規定された。これは現在にいう「舗装マネジメントシステム」すなわち道路の維持管理をシステマティックに行うための基礎的施工技術である。

システマティックな維持管理

　交通量それも重量車両の増加によって道路への負荷はますます大きくなっているが、単にこれだけで問題が難しくなってきているというわけではない。道路の経過年数が進行している（70年代に建設された道路も整備の時期に来ている）ことに加え、予算が逼迫しているという状況も問題の要因となっており、連邦長距離道路の維持管理を可能な限り効率的に行うことが必要となってきた。連邦と州は「道路の維持管理をシステマティックに行う」手法を採用している。必要なインフラ保全工事に、技術的、経済的観点を取り入れて実施していくという考え方を取り入れたものである。この考え方では、技術的観点から道路の安全を確保しようとする場合でも、適正費用の限度内で実施するということになる。

　道路の維持管理をシステマティックに行う要素としては次のようなものがあり、維持管理が最適化されるように働いている。

・連邦長距離道路網の調査点検を定期的に行うこと。

・インフラ構造物の変状を予測し、その必要とされる対策工事内容の策定とその必要経費の推計（老朽化の評価）を行うこと。

・連邦が政策目標とする現代的なコントロール手法による道路網全体の管理（限られた資金によってどの程度の内容でどこを整備すべきか）。

・工事対象物ごとに最適な維持管理計画を立案すること（今回はオーバーレーイで足りるのかあるいは、より広範囲での整備が必要なのか）。

・道路網全体が常に改良されるようコントロールすること。

　ドイツにおける道路網の維持管理をシステマティックなものにしようと、点検調査の分野に手が掛けられたのは、80年代中頃にヘッセン州道路局が行った調査研究にさかのぼる。この研究は連邦道と州道の一方通行路の状況を視覚化したものであった。連邦交通省は、すべての州と密接に協力してこのシステムを汎用性のあるものに改良した。連邦交通省はこの作業に当たり、広くビジュアル化することによって評価が主観的なものに流れないよう配慮した。道路状況の把握は、検査測定車両を定期的に実際の交通

流と「同時に流して」行われるようになり、それはやがて連邦全体で実施されるものとなった。このシステムは現在では、運用上の問題は生じていない。検査測定車両による作業は、道路交通を妨げたり、逆に道路交通に妨げられることなく実施されている。1989年から1990年にかけてこのシステムはアウトバーンの約600kmの区間でテストされた。すべてが満足のいくものであったため1992年には、アウトバーンのすべての走行車線がこのシステムによって調査された。1996年までには、連邦道路の全路線も調査を終えた。1997年からは、このシステムから信頼性の高いデータが提供されるようになった。どこにどの程度の損傷生じており、あるいは損傷が発生する可能性があるのか？ その回答はこのシステムによって、大きな費用を要することなく迅速に得ることができる。年額400から500万マルク

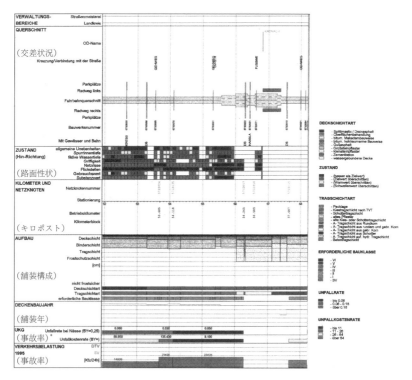

＊事故率：上段（舗装面が湿潤のとき）、下段（乾燥時）

図9-8　ある道路の状況の実例（B173号線、クロナッハ付近）
（口絵17頁参照）

に及ぶコストは早期に回収されている。

定期的に状況が把握されているため、
- 各道路部局が新たな情報に迅速に対応することが可能であり、
- 一定の戦略をもとに維持管理に必要とされる比較的大規模な工事を計画し、これを道路全体の視点で

写真9-7　特殊作業車による橋梁点検

捉えることが可能だからである。また交通、工事、経済的観点を等しく考慮することが可能になっている。

現代の維持管理作業

道路の維持補修作業は、広い意味での道路管理作業の弟分であるとみられることが多い。しかし、維持補修が単に「清掃」のことを指すだけのものでなくなってからすでに久しい。交通量が増大するにつれ道路管理や道路運用の業務は拡大し、また、要求事項も広がってきている。道路管理事務所の重要な業務は次のとおりである（カッコ内はそのコストの占める割合を示す）。
- 路面及び路側清掃（18%）
- 施設系管理（17%）
- 構造物のメンテナンス（緊急補修のみ、16%）
- 植栽管理（草・灌木、16%）
- 標識・ガードレールの復旧（12%）
- 雪氷作業（12%、アウトバーンについては24時間、連邦道路については6時から22時まで）

標準的なアウトバーン管理事務所では、おおよそ30名の要員と、10台の車両で延長約60kmのアウトバーンの区間をkm当たり年65,000マルクの費用で管理している。アウトバーン以外の道路管理事務所では、ほぼ同じ体制で225km[48]の連邦道路と州道とを管理している。道路の維持作業（アウトバーンも含む）には、州の職員が従事している。ただし、雪氷作業につ

---

48) 車線延長である。

いては、かなりの範囲に渡って民間事業者が投入されている。連邦は以上の作業に対して連邦道路に年 km 当たり約22,000マルクを支払っている。これはドイツ基本法（憲法）第85条と第90条に基づくものである。繁忙期については、民間事業者と委託契約が締結されており、これは平均して年間支出額の20％を占めている。

　連邦は、長年にわたり透明性の一層の確保を求めてきた。連邦は、1995年の連邦の会計検査後、経費の削減について州と合意に達した。これは道路維持作業の担当地区を新たに再編し拡大するほか、州職員を削減して、委託職員を増員することをその目標としたものであった。この「管理事務所2000（Meisterei 2000）」という構想は、アウトバーン管理事務所と道路管理事務所の職員をそれぞれ15％、25％削減するとした。決定権は州担当官庁に委ねられた。経費削減の成否は、合意された業務内容と道路管理費の分析によって査定されるものとされた。連邦議会は、1997年に予算委員会に年間報告書を提出することを決定した。1999年当初、連邦と州の担当官庁は、維持管理作業に関する作業結果報告の内容につき合意をみた。

　テューリンゲン州の道路部局は一歩先んじていた。同地では、維持作業を州の有限会社に移管したのである。次の一歩となるのは、州内の自治体の業務を入札にかけることであろう。その目標は道路維持作業のコストを全体として削減することである。このテーマは、かなりセンセーショナルなものである。というのは、道路状況を最適に保っておかねばならず、なお交通の安全性を阻害することがあってはならないからである。

9.4　交通安全

　旧西ドイツの道路の安全性は一貫して高まっていた。しかし、1989年以降の旧東ドイツ地区の情勢は全く異なっていた。ベルリンの壁の崩壊と通貨統合によって、突如モータリゼーションの波が押し寄せたのである。1989年時点では、東ドイツの自動車の利用状況は、アイルランドやポルトガルを下回る水準であった。しかし、これは僅か1年の間に24％増大し、1990年にはさらに17％増加した。このような短い期間にこれほどの車両が販売された国はどこにもない。道路網もまた、道路関連施設もこの変化には耐えられるものではなかった。交通量が激増した以上当然である。人

9. 90年代（1989－1999）

身事故が増え、死者数も急激に増加するという悲劇的な状況に至った。警察の調べによると、1991年の旧東ドイツ地区での人身事故は約64,000件で、死者は3,760人であった。1993年でも、旧東ドイツ地区での交通事故死者数は、旧西ドイツ地区と比較して人口当たり倍となっていた。

　1995年まで旧東ドイツ地区での人身事故はなお増加していたが、1991年以降死亡者数は連続して減少するようになった。警察統計によれば、旧東ドイツ地区（東ベルリンを除く）では、1999年でも2,000人の死者数を記録していたが、これは、1991年の数値の半分を割っていた。ドイツ全体では、なお7,800人が亡くなっていた。これは交通統計がとられるようになってから最低の数値であった。しかし交通安全対策の手を緩めることは許されるものではなく、なお我々が努力すべき第一の目標であった。なぜなら、1日当たりの死者数が20人を超えるというのは依然多すぎるからである。

　そこでドイツ交通安全会議は、講習教育対象者を広めに設定した教育プログラムを組み、推進会議の構成団体と協力してこれを実施してきた。教育・講習プログラムは、その「1つのセット」を特定の年齢層を対象にしていた。教育を受けた講師が、親や教師を対象とした安全教育講習会を開いた。親たちには、新入学児童を対象とした通学路の手引きが配布された。幼稚園児を対象とした交通安全教育プログラムでは、路上でどのように行動すべきか指導するようにされている。

　高齢の世代も講習対象者として重要である。歩行者とのディスカッションに加えて、高齢者ドライバーとのディスカッションが頻繁に行われるようにされており、そこでは道路交通上の問題について参考事例などが提供され、また質疑応答が行われている。乗用車のドライバーや、オートバイ、原動機付自転車利用者のための学校での教習や、バス・トラック・タンク車のドライバーのための講習は、自らが危険に曝されたり、あるいは危険を招来する可能性のある者を対象としたものである。1996年には、ドイツ交通安全推進会議の所属団体であるヨーロッパ自動車クラブ、ドイツ自動車連盟、ドイツ自動車スポーツ協会、ドイツ監視協会に所属する650人に上る講師が、3,300回に及ぶ講習会等を行った。「子供のための交通教室」では、子供の歩行者・自転車利用者・自動車同乗者さらに、諸外国の子供たちを対象に10,000万回を超える催しを行った。

219

危険物

　東ドイツとの通貨・経済・社会統合条約が署名される前に、連邦交通省は、東ドイツと交通統合に関して協議を進めていた。1990年5月10日には、両ドイツ政府の交通大臣は、専門家グループを設置した。このグループは、法律問題を検討し、異なる法制度を何らかの形で調整しようとするものであった。このグループには「危険物輸送」班があった。これは、両政府の交通省とその所管の国家機関の代表者から構成されていた。1990年8月31日のドイツ統一条約では、現西ドイツの危険物輸送に関する法規は、1991年6月までの移行期間後から旧東ドイツ地区で効力を有するものとされた。

　80年代の終わりに欧州委員会は危険物輸送の問題に本格的に取り組むようになった。閣僚理事会は、委員会の提案に沿って、1994年11月21日に指針（94/55/EG）発した。これは路上危険物輸送にかかる加盟国の法規と同様のものである。ドイツでは1996年にこの指針が法制化された。これ以降国内、欧州共同体内部とさらに欧州を超える地区への輸送について事実上同一の規定が適用されることになった。さらに危険物の輸送に関わる企業や事業者はいずれも特別の義務を負うことになった。危険物輸送を行う者は、それがどの交通手段を用いるものであっても、危険物を安全かつ円滑に搬送するよう配慮することとなった。これに必要となる知識等は専門の講習により得ることとなった。

写真9-8　「休まないで大丈夫？」

写真9-9　腐食性物質の運搬車

9. 90年代（1989－1999）

9．5　交通計画と交通技術

交通計画

　交通計画を考えていくうえで、旧東ドイツ地区の情勢の変化は切実な問題となった。ドイツ統一によって情勢が新しく変わり計画策定の根底が変わったのである。
　旧東ドイツの道路交通には次のような特徴があった。
・モータリゼーションの進行が遅いこと。
・公共交通機関による旅客輸送の割合が高率であり、また歩行者による移動が多いこと。
・近距離内での行き来を前提として居住地区が形成されているとともにその周辺地域との境目が明確であること。
　以上の事情は、今日の都市計画の観点からは好都合といえるものであった。しかし、ドイツの統一により、こうした状況は次のような事情により崩れていく危険性があった。
・急激なモータリゼーションの進行
・旧東ドイツ地区の産業地域の衰退
・町周辺のショッピングセンターの形成。これは地域の発展をコントロールする計画法規がなかったことがその原因である。
　このような状況下での計画担当者の仕事は綱渡りのようなものであった。特に、当初に行われた市町村道の交通計画は、互いに相矛盾する要求を満足させることが求められることが多かった。都市内道路や近距離鉄道、路面電車と並行する道路を拡幅して、歩道は地下通路に変えるといった工事は避けようと考えていたが、他方、住宅地・商業地域の開発を公共交通機関の拡充によって早期に進めること、またバイパスの速やかな建設も求められていた。
　基本的には、交通計画を策定する上で、政策上の目標と交通需要の動向のバランスをとるよう努力していたのである。
　政策目標を考える上での課題は次のようなものであった。
・すべての交通システムを包括する交通マネジメントを行うことを前提に、

221

環境上有利な交通手段が選択されることとなるようにすること。
- 旧市街の居住地区や、市街地中心部分の大半を占める狭隘な道路には貨物自動車が入らないようにすること。この問題は、以前から市内に車を入れることを許容するのか、あるいは郊外に留めるのかという争いがあった。

また、現実の需要動向からみた課題も問題であった。
- 大都市周辺では交通量を大きくさばける地域主要道路との連結が必要である。
- 交通問題の解決に向けて交通マネジメント技術の導入が必要である。
- 都市中心部分周辺には、新たな駐車場を設置し、パーキングシステムの一部に組み入れること。

以上の問題については生態系、景観、都市空間へのマイナスの影響にも目を向けることが必要であると同時に、問題の早期解決のために投資を早急に行うことが必要であった。

ベルリンの壁崩壊後、道路施設を設計する上で目指されていたのは、第一にできるだけ短期間のうちに十分な安全性を確保するということであった。

道路計画担当者は、ドイツ再統一に当たり、上記の要求に応えて旧東ドイツ地区の大都市の交通計画を策定し、プラスの成果を上げたとしている。この交通計画はバランスのとれた現代的なものであった。また同計画は、交通機関の間の調整（交通機関間の分担）にも踏み込んでおり、事業資金をも含んだものであった。エルフルト（Erfurt）とドレスデン（Dresden）の例が実例である。公共交通機関に魅力を持たせて、従来の優れた交通機関間の分担、すなわち公共交通機関による高い交通分担率を維持することが可能となった。しかもこれは、交通の多い都市内で、大規模な近代化工事を行った上でのことであった。

市街地区の外においては、
- 連邦アウトバーンの中央分離帯にガードレールを全線で設置することで安全は大きく高まった。また、同時に補修作業を考慮して、設計手法が改善（安全性の高い線形）されるようになった。
- 表層部の舗装を打ち替えしか行わず、安全に対する新たな投資が不十分なケースでは、逆に安全性が低下することが多かった。連邦道路や州道がこのような形で改良された場合には、高速での走行が可能となるが、

9. 90年代（1989−1999）

設計は変更されておらず、また道路周辺とのバランス（沿道の樹木を想起されたい）も取られていなかった。しかし、高速走行には例えば別の曲線半径が必要である。旧東ドイツ地区の交通事故の犠牲者の多く——特に18歳から25歳の年齢層の者であった——は、よかれと思って実施された舗装改良の犠牲者だったのである。

90年代の初めに、地方部道路に関する設計指針（RAS-L-95、RAS-Q-96、

長距離道路の地域通過による街区の分断が少ない事例

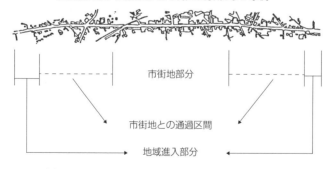

長距離道路の地域通過による街区の分断が多い事例

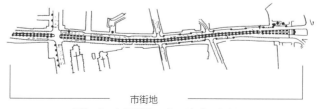

大都市中心部の主要道路沿線で街区の分断が生じない事例

図9−9　主要道路による地域の分断

223

コラム18

テレマティックス

　現代の検測・制御・コントロールの技術は、90年代の生活を変え、テレマティックス導入を強力に後押しした。これは、現行の道路にも、また道路建設にも利益をもたらしてきたし、これからも同様であろう。こうした技術の導入によって、次の方面が特に推進されていくこととなろう。
・交通安全の飛躍的上昇
・狭い道路での交通流の改善と、渋滞頻度の低下
・それぞれの交通機関利用者へのより有用な情報の提供による
　　－交通の鉄道あるいは水路へとシフト
　　－道に不案内な車両や駐車スペースを探す車両の減少
　こうした事項は政策目標として掲げられているものであって、交通量が多く、また交通事故も多い連邦長距離道路については可変交通標識や可変通行路指定標識といった交通管制装置の設置が行政上の課題として推進された。以上とは異なる分野（ルート案内、交通情報システム、運転支援等）では、テレマティックスの導入は民間に委ねられている。民間側は、国家側が整備する環境条件のもとで新たな製品を開発し市場に出していくことになる。
　テレマティックスが交通問題を解決してくれるというわけではない。しかしテレマティックスを用いることによって、交通をより捌くようにはできる。現在までのところ連邦交通省は、その所管の範囲ではテレマティックスはプラスの成果を上げているとしている。
　交通管制に関連する調査によれば、人身事故や重大な損害を生じさせる事故が減少し、交通が安定的なものになった。もっともどの程度の成果を収めているかは対象となる道路区間の特性に依存していることは言うまでもない。

AH-RAL-K-2-93）の大半が見直されたが、それは、こうしたマイナスの状況だけがその理由となるものではない。以上の指針は、その後旧東ドイツ地区の重要な道路の新設計画にも適用されたものである。

　地域の居住圏内の道路計画については、「Ｂ等級道路（都市内高速）接続インターチェンジ設計に関する指示書（RAS-K-2-B）」が1995年に策定された。これには、旧東ドイツ（と東欧諸国）の大都市の交通計画では、道路の大規模整備を行って交通容量の高い主要幹線道路網を確保しようとするこ

9. 90年代（1989－1999）

とがその大半に定められていたことが大きく作用している。上記指示書は、問題が生じやすい都市周辺地域については、連邦アウトバーンの高水準の設計基準を適用しないとの方向を示したものであった。というのはアウトバーンの設計基準によれば広い土地が必要とされるが、都市周辺ではこれは不足していることが誰の目にも明らかだからである。また、この高水準の基準を適用しないことによって、1979年代に旧西ドイツの大都市での失敗が繰り返されることを避けようとしたのであった。この指示書と同じ目標を持ったものに「主要幹線道路施設（案）－EAHV93」がある。この対象は、アウトバーンの地域通過区間である。ブランデンブルク州とザクセン州はこれの（案）に基づき、建設中の地域通過区間に適用される指針を策定した。が、ドイツ再統一により工事が急がれたことから、旧東ドイツ地区の州では70年代の整備基準（訳者追記：旧東ドイツの基準を指すようにも思われるがはっきりしない。）が用いられた地区が多かった。こうした事例は、特に車両を優先する道路事業で生じた。例えば、ポールや縁石を設置せずに車道を広げ、歩道を狭めたりされたのである。

交通技術

　90年代のテレマティックスの進展には目を見張るものがあった。テレマティックスが投入された領域の中でもっとも重要な分野は交通誘導であった。交通はその流れが円滑なだけでは足りず、より安全であることが必要である。この目標は新しいものではなく、すでに60年代の終わりに、例えばアウトバーンのミュンヘン－ザルツブルク間で交通状況に合わせて走行速度が調整された。この区間では、日曜日のUターンの時間帯の交通事故が、2割減少し、同時に渋滞回数も減った。交通量が増加していたのに、渋滞は減少したのである。

　高度な技術を駆使してアウトバーンや州道の重交通量区間で一定の走行速度が確保されるようになった。走行速度は、それぞれの区間の交通量に合わせて調整される。コンピューターと接続した交通管制機器

写真9－10　可変交通標識（A49号線ミュンヘン北付近）

がどのようなコントロールを行っているかは、数値から明瞭にわかる。この数値はフランクフルトーニュルンベルクーホレダウ・ミュンヘン間ならびに、ニーダザクセンーザクセン・アンハルト間のものである。以上の区間では、重大な人身事故は、30％から50％減少している。検知装置により実際の交通量や天候が把握されている。伝達されたデータと計算機によって交通標識、通行路指示標識が制御されるとともに、可変標識の管理者に情報が送られている。

　ドイツはこの分野だけでなく、車両への自動警報ステムによる自動情報提供についても早くからイノベーション導入の先駆者となっている。これは、1997年の秋から放送局の支援を受けて運用されている。ドイツはヨーロッパで最初に、このラジオーデジタルーシステム、あるいは交通情報チャンネルと呼ばれる放送を全土で実施した。特別仕様のラジオでドライバーは、デジタル方式により交通状況をリアルタイムで受信することができる。地域情報やルートを任意の言語で入手することが可能である。以上の２つのシステムは、近く相互に接続される予定である。リアルタイムでの情報、ルート案内、それも交通状況等によってルートは適宜変更されるため、走行はより快適になるばかりでなく、一層安全なものとなろう。

9．6　環境保全と市民参加

環境に適合した道路計画

　ドイツ政府は交通政策と交通網計画の策定に当たって、より一層環境に配慮するようにしている。これは環境と調和したモビリティを発展させることを志向したものである。すべての交通システムが環境と調和するよう、政策の相互調整を目指しているのである。そのための戦略としては、交通そのものを抑制し、あるいは環境に対する適合性がより高い別の交通手段に誘導することがその目標とされている。また、以上と併せて異なる交通手段を繋げてネットワークとし、その接続も技術的に望ましい形なものとすることが必要である。さらに環境への影響は、避けられないものであっても最小にするよう努力しなければならない。これは必要となる土地使用面積が増える場合について言える。結局のところ総合的な情報が広く明ら

9. 90年代（1989－1999）

かにされることが必要である。1992年に、交通、環境、国土利用・国土形成の分野について横断的に関係大臣と議員による会議が開催され、以上の目標は、それぞれの政策を相互に調整しない限り達成することはできないということが確認された。

道路建設計画の策定に当たっては、環境保護の観点からの要求事項は、適切な範囲で取り入れるよう配慮されている。この場合には同時に環境影響評価に関する法律の定める条件との調整を行うことが必要である。

連邦が、環境影響評価、自然保護、景観保護に関する要求事項を守ることを規定する法的枠組みは、さらに次に例示する指示書や勧告によって補完されている。

・道路・橋梁工事技術者及び景観技術者のため施工契約ハンドブック

（Handbuch für Verträge über Leistungen der Ingenieure und Landschaftsarchitekten Im Sraßen – und Brückenbau 1995）

・道路工事環境影響調査の標準的手法

（Musterkarten für Umweltvertäglichekeitsstudien im Straßenbau）

・道路設計図書別添景観設計図策定用標準図

（Musterkarten für die einheitliche Gestaltung Landschaftspflegerischer Begleitspläne Im Straßenbau）

・連邦長距離道路のための環境影響評価に関する法律第6条に基づく資料に関する指示書

（Hinweise zu den Unerlagen gemäß §6 UVPG für Bundesfernstraßen 1977）

景観保全や技術的改善点は、実際の現場で数多く見ることができる。例えば、道路等のように構造物が線状であることによって、その及ぼす影響が避けがたいものであってもこれを減らそうとする努力がみられる。道路が連続性のある景観を断ち切ってしまったり、1つの平野を分かつようなことが頻繁に生ずる事例である。このような工事については、獣（けもの）道を設置し、あるいは橋梁を緑化し、あるいは現地盤と同じレベルで橋梁を建設している。しかしよく用いられるのは、異なる交通手段の通行路を隣接させるという手法である。これには連邦アウトバーンとかなり並行して建設されているICE[49]のケルン－フランクフルト間の新設区間のような

49）InterCityExpress＝ドイツ新幹線

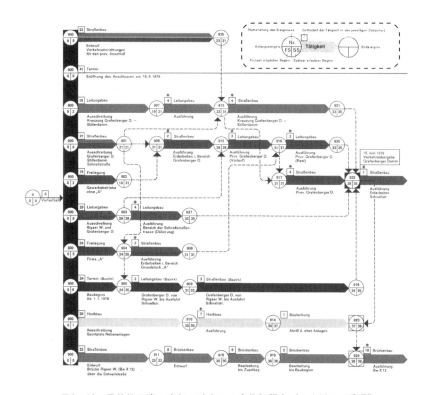

図9−10　具体的工事の当初の時点での全体行程表（ベルリンの事例）
（口絵18頁参照）

（各種の作業が、次の記載（本図の破線囲み）の関連づけて記される。）

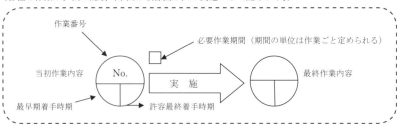

事例がある。他の事例としては、アルンシュタット（Arnstadt）近郊の隣接区間がある。ここではICEのエルフルトーニュルンベルクの区間とアウトバーン71号線のエルフルトーシュヴァインフルトの区間とが同じレベルの地盤に平行して建設されている。さらに環境へのマイナス影響が避けられない場合には、これを埋め合わせる努力もなされている。例えば、湿

潤な、あるいは乾燥したビオトープを生成したり、灌木を植え、あるいは自然環境に近似した環境の再生を行っている。これは自然環境、景観に関する最新の知見に基づくもので植物相、動物相の生存条件に適うものとなっている。計画に多くの労力をかけ、技術を適切に活用することによって、道路構造物はより景観に馴染んだものとなる。

写真9-11　A44号線環境対策工事（デュッセルドルフ＝ラート間）

連邦交通省が制定した騒音防止規則について連邦行政裁判所が1983年に問題点を指摘した後、同省は、1990年6月に公害防止法第43条が想定していた「連邦公害防止法第16次実施規則」を発令した。同規則は、1983年の騒音の上限値の規定を引き下げ、騒音防止を一層進めるものとなった。この基準値の低減は、交通量の半減に相当するものであった。もっともこの規則が義務づけたのは、新たな計画による騒音に関するもののみであった。

既存の道路区間におけるいわゆる騒音対策は、依然として連邦の裁量と予算の範囲内のものであった。騒音対策については1978年以降の予算と工事内容について統計がとられている。1999年時点では、次のような状況にある。

・騒音対策に投じられた費用は、約61億マルクであった。
・防音築堤の延長は、約850kmに達している。
・防音壁の延長は、約1,650kmに達している。
・鋼製の遮音壁の延長は、約45kmに達している。
・二重窓の総面積は、75万 m^2 に達している。

騒音被害を受ける側からの対策については、1997年2月4日の連邦公害防止法第24次実施規則が規定するところである。この規定では騒音対策が必要となる箇所、例えば住居に関して規定している。この規則により連邦交通省の1987年の関連指針は廃止されるとともに二重窓が使用されるようになった。

市民参加

　時限立法である1991年の交通網計画策定促進法（Verkehrswegeplanungsbeschleuni-gungsgesetz、p.193コラム14参照）と、1993年の計画手続簡略化法（Planungsverfahrens-vereinfachungsgesetz）によって、計画がより早く、また、お役所主義を弱めた形で進められるようになったが、それだけではなく、同時に計画で直接影響を受ける市民の参加の可能性も小さくするものでもあった。そこで、実際には、直接の利害関係者がより深く関与することができるような手法も取り入れられた。この手法は都市内での工事を行うような計画の領域で進められたもので、関係者が計画のあらゆる局面に参画することで、プラスの効果が現れることがわかった。関係者が計画に加わり、働きかけ、また問題解決に向けた自主的な議論を行うだけでなく、自らが影響力を及ぼす可能性があるという意識を持つことは、建設事業への理解を深めるだけでなく、計画の質を高めることにも繋がるのである。

　インフラ整備計画をこのような開かれた形で進めることには、以上のような長所があり、長距離道路の計画については、中間の形で進めるということも試みられた。特に事業に対する反響が大きく、紛争が生じあるいは反対が出ると思われる場合には、事業を計画する側から情報提供を行うというのである。これは、路線選定の段階で行われる。このような情報提供は、事業内容を公にすることで事業への理解を高めることができるような場合には特に重要になる。「ドイツ統一」道路事業の計画事業者である「DEGES」のプロジェクトマネジメントの経験からも以上のことは明らかである。事業が望ましい形で適切に執行されれば、一般市民の事業参加によって、事業手続きは最終段階でむしろ早まることさえあり得る。市民参加によって時間を要しても引き合うのである。

欧州の環境政策

　欧州の開放が進めば、その市場はより自由度が増すことになる。そして欧州共同体の環境政策は、その影響力を増していく。事業計画の際の環境影響評価については、1985年の環境影響評価に関する欧州委員会指針に基づいて整合性が図られている。この指針は1997年に改訂されている。1992年からは、欧州環境保護区域のネットワークが構築されてきている。同

9. 90年代（1989－1999）

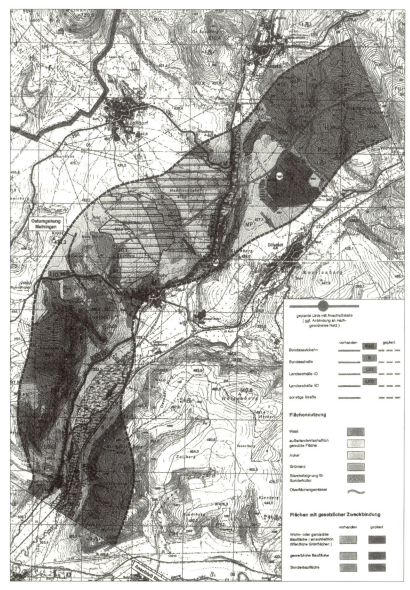

図9－11　A71号線付近の環境適合性評価関連資料
（口絵19頁参照）

年に出された自然保護地域の保全及び動植物の保護に関する指針は、この
ネットワークと関連するもので、EU加盟国の交通事業計画に大きな影響
を与えるようになっている。これは、同指針が、環境影響評価を強く要
求しているためである。別の事業や規定類も環境問題や交通計画、国土利
用・形成計画に、より一層目を配るようになってきている。ここに事例を
挙げる。

・欧州共同体の「欧州横断交通網建設のガイドライン」
・事業計画のための環境影響評価ないし戦略的影響評価のための指針案
・1991年から推進されている自動車燃料に関する構想

10. 欧州の統一交通計画の展開

10. 1 欧州交通システムへの道

　欧州諸国は、第二次世界大戦後共通の原則に沿って経済政策を実施することが多くなってきた。このため各国の交通政策とそこに適用される基準も統一することが必要となってきた。50年代には交通標識が同様のものとなっていった。さらに安全基準や車両の技術基準に関して、多国間で申し合わせが整った。国際機関として機能したのは、何よりもまず国連欧州経済委員会[50](ECE)であった。この組織は国連の地域組織であった。

　当初、西ドイツの交通政策の基本的観点は、次の3つの方向性なり原則からなるものであった。

・西ドイツが西側社会の一員となること。

・ドイツは人口密度の高い工業国であり、輸出国であり、また通過国でもある。このため欧州におけるドイツの重要性が高まっていくこと。

・西側諸国とベルリンとの往来を確保し、ドイツの再統一への機会を逃さぬようにすべきこと。

　西ドイツは、早くから既存の国際機関で積極的に活動していた。国連欧州経済委員会はその一例である。1953年には他諸国と共同で欧州交通大臣会議をパリに設立した。諸国間の交通がより容易になるよう諸国間で協定が結ばれた。諸国間の道路交通に関しては、道路交通及び道路標識に関する国際協定が、1968年11月8日に締結された。同協定により、道路交通上の基本的規定や重要な交通標識が欧州国境を超え、広く世界で通用するものとした。

　欧州経済共同体の胚芽となったのは、1957年のいわゆるローマ条約である。以来、1958年1月から同条約は、条約当事国間における商品、人、

---

50) p.33のコラム2を参照。

サービス、資本の流通の障害を取り除くことと交通の分野において共通の政策を導入することを目指してきた。当初から政治的議論の中心に据えられたテーマは、「競争のゆがみ」「各国間の調整」「自由化」であった。数十年来、各国の政策の方向性や利害から様々なモットーが繰り出されるばかりであった。曰く、自由化前に調整を行うべきだ、自由化と調整とのバランスが必要だ、あるいは、まず自由化をしてから調整を行うべきだ、といった具合である。

　実際面でも、欧州経済共同体の交通市場やインフラ整備の分野に関するものは、当初、計画、メモ、構想の段階に留まるものしか出されなかった。これは欧州経済共同体（欧州石炭鉄鋼共同体と欧州原子力共同体の融合により欧州共同体となった）においては、財貨をすべて障壁に妨げられることなく自由に市場に出せるということが第一の関心事項であったためである。欧州全体としての交通政策を実施に移すことが試みられたが、個々の事項や政策手法は加盟国のそれぞれの利害と必ずしも一致しなかった。加盟国は、各国の主権を理由に、共同体の機関の権限を争うということはしなかった。しかし、加盟国に等しく適用され、拘束力を有する決定は、各加盟国の担当大臣で構成される共同体の閣僚理事会が行うか、あるいは政府代表者からなる欧州理事会が行っていたのである。

　1973年、共同体がデンマーク、アイルランド、イギリスの参加で拡大し、欧州委員会はインフラ整備の促進により力を注ぐことができるようになった。加盟各国のインフラ整備上の課題の多くは、共同体の交通問題として解決されるべきであるとの認識があった。このためには、当然のことながら関係国間で共通の基準や前提条件を整えることが必要になった。1978年、委員会はこのための各国間の協議手続案を提出し、理事会はこれを承認した。委員会は、これが機縁となって交通政策に関する勧告策定に参加する義務を負うようになった。また、理事会は、交通事業への資金供給手法について提案を行ったが、これは一層重要性を帯びるものとなっていった。1982年から欧州共同体は、共同体の利害に影響が大きい事業に対して財政援助を与えている。

　欧州としての交通政策の後押をしたのは、欧州裁判所（EuGH）の1985年5月22日の判決（13/83）であった。これは、短いものでその内容は必ずしも明快なものではなかったが、欧州理事会が、諸国間の交通事業について

10. 欧州の統一交通計画の展開

コラム 19

欧州交通大臣会議

　欧州各国の交通大臣は、諸国間で最大限の合意を取り付けたうえ
で、交通が統一的な発展を遂げるよう、交通大臣会議に集っている。
現在、この会議には39カ国が加盟しており、アメリカ大陸の４カ国も
準加盟国となっている。この会議は、その草創期には国境を越えた路
線計画の調整に有用なものであった。「外国」との折衝が以前のよう
に外務大臣経由でしか行われなかった時代には、この会議は諸国間共
同の作業グループに共通の場を提供するものとなっていた。同会議
は、1953年に欧州経済協力機構の関連機関として設立された。この機
構を母体に、1960年に創設された経済協力開発機構は、この欧州経済
協力機構がその母体となったものである。この機構には欧州外の国も
参加している。

　欧州交通大臣会議は大臣で構成されており、この点、国連の欧州経
済委員会とは異なっている。会議は、そもそも議論の場であると理解
されている。東欧が開放される以前から、同会議は西欧と東欧の架け
橋となっていた。例えば同会議は、加盟国間の通行量の割り当てを
行っていた。またそこで行われる決議は、勧告的性格をもつもので
あったが、欧州において統一的な交通政策が統一的に進められるもと
なった。市内の50km/h、郊外の100km/h の速度制限、アルコール検
出値としての0.8パーミリオン、重度身体障害者証明書の取扱い、標
準駐車許可証がその事例である。

　交通大臣会議は、活動を広げて交通機能の分担について検討してい
る。換言すれば、同会議は交通機関をまたいだ活動を行っている。つま
り道路のためにだけ活動しているというものではなく、他の交通分野も
その活動領域なのである。このように交通機関をまたいだ活動に軸足を
おいていることから、欧州全域を射程に環境に適合した総合交通システ
ムを創設するというのが今日における同会議の重点事項となっている。

営業の自由を保証せず、また加盟各国の交通企業が他国内で営業活動がで
きるよう条件を整備することにも手をこまねいているのはローマ条約違反
であるとしたものである[51]。

51）原著では、判決文そのままに、ほかの請求は認めない、相手に対する訴訟費用請求は相互に
　　放棄するとの文章が続いているが、訴訟内容が明らかでなくまた、ここでの問題の中心とは
　　関連がないので本文上では訳出していない。

図10−1 『1978年欧州共同体交通政策』

（訳者補足）牛の上のEGはEUの意味。尾には「交通政策」と記されている。加盟各国の意向にもしばられ、交通政策の進捗が遅いことを風刺したものと思われる。

欧州裁判所は、理事会に対して交通市場の自由化を進めるとともに、他の関連事項についても手続きを進めるよう求めた。

この裁判所の決定を受け、欧州理事会はほどなく「統一交通政策マスタープラン」を承認した。この計画の目標として重きが置かれていたのは、主要交通路を固めることであった。これは国内市場の需要を満たすものでなければならず、なお共同体としても緊要度の高いものであった。加盟国は、歩調を合わせてこうした主要交通路の整備計画に取り組むことになった。また欧州経済共同体、すなわち後の欧州共同体は、財政援助を梃子に各国の交通計画をコントロールするよう意を注いだ。

最終的に欧州経済共同体条約は1993年1月に「マーストリヒト条約」で補完されるところとなった。同条約は、各国の交通網を相互に繋げ、各国の交通網へのアクセスを保証するという目標に共同体が一層力を注ぐという意味で、インフラ政策に大きな意味合いを持つものであった。また共同体は、各国交通事業者が他国事業者と連携が図れるようにも意を注いだ。こうして一国の交通網が欧州横断交通網の礎となり、ひいては多数の加盟国を相互に結びつけるものとなっていくのである（10.3参照）。

10．2　自由化と交通市場の統合

欧州経済共同体の委員は1961年当時すでに、ある構想を明らかにしていた。これは共通交通政策のための基本指針に当たるものであった。翌年にはその実行計画が策定された。言い換えると、欧州経済共同体設立後、比較的早い段階で委員会による交通計画構想が現れていた。この構想によれば、欧州の交通政策の目標は、市場経済の原則にしたがって交通市場をつくりあげるというものであった。それには各交通手段や交通企業間で自由

競争がなされることが想定されていた。もっともこのためには、まず「国内交通市場の自由化」と「競争条件の整備」という当座の目標に到達することが必要であった。しかしこのような目標の実現について合意に達することはできなかった。このため理事会は、目標とすべき交通政策について共同案策定に必要となる手続きに入れなかったのである。

　こうした事情から、欧州の交通市場に関する共同法規は、虫食い状態のわずかなものとしかならなかった。思い切った規定は、国際交通に関するごく少ない部分にしか見られなかった。公布された規定はわずかなもので、主に道路の貨物輸送に関するものが多かった。鉄道の分野での基本規定は、それ以上にみすぼらしいものであった。欧州委員会は、交通の分野において欧州共同の制度をつくれないと、広範囲に影響が出る、とすでに1981年の時点で指摘していた。このような欠陥は、共同体の一般の政策にも悪影響を及ぼすだろうと述べていた。

　実際に、次のような対立が広範囲にわたって生じていた。すなわち、片方には自由論者がいた。彼らは、交通を自由競争に委ねるべきであるとしていた。彼らは同時に、個々の国が交通市場に介入して市場形成の役割を担うということには、たとえそれが公共の福祉のためになるとしても反対の立場であった。一方、これとは反対の立場には、自由化の追従者は、このような考え方でさしあたりは成功を収めているとはいえ、その交通政策には現実観が欠如していると非難する者がいた。この立場の者は、自由競争を1つの独立した目標として捉えていなかった。彼らの見解によれば、自由競争は交通をより効率的にし、そのコストを下げる1つの可能性に過ぎないというのである。

　この相対立する立場から交通に関する新たな指針が策定された。同指針は、社会における生活条件と就業条件の向上に資するものであった。まず配慮されているのは、次の点である。
・鉄道の大規模な改修
・交通コストの削減
・複数の交通機関を利用する場合の障害の除去
　この考え方も、期待された効果を収めることはなかった。閣僚理事会でのこの構想の取扱いは牛歩のごとくだったのである。これは理事会が1961年以降の交通政策の基本的方向に忠実なだけで、必要とされる決定を下せ

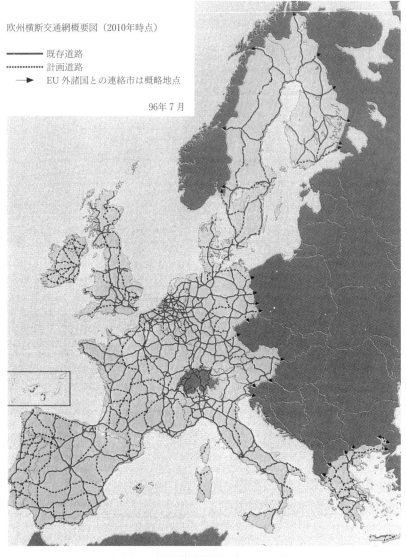

図10-2 欧州横断道路網（TERN）1996
（口絵20頁参照）

ないでいたためである。その主たる原因は、いくつかの国の姿勢によるものであったといえるだろう。こうした国々は、交通に関連する競争条件について調整を行った後に交通市場の自由化という次のステップに踏みだそ

うと考えていたのである。そこで調整が求められた事項には特に次のような分野のものがあった。

・建設、運用、車両の規制関連規定
・車両運行上の労働条件、厚生関連規定
・自動車税に関する規定。自動車税は各国の相違が大きく、その規定はディーゼル燃料税に関係していた。

　しかし、閣僚理事会ではこうしたことの調整措置についても、あるいは自由化についても一向に多数派が形成されることにはならなかった。

　こうして80年代にはその情勢は好ましからぬものとなっていった。特に道路交通の分野において、交通政策が停滞することになったのである。上述したような問題について、欧州議会から閣僚理事会に不満の声が上がるようになった。欧州議会は、欧州の交通政策の統一を怠っているとして閣僚理事会を非難したのである。さらに理事会は、60年代に欧州委員会の提案を決定に持ち込むことを怠ったともされたのである。

　すでに述べたように、欧州裁判所は、訴えを部分的にしか認めていない。確かに、裁判所は、閣僚理事会の義務からは、共通の交通政策の実施が導かれるとされている。しかし、どのような具体的決定を下さねばならないものかは、必ずしも確定したものではないとする。そして、閣僚理事会はこの点にどのように対応するか、かなりの幅を有しているという。が、他方、役務について市場の自由を実現する具体的な義務が広範囲に存在するとする。この観点からは議会が理事会が怠慢だとすることにも理由があることになる。

　この1985年の「怠慢」を指摘する判決は、欧州の交通政策を生き返らせることになった。交通部門が動いていくうえで、３つの点が現実的な問題となった。

　まずその１つ目は、欧州裁判所が理事会に対して要求している「理事会の義務を」適切な時期に果たすということであるが、これに付随して必要となる競争条件の整備がそもそも「理事会の検討を経て提案される」ということである。２つ目は、1985年６月28・29日のミラノ首脳会議（次ページコラム参照）決定に関連する。理事会の義務の履行は、この首脳会議の決定に従ってなされるのである。それによれば、共同体内における商品の自由な流通を確保するため、物理的、技術的障壁を取り除くとともに、金融

コラム 20

道路貨物輸送の欧州域内市場

　欧州経済共同体加盟国は、同共同体条約第74条以下の規定により、共通の交通政策をとることを義務付けられている。第75条によれば、国籍または会社の所在地を理由とする通行上の不利益は、1969年末までに解消しなければならないとしている。欧州裁判所で「怠慢」判決が出されたのちに開催されたミラノ首脳会議（1985年6月末）でも、商品、サービス、旅客交通の自由を保証するという目標が強調されている。1985年11月中旬にはこれを受けて目標到達に向けたガイドラインについて合意をみた。

　交通理事会は、道路貨物輸送の変革に向けて1986年6月に次の決議を採択した。これにより1992年までに交通市場の自由化へと円滑に事が進むものと期待されていた。

・共同体が行う輸送割り当ての率を、年ベースで累積で40％にまで増加させること。

・二国間輸送割り当ては、取引量と交通量を基準として行うこと。

・特に租税の負担によって生じている競争のゆがみを1992年までに是正すること。

　この決議を実施するためには、なお数多くの障害を取り除くことが必要であった。1987年6月に、ヴァルンケ連邦交通大臣は、諸国間における調整措置の必要性におよそ理解を示さない主要国があるということを認識し、決議実現に向けた歩みは緩慢なものとなるとみていた。

　したがって、共同体による輸送割り当てを年間で40％に引き上げるということはできず、これも少しずつ引き上げていくことにしかならないし、その進捗は、調整措置や市場の現状を勘案して進められることとなるということであった。

　その後 EU 交通理事会は、1987年に新しい方向を決定（Orientierungs-beschluss）した。この決定は、調整措置が必要であることを初めて確認したものであった。つまり交通理事会が調整措置を承認したということになる。同時に、同理事会は、共同体による輸送割り当ての割合は自動的に引き上げることができないということも容認した。1988年3月半ばには、段階的進捗の立場を指示する者が大多数を占めることになった。共同体内外を結ぶ道路での共同体による輸送割り当ての嵩上げは僅かなものに留まるということも交通理事会は認めていたのである。

240

業と貨物輸送も自由化することが優先されることとなっていたのである。
さらに 3 つ目として、1985年11月14日の交通関連閣僚会議で、積載量と関係なく交通市場の自由化を遅くとも1992年までに実現するとの結論が出され、さらにそれまでの移行期間中は、諸国間の相互割り当て、あるいは共同体内の割り当てを拡大して、競争のゆがみを正すことが決定されていたのであった。

　欧州の交通政策は以上の 3 つの側面をもつものであったが、これは次のような部門に影響を及ぼしていた。

　交通市場の自由化は、競争条件の相互調整の完了後に可能となるとの考え方もあったが、こうした考え方を維持することはできなくなってきた。ここに統一的な交通政策の策定を麻痺状態にさせていた重大な原因が取り除かれたのである。

　また、交通部門の役務についても早期に自由競争を導入することが必要であった。判決に従えば、適切な時期に実施すべきということであった。そうでなければ、役務の自由化を求める訴えが起こされる可能性があった。このようになれば十分な準備なしに諸国間の業務割り当てを廃止することになったかもしれない。

　欧州裁判所が設定した期限は、厳密に言えば国際交通と国際貨物の取扱い（つまり他国において、輸送を行う権利）に関するものであった。欧州委員会が取り扱っていたのはそれまでのところこれだけだったのである。

　理事会が、競争条件の整備に向けた調整措置に大きく乗り出すだろうという希望的観測もあったが、その後も部分的にしか実現しなかった。

　時間の経過とともに、諸国間の制度の調整は大きく進展していった。車両の製造、装備に関する欧州の基準は今日においてもなお一層拡充されるようになってきている。規則（EWG）3820/85と3821/85は、貨物運送・旅客運送事業における運行時間と休憩時間及びその管理について共通規定を定めている。貨物及び旅客事業免許については、ドイツではこれに関する第 2 次指針に基づいて道路交通法に新規定が盛り込まれ、さらに、全く新しく運行許可基準が制定されて、運行許可の一層の統一が図られた。これ以降欧州全域において同様の運行許可基準が適用されるようなった。同時に営業に関する規則は同一のものとなり、運行許可の区分はすべて国で同様のものとなったのである。

欧州における道路交通規則の共通化、違法行為に対する罰則の共通化は、その後の数年間はほとんど期待することができなかった。加盟国において長らく続いてきた伝統による違いが余りに大きかったのである。いずれの国もそれぞれの国情から欧州条約の適用は（全加盟国の一致を要する原則により）補完的なものにしかなっていなかったのである。それでもなお1998年と1999年には多国間協定が締結された。この協定によりそれ以降、車両運行者が通過国の法規に違反した場合には、その者が帰国後もその居住地で訴追されることになった。もっともこの協定は、欧州の署名国における批准がなお必要である。すなわち政府が協定に署名しても、さらに議会の承認が必要（ドイツでは、基本法第59条が規定）なのである。

　委員会は新たに詳細な行動計画案を策定して、交通政策に弾みをつけた。この新たな指針は、それまで設定してきた目標は必ずしもそのすべてが達成されていなことも考慮に入れていた。そこで指針は、今般その重点目標として次の事項を掲げた。

・交通上のボトルネックを除去すること、また交通政策の障害となっている役所の体質を是正すること。
・委員会と加盟国との交通政策における協力を強化すること。
・欧州共同体は主に国際交通に関する施策に責任を担うものとすること。
・欧州全諸国の合意に基づく交通政策の統一は行わないものとすること。

　また欧州共同体は、この時点で共同体周辺諸国が共同体の交通政策構想に連携を持つようにする作業にも着手した。最初に意を砕いたのは、当時未加盟国であったオーストリアとスイスとの関係であった。これは、アルプス越えの通過交通の問題に対処するためであった。後に行われたオーストリアとの加盟交渉では、通過交通によってもたらされる環境への影響が問題となった。1993年には、いずれの加盟国にも「エコ・ポイント」が割り当てられるということで合意がなされた。その後の再交渉やポイントの追加購入は行われるものではなかった。この国ごとのポイントは、トラックが通過するごとに差し引かれるものとなった。通行するトラックの環境適合性に応じてポイントは増減された。エコ・ポイントの国内での割り当ては、当事国に任された。欧州共同体に属さない国については、それぞれオーストリアとの2カ国間協議によって通過交通について取り決めがなされた。

　欧州の交通政策の焦点は、経済統合の目標年次とされていた1992年まで

10. 欧州の統一交通計画の展開

コラム 21

マーストリヒト条約

　マーストリヒト条約は（1992年締結、1993年1月より適用）は、国により異なる交通政策を相互に近づけようとするものであった。すなわち、交通政策を共通にすることが目標とされていた。この条約では、理事会では、特に次の事項に取り組むこととされていた。
・共同体諸国間の相互交通及び通過交通に関する共通規定の整備
・会社所在地が加盟国外に存する国際交通企業に対する営業許可条件の整備
・交通安全向上のための対策
・その他関連規定の整備
　さらに、共同体内の交通網を利用する場合に、貨物の出発地もしくは目的地を理由に不利益を受けることのないようにすることとされた。
　以上の欧州の交通政策の実現に向けて、ドイツの欧州代表部は1999年上半期に作業プログラムを策定した。これに従った共通政策のうち、次の点が優先して推進されることとなった。
・欧州横断交通網の早期整備
・交通システムのより効率的な利用並びに交通による人間と環境への負荷の軽減
・効率のよい欧州鉄道を整備し、他の交通機関と比較可能で公正な競争条件を整備し、ひいては道路から鉄道への交通の転換を目指すこと
・通過交通が特に多いアルプス地域全体の環境保護に適う包括的交通対策の推進
・航空燃料と船舶燃料の免税措置の撤廃が欧州標準で行われるよう欧州のイニシアティブの確保
・欧州における交通安全と環境保全とを高い水準で確保するための規定の調整

は、徹底して交通市場における自由化と調整措置の導入に置かれてきた。これをさらにどのように進めるのか、またどれだけの期間について共通政策を追求していくこととすべきかについては、その検討は1992年以降になってから行われた。

　1970年代には、すでに現在、州が直面している現実の姿がその輪郭が現わしていた。それは経済問題が国際的な広がりを持つものとなったという

243

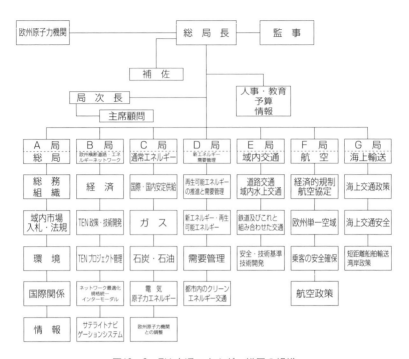

図10-3　EU 交通エネルギー総局の組織

ことである。欧州は統一はされていなかったが、緊密な協力は行われていた。そこに、在庫の集積場所を非常に多く必要とする生産方式（カンバン方式）が登場し、またドイツ国民の休暇は長期化し、国内旅行だけでは満足できないという情勢が加わって来た。すべてが道路に押し寄せた。乗用車もトラックも共同体の予測を超えて増加し、アウトバーンも州の道路も溢れかえった。何らかの措置を早急に講じることが必要となっていた。

しかし、環境保全を差し置くというわけには行かなかった。欧州共同体は、例えば、有害ガス排出量の削減に大きな努力を傾けた。このため共同体は新たな技術基準を導入した。しかし、新基準の対象は新車に限られていたことに加え、道路に繰り出す車両が増大する一方だったということから（後者が理由としてはより大きかった）、こうした努力は結局のところあまり大きな成果を出すには至らなかった。

そこでボトルネックを解消することが優先課題になった。交通量が増大しこれに対応したインフラ整備を十分に行うことができなかったため、ボ

トルネックが生じたのである。また、一方では、小型トラックの利用が多くまた空車での走行もあって、既存の道路は十分効率的に利用されているわけではなかった。

欧州共同体がこうした新たな情勢に取り組むようになったのは、市場経済に関する目標が実現し、あるいは最低限拘束力のある取り決めがなされるようになってからのことである。1992年末に欧州委員会は、交通政策の将来像に関する「白書」を発表した。この白書は、持続可能なモビリティのための共同体グローバル戦略の基本構想を掲げたものであった。この基本構想は、環境保全の重要性を踏まえ、交通政策においてはこれを優先して配慮しておくことが、中長期的に必要不可欠であると見ている。

この1992年の交通政策の構想は、1995から1996年にかけて欧州委員会の次の文書で具体化された。
・「交通政策1995－2000」行動計画
・「市民連合」緑書
・「公正かつ効率的な交通費用」緑書
・「交通インフラ料金」白書

10．3　欧州道路から欧州横断道路網へ

国連欧州経済委員会の欧州道路網

第二次世界大戦後、西欧諸国はその経済統合の一環として1つの理念を追求をしてきた。それは、欧州に同一規格の道路網を整備しようということであった。

当初は、この計画はジュネーブに所在する国連欧州経済委員会が実施することとなっていた。1950年に同委員会は、委員会の参加国に「国際幹線道路の建設に関する宣言」を示し署名を求めた。

この宣言の付属文書には、経路地を付した全道路区間と道路番号（欧州道路番号）が記されていた。欧州道路の設計上の特徴と特別のマークも記されていた。このマークは緑地に白字で大きくアルファベットのE（Europa）が記され、それに続いて従前の道路区間の番号を記したものであった。

欧州道路は、アウトバーンのような独自の統一性をもった道路のタイプ

245

というわけではない。これは技術的、法的側面からもいえることである。ここに掲げられている道路網は、諸国の道路をひとまとめにしたもので、その道路の等級には相違が生ずることもあった。例えば、ある欧州道路の経路がドイツ領内を通過するのであれば、それは連邦アウトバーン（p.347 訳者補足参照）を経由することも、連邦道路を経由することもあり、あるい

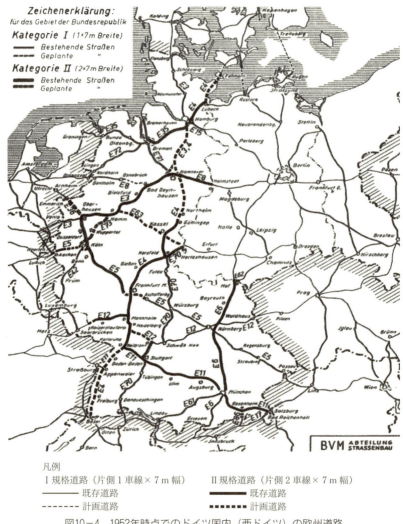

凡例
Ⅰ規格道路（片側1車線×7m幅）　　Ⅱ規格道路（片側2車線×7m幅）
――――― 既存道路　　　　　　　　　　――――― 既存道路
------- 計画道路　　　　　　　　　　■■■■■ 計画道路

図10-4　1952年時点でのドイツ国内（西ドイツ）の欧州道路
（口絵21頁参照）

はその双方を通過するということもあり得るわけである。欧州道路の経路
は確定し変更されないというものではなく、道路区間は変更されることも
ある。例えば、新たに建設された長距離道路のほうが、以前に指定された
道路より欧州道路として好条件を満たす場合がその例である

　1970年代初め、ジュネーブの欧州経済委員会の宣言の見直しが行われた。
これを受けて「国際交通幹線道路に関する欧州協定」が1975年11月15日に
採択された。その後 EU 全加盟国政府、EFTA 加盟国並びに全中・東欧州
諸国政府が署名した。もっとも、未だに全署名国が協定の批准を済ませて
おらず、予定されている欧州道路の表示が、当該国の道路網で実施されて
いるわけではない。

欧州における統一インフラ計画

　1992年のマーストリヒト条約──まず第一に EU 設立を合意したもので
ある──では欧州の諸政府（1999年のアムステルダム条約第154条から156条）が、
欧州内のネットワークの整備について EU に対して応分の負担を行うこと
で合意がなされていた。このネットワークの整備は、交通、情報、エネル
ギーの各分野で行われるものとされていた。ここでは次のような略語が使
われるようになった。

- ・TEN　　欧州における包括的なネットワーク全体を表す（欧州横断ネット
ワーク）
- ・TEN-T　欧州における交通網のネットワークを表す（欧州横断交通網）
- ・TERN　欧州における道路ネットワークを表す（欧州横断道路網）

　1990年には「欧州交通網」がすでに欧州委員会の重点政策として、力が
注がれていた。ここにいう交通網は全交通部門を対象とするものであった。
欧州共同体内における交通システムの構築については、重要事項として核
心をなす部分があった。それは、全欧州の軸をなす部分を計画し、形をな
していくには、共同体内での意見の一致が必要だということである。1993
年には道路網の目標となる形ができあがった。欧州ネットワークを完成さ
せるには、その重点事業を明確にしておくことが必要である。欧州委員会
はこの課題をいわゆる「クリストフェルゼングループ」に委ねた。同グ
ループは、11の事業を優先して実施することを勧告した。1994年 EU 首脳
会議は、この提案を拡大した。委員会は全体で14の事業を優先するものと

した。このうち次の4つがドイツには非常に重要である。

・高速鉄道と他の交通モードの組合せ：

　ヴェローナ－ミュンヘン－ニュルンベルク－エルフルト－ハレ・ライプチヒ－ベルリン

・高速鉄道：（パリ）－ブリュッセル－ケルン－アムステルダム－ロンドン

・高速鉄道：パリ－メッツ－シュトラスブール－ツッペンヴァイアー（－カールスルーエ）

メッツ－ザールブリュッケン－マンハイム

メッツ－ルクセンブルク

・在来線と他の交通モードとの組合せ：

ロッテルダム－ドイツ・オランダ国境－ライン・ルール地区

　この優先事業には総額910億ECUの投資額が見込まれた。そのほぼ半分（400億ECU）は1999年までに建設費として投入されるものとされた。さらに別の23事業、交通モードの組合せを内容とする37事業並びに全欧州交通運用計画の内容もはっきりとしたものとなった。委員会は、以上のような交通モードの組合せの実現によって輸送費をコストダウンさせ、人と貨物の移動を促進することが可能になると確信していた。しかし欧州横断ネットワークの資金の問題は残されたままであった。

EUにおける欧州横断道路網（TERN）

　欧州横断道路網（TENR）は、欧州横断交通網（TEN-T）の一部をなすものである。これはEU加盟15カ国の規模の異なる長距離道路網で構成されている。各当事国のどの道路を欧州横断交通網に位置付けるかは、各政府の決定するところである。これは、1996年7月23日のEU委員会のガイドラインに基づき、次の道路機能を基準に行われる。

・長距離交通上の機能

・大規模都市との連結

・共同体外との国境地域との連結

・他交通機関との接続状況（港湾、空港、トラックターミナル、駅等）

　しかし道路機能だけがその選択に決定的なものとなっているわけではない。加盟国は、助成金が得られる可能性のある区間を選択するようにもしているのである。

248

10. 欧州の統一交通計画の展開

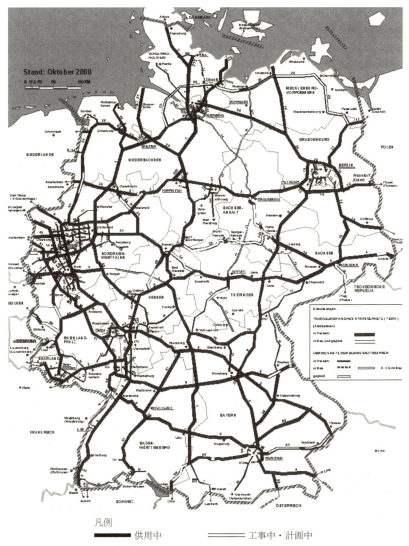

凡例　━━━━ 供用中　════ 工事中・計画中

(原著の凡例右下部分は判読不能のため訳出していない)

図10-5　ドイツ国内の欧州横断道路網（2000年10月時点）
（口絵22頁参照）

写真10−1　ドイツ＝ルクセンブルク国境モーゼル川シェンゲン付近に架かるＡ８号線の橋梁

　欧州横断道路網（TERN）は、加盟国の申告に基づくものである。全会一致の原則に従って各国の計画が採用となる。もっともこれでEUと当事国の間で法的あるいは財政上の拘束力が生じるものではない。当事国が自国のインフラをどのように計画し予算を割り当てるかは当事国に委ねられているわけである。しかし、EU委員会は、欧州横断道路網（TERN）の道路等級を統一的に定めている。その基礎となっているのは、欧州道路網の定義区分（高速道路、準高速道路、在来道路）である。EUは、諸国間のネットワークを強化し、それぞれの国の中心部へのアクセスを容易にするだけでなく、これが国内の道路網と両立することを目指していた。
　欧州横断ネットワーク（TEN）のガイドラインは、1996年７月23日のEU委員会決定に従って、欧州内の重要な交通インフラを2010年までに整備する枠組を作り上げたものである。現時点では、中欧・東欧諸国の準加盟国には適用されるものではない。ガイドラインは、以上の諸国がEUに加盟した場合は変更になる。
　しかし、欧州横断ネットワークのガイドラインは国際的交通インフラ整備上、今日二重の意味で重要である。１つには、ドイツにおいては国際交通のための通行路、つまり中欧・東欧との往来のための通行路がすべからく重要なものであることが欧州横断交通網のガイドラインの図上で明らかにされていることである。そして、もう１つはこのガイドラインでは、欧州交通網と中・東欧諸国の交通網とを連結することが計画されていることである。

欧州横断ネットワークのガイドラインの内容

ガイドラインの内容は次のとおりである。

・全交通機関による交通網を明示（特に臨海港湾、空港、内陸港湾）し、個々の交通結節点と現代的な交通マネジメントシステムにも言及

・EU が整備するものを指定

・欧州共同体国境付近地域と共同体ネットワークとの接続

・1994年のエッセンでの欧州議会決議による14事業の優先性の明記

・EU の交通網は、第三国の交通網と接続されるものであること。この場合、特に中・東欧との事業に重点を置くものであること。これは、1994年にクレタで決議された9つの欧州幹線道路をベースとするものであること。なお、ヘルシンキでの第3回欧州交通会議では、さらに10番目の幹線道路（旧ユーゴスラビア）が加えられている。

欧州横断交通網は、欧州委員会への加盟国の申告からするとその整備に2010年までに8,000億ユーロが必要であるという。この費用については加盟国がその大半を負担することになる。というのは、欧州横断交通網のガイドラインは建設プログラムでも予算プログラムでもないからである。もっとも「TEN-T 予算基金」、「欧州地域開発基金」あるいは「結束基金（経済的小国（スペイン、ギリシャ、ポルトガル、アイルランド）のための特別基金）による資金は利用可能である。しかしこれで十分というわけではない。さらに国際金融機関がある。担保権の設定をするか、あるいは保証を立てることができれば、欧州投資銀行（EIB）と国際投資基金（EIF）から欧州における交通インフラ整備に融資を受けることが可能である。1991年から1998年までの間、EU はこの分野において以上の機関から290億 ECU の資金を引き出している。

「TEN-T 予算基金」は、2000年から2006年まで期間について延長される予定である。その背景となっているのは、欧州議会の規則（No.1655/1999）と1999年7月19日の理事会決定である。以上は、46億 ECU の拠出を確約したものである。このうち90％が交通部門への支出である。

中欧・東欧への拡大（TINA）

EU と中・東欧のインフラ整備政策については、2つの概念が特に重要

である。汎欧州幹線交通網と中・東欧諸国の必要路線[52]である。

　欧州横断交通網と中欧・東欧諸国交通網の連結の根底をなしているのは、汎欧州幹線交通網である。これは基幹軸となっている西欧諸国の交通網を中欧・東欧との往来のために確実に拡大させていく下地となるものである。この汎欧州幹線交通網は、EU 組織や EFTA 加盟国、欧州交通大臣会議さらに中欧東欧と独立国家共同体（旧ソ連諸国の大半）に対する融資関連機関との意見調整をベースに設定されている。ドイツとしては次の主要幹線が特に重要である。

（道路と鉄道によるもの）
・ベルリン－ワルシャワ－ミンスク－モスクワ－ニシュニノヴゴロド
・ベルリン／ドレスデン－ブレスラウ－リヴィウ－キエフ
・ベルリン／ニュルンベルク－プラハ－ブダペスト－コンスタンツァ／
　テッサロニキ／イスタンブール

（内航水路）
・ドナウ河とライン河の接続

　以上の主要幹線路は相互に連結しているが、道路網としては粗い。この形状では、大量の旅客・貨物輸送が国際交通網に期待を寄せる要求は満たせない。また、国際交通網はそこに繋がった国々の経済発展の重要な前提となる。もっともその目的とするところは、東欧諸国をも EU に繋げていこうということである。その準備のため、EU の交通理事会と中・東欧関連閣僚会議は作業部会を設置した。この部会は上級官僚で構成されインフラの必要性を審議した。あわせて EU 委員会はその必要性と資金調達の可能性に関する検査を行った。目標実現の時期は2015年である。こうして将来の交通需要を満たす交通網が理論的にその形を整えることになった。作業部会の名称は「交通インフラ必要性評価（TINA = Transport Infrastructure Needs Assesment）」で、これがネットワークの名称になった。

　EU はその東方拡大計画に先立ち、潜在的加盟国の長距離道路網の一部を EU の構成部分として選び出してしている。これは、これまで述べてきた基準を満たすもので、すでに現時点でこれを含んだものが欧州横断道路

52）Infrastrukturbedarf in den assoziierten Staaten ＝「関係諸国の必要インフラ」が原義であるが
　　文脈上訳語は上述のとおりとした。

10. 欧州の統一交通計画の展開

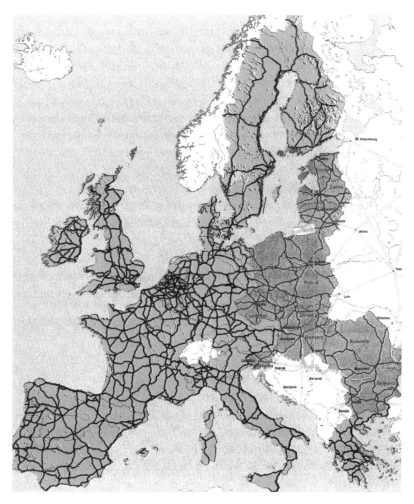

図10-6　欧州横断道路網の拡大（TERN と TINA）
（口絵23頁参照）

網の東方拡大版として取り扱われている。欧州横断道路網とここで選択されたTINA道路網は、既存の道路と計画道路の双方からなっている。この計画の推進に向けて多方面にわたって活動が行われており、関係国はすでに若干の共同文書に署名している。これには道路網全体に関するものも、また主要幹線道路の一部に関するものもある。さらにその実施について異なる観点からの研究も若干行われており、すでに完了したものもある。し

253

コラム 22

西欧道路理事会（WERD）

　EU の一層の拡大ともない道路に関する問題点等は、欧州全体に広く関係していくことになった。そこで非公式な場での意見交換を行うことがますます必要になってきた。このため EU 加盟国とスイス、ノルウェーの道路責任者はベルリンでの1988年 PIARC 会議のおり、より協力関係を強化することで合意した。ここで創設されたのが西欧道路理事会で後にアイスランドも参加した。特に次の分野での情報交換が行われた。
・将来の欧州横断道路網に関する問題
・道路に関するデータの（欧州基準による）標準化
・国境を越えた環境・資金調達・計画に関する意見交換
・研究に関すること
　EU 委員会との協議を経て西欧道路理事会は欧州横断道路網にかかる個別の問題について専門的な報告書を出している。世界道路会議の事務局長と EU 委員会の上級代表は、この理事会会議に常にゲストとして招かれている。

かし、計画するだけで未来が現われて来るものではない。道路事業にはすでに完成した当初の事業もあり、また、現在進行中のものも存在する。

　東欧の EU 加盟要望国は、加盟に向けて財政援助を受けている。これは加盟前構造政策基金と呼ばれる基金からのもので、交通と環境対策に対してそれぞれ 5 億 ECU が投入されている。資金の配分方法は、経済的に脆弱な国に配分される結束基金と同様である。

　主要道路に関するそれぞれの施策を実現するには、当然のことながら資金が重要である。ここではそれぞれの国が予算上どれだけの資金を用意できるかが問題になる。すでに述べたように、援助を行う国際的な融資機関や支援プログラムはあるが、いずれの場合についても EU はかなりの割合で当事国に資金を求めている

　まさしく中欧・東方諸国は、必要とされるインフラ整備を、PPP の手法を用いて実施しようとしている。現在までのところこうした事業の大半は、道路の建設とりわけ高速道路の建設に限られている。

10. 欧州の統一交通計画の展開

TINA の枠組みで形作られた交通網は次の交通インフラの10の幹線[53]を主軸とするものであった。
・20,000km の鉄道
・18,000km の道路
・38の空港
・49内陸港と13の外洋港

その拡充、新設には約910億 ECU が見込まれている。

優先的に取りかかるべき交通事業のリストは、専門家の分析を経て策定される予定である。また、この工事に EU の基金あるいは国際金融機関の援助を得るべきかどうかの検討も進められている。しかしこうして得られた結論は、各国の資金調達には影響を及ぼすべきものとすべきではない。というのは、関係国が加盟すれば、欧州横断交通網はおのずと拡大することになるからである。

国連欧州経済委員会の欧州道路網、欧州横断道路網、拡大欧州横断道路網（TINA）の調整

汎欧州交通幹線路が設定されたことから疑問が出された。欧州横断道路網と TINA、そして1950年以来存在し1975年に修正された国連欧州経済委員会による欧州道路とは相互にどのような相違があるのかということである。欧州道路網は、現在のところ唯一存在する「国際」道路網であって、道路番号を明示する標識もあり広く知られている。西欧諸国の国道網とこれと一体となった道路区間とから成り立っているものである。換言すれば、既存の道路が後づけで道路網として認定されて国境を超えて繋がったものとなっているというわけである。TERN や TINA とは全く逆である。欧州道路網は先に挙げた機能的定義をベースに構成されたものではなく、単に網目をなすネットワークなのである。その序列は番号から知ることができる。

このネットワークの中で幹線となる道路は、2桁の番号が付されており、末尾が0か5である。幹線に準ずる道路も同様に二桁の番号である。この道路については、0と5以外の数値が末尾に与えられている。そのほかの

53）この10の幹線については、本書では具体的には示されていない。

255

支線や接続道路は3桁の番号が付けられている。

いずれの道路網にもその規格に違いがあるが、欧州の長距離道路、特に高速道路が連なっている。言い換えれば、欧州道路網にせよ、汎欧州道路網にせよ、その重点をなしているのは高速道路なのである。中期的には、この全体的な道路網の呼称の存在が望まれるであろうし、あるいは必要とされよう。なぜなら、この道路網は機能的に重要であり、また交通政策的観点からはEU加盟国を統合する効果を有しているためである。欧州横断道路にさらに道路番号をつけるのは、様々な理由から実用的なものではない。どのような条件のもとでこの競合する道路網を中期的に欧州統一の道路網に集約していくのかを検討することが必要である。この場合双方の道路網の重要な特長を、次のような形で1つにまとめ上げるようにするべきであろう。

・両道路の機能構造をEUのガイドラインに沿ったものとすること。
・道路番号の取扱いについては、拡大EUの領域内では既存の欧州道路網の道路番号標示に基づくものとし、東方の国境地域では同地域に存する標示方式から重要できるものとすること。

こうした方向での研究作業はEU委員会の「START（Standardisation of Road Typology）」という名称の作業グループと国際的な多国間共同作業を行う枠組みである西欧道路理事会（WERD）とが行っている。

図10-7に、双方の道路の範囲を示す。欧州横断道路網（TERN）と欧州道路（E-road network）は、その双方が重なり合う部分がその大半であるが、その統合にはなお少なからず調整が必要である。

欧州横断道路網という課題は、政治的にもまた財政的にも問題があるだけでなく、その課題そのものが難題を抱えているが、なおEUの政策上の重要課題になると思われる。こ

写真10-2　ナイセ川付近の森林のドイツ・ポーランド国境のA15号線

10. 欧州の統一交通計画の展開

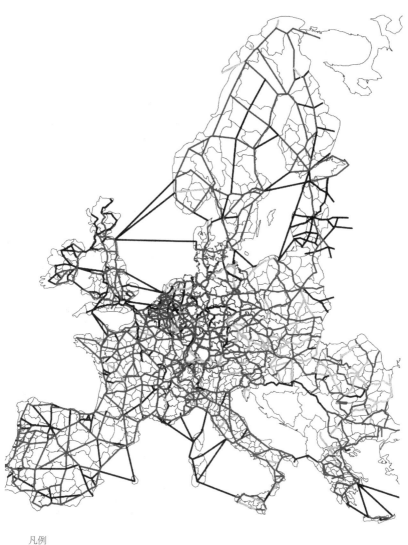

凡例
――― 欧州道路でありかつ TERN もしくは TINA またはその双方に該当する道路
――― TERN もしくは TINA またはその双方に該当する道路
――― 欧州道路

図10-7　欧州道路網と TERN、TINA の比較
（口絵24頁参照）

れは第一に、EU がただ単に発展していくというのではなく、拡大して
いくからである。これと並行して、欧州議会の権限が大幅に拡大された。
マーストリヒト条約（1992年）とアムステルダム条約（1999年）に基づいて、
EU 条約は、今後欧州議会が交通政策上の施策や欧州横断交通網の決定に
加わることができる方向で変更が行われた。

11. まとめ

11. 1 連邦長距離道路網の構築

　西ドイツは、その国家創設以来およそ2,600億マルクの資金を、連邦長距離道路、すなわち連邦アウトバーンと連邦道路（p.347訳者補足参照）に投じてきた。これには特別会計事業と1991年以降の旧東ドイツ地域への支出も含まれている。1990年のドイツ再統一までに、旧西ドイツ地区には1,670億マルクが投じられていた。このような非常に大きな支出からすれば、この投資の効果はいかようであったのかという疑問が生じるのは当然である。

　1949年の旧西ドイツでは、アウトバーンの道路区間は散在しており、その中には一部が未完成状態のものもあった。その総延長は2,100km であった。以上の区間とは別に、1,365km の区間が旧東ドイツの領域にあった。2000年 1 月 1 日までに、以上の道路が統一ドイツのアウトバーンとして11,500km に達した。 3 倍強である。東西の道路網は単に併存しているものではなく、相互に連結したものとなっている。

　一方、連邦道路は1949年24,000km を若干上回り（これに約11,000km の旧東ドイツの長距離道路が加わる）、この段階ですでに 1 つの道路網をなしていた。この道路網では工事が行われていたものの、大きく延伸するものではなかった。それでも連邦道路網は1989年には30,680km に、再統一後は総延長が42,000km に達している。

　これには次のような事情があった。すなわち、新たに道路が建設されるのは、この新規の道路が従前の連邦道路の代替路となるケース場合に限られることが多かった。こうしたケースでは、従前の連邦道路は下位等級の道路に「降格」された。これは、連邦道路と並行してアウトバーンが建設された場合も同様であった。他方、相当広範囲にわたって州道が連邦道路へと「昇格」されたのである。

従前の連邦道路の等級が降格される場合には、道路管理の責任も連邦から所管の州に移転した。これが論争となることがしばしばあった。比較的新しい事例では連邦憲法裁判所にまで持ち込まれる争いとなったものがある。ある連邦アウトバーンに並行する連邦道路をその直接の下位等級の道路に指定する、という連邦決定の受け入れを、ある州が拒否したのである。このような拒否がなされたのは、道路管理者としての負担が移転されることを望まなかったためである。

　その後、連邦憲法裁判所は2000年に初めて連邦道路の道路等級の降格について次の正式見解を出した。

・連邦は、州が連邦長距離道路について実施する受託行政事務に関し、基本的に指示を行う権限を有する。
・しかしながら連邦は、連邦道路の道路等級の格下げを（新たなアウトバーンが地域間交通のためのものである場合には）強制することはできない。

　こうして連邦は今後「不要となった」連邦道路の州への移管について個別に合意を取りつけなければならなくなった。

写真11-1　A93号線バヒルの南郊の1987年以前の状況

写真11-2　A1・A43・A6号線のリングハウゼン付近のジャンクション

11．まとめ

　道路等級の降格については、道路計画担当者は基本的に熟考することは
あまりなく、従前の道路管理者の負担を、つまり州の負担を軽減すること
を第一に考えていた。連邦としては、道路等級の引き上げあるいは内部補
助によって州が下位自治体の財政負担を軽減させるということを期待して

コラム 23

アウトバーン重要区間の開通

第1次－第3次4カ年計画（1959－1970）	路線	延長（km）	完成年
ハンブルクーハノーバーーゲッティンゲン	（A7）	240	1962
カールスルーエーバーゼル	（A5）	180	1962
フランクフルトーヴュルツブルクーニュルンベルク	（A3）	230	1964
カーメンーレーファークーゼンーケルン	（A1）	105	1965
ブレーメンーカーメン	（A1）	215	1968
バートフェルスフェルトーヴュルツブルク	（A7）	250	1968

第1次－第4次5カ年計画（1971－1990）			
ドルトムントーギーセン	（A45）	185	1974
ルールゲビートーカッセル	（A44）	150	1975
ケルンールートヴィヒスハーフェン	（A61）	235	1975
（マンハイム）－ハイルブロンーニュルンベルク	（A6）	160	1979
ハンブルク／ロストックーベルリン	（A24）	240	1982
ニュルンベルクーミュンヘン（6車拡幅）	（A9）	150	1982
ケルンーフランクフルト（6車拡幅）	（A3）	170	1983
ゲッティンゲンーバードヘルスフェルト（6車拡幅）	（A7）	90	1984
ヴュルツブルクーウルムーケンプテン	（A7）	255	1987

第5次5カ年（1993－2000）			
シュトゥッツガルトーミュールハウゼン（6車拡幅）	（A8）	55	1993
ヴァールドルフーバーデン・バーデン（6車拡幅）	（A5）	70	1997
ルールゲビート（エルデ）－ハノーバーーベルリン（6車拡幅、ドイツ統一交通プロジェクト	（A2）	208	1999
マグデブルクーハレ（ドイツ統一交通プロジェクト）	（A14）	102	2000
シェーンベルクーロストック（ドイツ統一交通プロジェクト）	（A20）	92	2000

261

いた。これは特に、モータリゼーションの進展による影響を受けていた地域に該当するものと考えられていた。自治体の道路管理者としての負担の軽減は、自治体が連邦アウトバーンの道路管理をすることが求められる基準人口を幾度も引き上げるということでも進められた。現在の基準人口は8万人である。

連邦長距離道路への投資

連邦議会は毎年の連邦予算法を通じて、連邦交通省に対し連邦長距離道路の資金を予算科目第12号に用意している。この予算は、投資（新規建設）、維持及びその他投資（連邦アウトバーンと連邦道路の維持に必要な車両、機材）並びに非投資項目（人件費、消費財、研究費その他）のおのおのに配分されている。資金は、上述の目的にしか使用することは許されない。予算の細目は、例えば道路建設事業費は、道路建設計画（予算科目第12号の第1210款）に掲げられている。

連邦の全道路支出額のうち、ここでは年額のみを掲げる。この額が、連邦長距離道路網の建設と整備に直接投入されることになる。

1949年から1999年までの間、本章の冒頭で挙げた2,600億マルクのうちその大半の2,030億マルクが連邦長距離道路の新設、拡幅、整備への投資に用いられた。このうち約1,110億マルクが連邦アウトバーンに、880億マルクが連邦道路に支出された。

連邦交通省は1971年から連邦議会に連邦長距離道路建設の進捗に関して道路建設年次報告を提出している。

過去50年にわたる道路の新設、拡幅、整備への投資状況を概括するには第4次〜第5次の実施計画期間について見るのが有益である。この時期はドイツ再統一後の十年を含むものとなっている（p.55-56コラム4参照）。

年次ごとの投資予算額が把握できるよう基本的に関係期間中の平均値を示す。次に示すのは、新設、拡幅、整備の年平均額である。[54]

54）原著では、このあとにコラム［長距離道路整備の歩み］と図表「交通網計画、長距離道路整備法・計画、実施計画」の一覧が表示されているが、わかりやすさを考慮して、いずれも第4章（p.55-56）で表示した。

11. まとめ

（単位：百万マルク）

期間	旧西ドイツ地域									全ドイツ	
	49/53	54/58	59/62	63/66	67/70	71/75	76/80	81/85	86/90	91/95	96/00
年平均	150	574	1,333	2,438	3,644	4,820	5,363	4,669	4,971	7,784	7,995

建設契約と工事品質管理

　建設工事に関する入札規則のA編（VOA/A）には、入札資料の公示と入札の実施に関する細目が掲げられている。同規則B編（VOA/B）には、建築工事のすべてに適用される一般的条件が掲げられている。これは民法（BGB）の細目規定をなすもので、民法規定を変更している部分のあるほか、あるいは実状に合わせるものとなっている。同規則C編は（VOC/C）は、一般的技術的契約条件の項目に、各工事形態に適用される契約条件を示している。1992年には、このC編は、使用する原材料・建築資材のリサイクルを図る改正を行った。工事契約については、いかなる条件で入札規則のB編、C編が適用されるか取り決めておかなければならない。

　工事契約は、契約当事者の権利義務を規定している。

・委託者は土地を提供し、計画を明示し、許認可の手続きを行い工事完成物を受領し支払いを行う。

・受託者は、契約内容に従って履行し、決算を行い、工事保証を行う。

・保証期間は道路、橋梁工事にあっては5年までとされる。

　すべての工事について——公共工事についても民間の場合と異なることはなく——問題が生ずる可能性があるため、その際は工事契約内容の適用順位は次のとおりである。

・一番重要なのは施工書である。次が特記仕様書であり、その次が追加的契約条件である。

・以上で十分でない場合には、追加的技術要件（ZTV）が、建設工事に関する入札規則C編に基づく一般的技術契約条件に先立って適用される。

・紛争が以上でも解決されない場合には、建設工事に関する入札規則B編（VOB/B）によるものとし、最終的にはおよそ個人間の規則の「母法」となる1900年1月1日のドイツ民法によって決する。

　ここ数年道路建設工事は毎年ほぼ250億マルクの額に達している。これ

263

は建設工事総額の5％にしかならない。もっとも大きい割合を占めているのは住宅建設の55％であり、産業関連の建設費は30％である。

連邦長距離道路の工事については、公共工事を重点的に担っているのは州の連邦からの委託行政である。これは年額にして約80億マルクになる。

工事契約は例外なく連邦からの委託行政を実施する州が締結している。工事契約は分野別（橋梁、土木、舗装）で5億マルクを超えるものと、これとは異なるケース（異なる分野をあわせたもの）では約10億マルクとが、連邦交通省にあらかじめ入札条件と入札者からの提案を示して締結されている。

州当局から提出された入札条件は、連邦交通省で技術的、経済的内容のほか入札規定の観点から審査がなされる。審査結果は州に対して文書で通知される。

連邦交通省は、連邦長距離道路の年間事業の約25％についてその設計の事前審査を行っている。この場合提出の対象となるのは、延長が75mを越える橋梁、同じく延長が150mを超えるトンネル、すべてのアウトバーン事業、工費が2,000万マルクを超える連邦道路の全工事である。

このいわゆる「事前審査の線引き」は、幾度も議論の的となっている。州は連邦のコントロールを好まず、連邦はコントロールする人員が足りないと嘆き、連邦会計検査院は、かなりの部分で審査が行われていないと批判している。連邦会計検査院は、1995年に道路建設行政上の一般的不備に関する調査報告書を出した。同院は、連邦は、現在通常行われている事前審査に代えて、今後は、事業計画策定の早い段階で、州の審査組織と共同で審査を行うこととし、経済性に一層配慮することができるようにすべきであるとしている。

工事促進のための法規

道路拡幅や維持修繕を行うための契約手続きはますます重要性を帯びている。交通量の多い連邦アウトバーンの区間や交通障害の発生しやすい箇所での工事については、その対策工事が「早め」られている。「時は金なり」というわけである。このため行政側が発注者として、当初から短めの工期を想定しているだけでなく、競争により一層工期が短縮されるよう発注基準も見直されている。

11. まとめ

写真11-3　A44号線のコンクリート舗装工事　　写真11-4　A7号線アスファルト舗装工事

欧州共同体の指針

　道路と橋梁の工事については欧州共同体でも「工事製品に関する指針」が定められている。ドイツではこの指針を「工事製品に関する法律」として定めている。道路工事当局は、これに加えて「欧州政府調達指針」にも従うことが必要とされる。

　欧州政府調達指針は、建設にかかる工事及び役務さらには自営建設業者に関するもので、各国がそれぞれの関連法規として自国に導入している。調達手続きに法規違反があった場合には、欧州法に基づいて裁判所に正規に訴えることができる。

　こうして道路工事の発注にあってはすべて、工事施工方法、工事資材、工事品質に関する要求事項は欧州の技術基準仕様をもとに定められることになる。すなわち欧州の規格、欧州の技術基準、あるいは欧州共同体技術仕様が各国の基準に取り入れられているということである。欧州の共通の技術仕様がない場合に限り、以上の基準から離れることになる。

腐敗の防止

　近年、国家、経済、社会における汚職防止が論じられることが多い。連邦長距離道路の工事でも汚職や入札にかかる不正が発生している。数多くの案件について調査が行われている。汚職事件では、双方の契約当事者すなわち、行政発注者側と民間受注者側の双方に問題がある。談合は、受注者側で行われる。

連邦交通省は、わが国最大の調達元であり、談合対策に特段の努力を払っている。談合があったことが明らかである場合には、当該会社に対して損害賠償を求めるほか、契約の取り消し、将来における入札参加の停止処分がなされる。連邦長距離道路の分野における不祥事の発生防止対策と公共上の契約の取扱いについては、入札とその実務に関する次のハンドブックに掲載されている。

・道路及び橋梁工事における入札とその実務（HVA-StB）
・道路及び橋梁工事にかかる入札と資材供給・役務提供の実務（HVA L-StB）
・道路及び橋梁工事にかかる構造物及び景観設計に関する自営技術者の入札とその実務（HVA F-StB）

機能型建設契約

　道路の工事品質は、おおよそその建設を遂行した企業によって決まってくる。現在、工事保証が時効となる4〜5年を経過すると、契約法上、行政側発注者は工事品質を問うことはできない。しかし、発注者側と道路利用者側にとっては、この期間をかなり過ぎても工事品質はなお重要である。このため工事目的物の耐久性と使用可能性とが工事施工者側に関心が向くようにし、またその責任を強化させて、さらに経済全体から見ても有益なものとなるよう契約形態が改められてきた。いわゆる「機能型建設契約（Funktionsbauvertrag）」では、受注者は道路が本来的性状を20年以上に渡って保持するという責任を負うものとなっている。この性状は使用性能、例えば平坦性や摩擦係数から定義される。機能型建設契約で得られた知見は、民間事業モデルの改善に用いられることとなる。

　契約期限の経過とともに、道路側が実施する調整・検査業務は、道路の使用性能の検査へと絞られていく。

　機能型建設契約に関しては次のような問題点が見られる。

発注者側について：利用状況の予測が問題である。すなわち交通量の予測である（車両台数や軸数）。

受注者側について：道路構造物の使用耐久性と維持管理期間中における支払いにかかる租税の取扱いに関して経験を持ち合わせていないこと。

11. まとめ

この契約形態は、その理論は以前からあったが、実施はまだである[55]。

11. 2 連邦長距離道路網の特徴

道路網について述べる前に、道路延長について見てみよう。連邦道路と連邦アウトバーンの延長については、1951年から数値が整えられている。年ごとに延長の絶対値が記録されるほか、5年おきに詳細なデータを整えて利用されている。わが国は比較的優れたデータベースを有している。1954年までの最初の5年間は、41kmのアウトバーンが追加されただけであったが、これ以降は常により長く延伸していった。1971年から1976年の5年間では、1,745km延伸している。伸び率としてはこれが最大であった。すでに示したように、連邦道路の場合、新設区間の延伸と連邦道路網の延伸とは同じ速度ではなかった。これは従前の道路等級の見直しがあったためである。

道路幅員

連邦道路のクオリティーは、道路延長とは別の規格によって決定され、またこれは建設と維持管理に投入する支出もこれによって決まってくる。車線幅員と車線数とが道路のクオリティーの第1の規格である。連邦道路（以前の帝国道路あるいは州道路）は、ほとんどの場合当初は2車線とされていた。方向別に1車線ということである。これに対してアウトバーンは当初から4車線であり、2車線のみというものは稀であった。こうしたケースでは、当初は片側1車線で建設し供用に付された。時間の経過とともに車線が増設されるのが常であった。連邦道路のみならず連邦アウトバーンにおいても車線増設が必要とされたということである。こうして1970年代以降には、6車線拡幅を行いつつアウトバーンのネットワークは延伸していったのである。

ドイツの再統一後、旧東ドイツ地区では「戦前のアウトバーン」の整備事業「すなわちドイツ統一交通プロジェクト」が重要課題となった。旧東

---

55) 2002年にこの方式によるパイロットプロジェクトが実施されている。（高速道路機構海外調査シリーズ No.17、p.10訳注4参照）

ドイツのアウトバーンには路肩が設置されていないのが普通であったので、交通安全上のリスクが高いものであった。この地域でのアウトバーンは1991年から1996年の間に336km 延伸したのみであったが、走行車線延長では、約2,154km の延伸であった。そのほかの状況の進展は、再統一後の全ドイツに関わるものである。近年、大型トラックの台数が増加している。これと並行して車両重量がより大きくなっており、その軸重も増大している。同時に日交通量も増加している。こうして道路を維持していくため、長距離道路網にますます投資が必要となっている。新設区間の割合が多くなる結果、将来の維持管理費用が以前にもまして急速に増大すると予想される。これは、以前には大規模な造成が必要でなかった区間に、新たな区間が建設されるようになったためである。

　図11－3では道路の維持補修にどれだけの費用を要することになるかがはっきりと示されている。再統一後、膨大な工事が積み残しとなった。このため今まで以上に財政資金を投じることが必要となった。

　この計算では連邦予算の維持管理費支出額が計上されている。さらに、アウトバーンの延伸とアウトバーン及び連邦道路の改築・整備に要した費用の20％を積んでいる。これは、経験的にみてこの支出によってその額おおよそ20％に相当する額の維持管理費が節減されているからである。

　長距離道路網のクオリティーを示すもう１つの指標は、他の道路との「接続状況」である。もっとも、これを示すものはアウトバーンとの関連のものしかない。接続の程度の指標としては、インターチェンジの平均間隔がある。間隔が小さいほど接続の度合いは高まる。この距離は、1963年から1983年では、8.1km から6.0km に縮まっている。改善がより明確にみられるのは、アウトバーンのジャンクション間の距離である。これは同じ期間に、57.2km から24.5km へと半分以下に縮小している。

道路建設

　道路のクオリティーの判断指標としては、道路延長や舗装幅員のほか舗装厚を取り上げなければならない。この点、ここ数十年の交通の動向が非常に重要である。交通事情の影響によって、実際に必要とされ、また、法令で明文化された舗装に対する要求水準は、過去50年の間に何度もそのレベルが引き上げられてきた。旧来の帝国道路や州道の場合にはその舗装は

11. まとめ

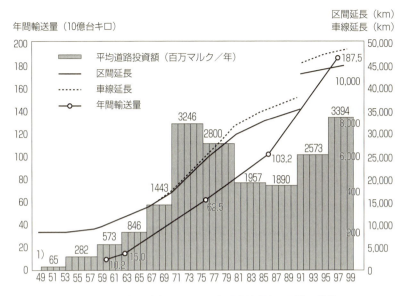

図11-1 連邦アウトバーンへの年間投資額との延伸の推移

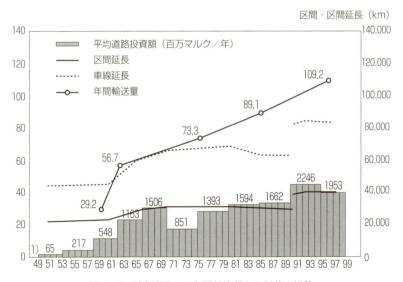

図11-2 連邦道路への年間投資額との延伸の推移

幅も狭く比較的薄いもので、場所によっては砂利道となっているところもあった。これは現在の連邦道路とは全く逆である。戦争中には大量の物資の運搬が必要であったことから、1940年代の後半には、舗装の表層部分をいかに強固で堅固なものとするかがあらためて考えられることになった。こうして、かなり昔から様々な舗装形態について道路の現況調査が実施されることになった。

　上部工にどれだけの負荷がかかるかは、まず2つの要素に依存する。それは軸重と走行頻度である。しかしこれにはどのような種類のタイヤが用いられるかということも関係する。なぜなら1つのタイヤの方が2つのタイヤよりもその与える負荷が大きいからである。法的規制を行おうというのであれば、軸重に上限を設けこれを遵守させることが必要である。しかし、他方では軸重が留まることなく大きくなるという潮流があり、これが表層の舗装厚に影響を与えている。これは費用を増大させる。当初から上部工を強化すると費用が余計にかかる。しかし、そこで終わりということではなく、それ以上に継続的にこれを維持することが必要である。荷重の増加による道路への影響は、今のところその兆しが見え始めたものに過ぎない。しかし、必要とされる維持保守作業実施期間の間隔がすでに短くなっている。したがって、道路の維持費用は増加しており、通行止を必要とすることが多くなっているといえる。こうして工事現場が増える結果を招いているが、これは回避されるべきである。

　道路のクオリティーを示す指標として最も説得力があるのは処理可能台数である。車を通すことが道路インフラの本来の目的だからである。これは所定の時間・区間においてどれだけの車両が通行できるかを示すものである。この処理可能台数は純理論的なもので、道路の実際の交通量とは異なったものである。そこで別の要素を入れることが必要となる。特定区間を特定時間内にどれだけの車両が利用しているのかが計測される。ここから得られるいわゆる実際の交通量を基に、円滑な交通を確保するために必要とされる車線数が算定される。

　長距離道路網の交通量はすでにかなり長期にわたって計測されている。これには次のような指標が使用され、交通量計測に利用されている。

・交通強度：道路の日平均交通量である。24時間内に走行する双方向の車両台数から得られる。

11. まとめ

- 年間走行台キロ：車両台数とこれが1年間に走行した距離から算定される。
- 走行台キロ分担率：当定の道路の走行台キロの全道路の走行台キロに対する割合

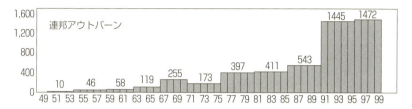

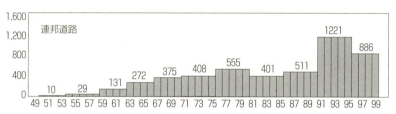

図11-3　連邦長距離道路の年平均維持修繕費（単位：100万マルク）

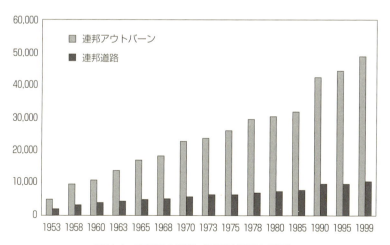

図11-4　交通量の推移（日平均断面交通量）

271

1947年の日平均交通量は、1936年から1937年の数値をわずかに上回ったもの過ぎず、アウトバーンで約1,400台、連邦道路（旧帝国道路）で約700台であった。1960年ではそれぞれ約10,300台、約3,500台、同様に1999年では、約50,000台、約10,000台であった。

旧東ドイツ地域の日平均交通量についてもその数値はここしばらくずっと旧西ドイツ地域の値に近似してきており、1999年で連邦アウトバーンで約48,000台、連邦道路で9,300台であった。

年間走行台キロは1960年以降、連邦アウトバーンでは18倍以上、連邦道路では3倍以上に達している。これは40年前に比べはるかに多くアウトバーンが利用されていることを意味する。ドイツ国内の全道路の利用台数を合わせれば、この数値は甚大である。1999年で、道路全体で約6,400億台キロで、そのうちアウトバーンでは2,000億台キロであった。これで31％を占めることになる。連邦道路のうち、地域間道路の走行台キロは、1,120億台キロである。これだとその割合は18％になる。以上から、1999年におけるドイツ国内の走行台キロのほとんど半分を、連邦長距離道路が担っていることになる。連邦長距離道路は、全道路網の4分の1未満に過ぎないと言う点を踏まえれば、これはかなりの数値である。アウトバーンを走行する外国車両の割合は、今のところ乗用車の5％程度、貨物自動車の20％程度である。

11. 3　構造物

構造物とは、橋梁、トンネル、大規模防護壁、シェルターや特殊地下構造物をいう。いずれも道路に属するものであると同時に特殊な構造をなすもので、特別の施工能力が要求される。

ドイツの橋梁

戦災からの復旧を終えた50年代半ばから、新たな課題が技術陣を待ち構えていた。連邦長距離道路の建設拡大伴い、数千もの橋梁を建設することが必要になったのである。その大半はそのスパン長が中小の橋梁であった。連邦長距離道路の橋梁の92％は、良質のコンクリートで早急かつ安価に建設することができた。これが可能だったのは、2つの条件があったためで

あった。その１つは、PC 工法によって工事の進捗を早めるとともに工事品質も高めることができたことである。もう１つは、技術陣がドイツで開発が進められていた工法を採用することができたためである。この例としては、張り出し架設工法、押し出し架設工法と移動式支保工を使用する工法がある。現在、連邦長距離道路に架けられている約35,000の橋梁の大半は平均して30年以上前に建設されたものである。

　中小の橋梁だけが必要というわけではなく、数こそ少ないが長大な橋梁も必要である。その例としてはライン河の橋梁がある。この工事では、ドイツ人技術者が単独で、あるいはドイツ人が中心となって開発した２つの工法を使用することができた。それは斜張橋と鋼床板である。安価で現代的な長大橋が完成する結果となり、今日もなお技術上、景観上の要求に十分に応えるものとなっている。1957年にデュッセルドルフで建設された「テオドール＝ホイス橋」と1959年に建設されたケルンの「セヴェリングス橋」が以上の工法の典型事例である。ライン河ではわずか数年で斜張橋の採用が最も多くなった。

1964年　レーバークーゼン－ノルト（A1号線）
1970年　デュイスブルク－ノイエンカンプ（A40号線）
1979年　デュッセルドルフ－フレーエ（A46号線）
1990年　デュイスブルク－ベエッカーヴェルト（A42号線）

　その後ドイツでは、さらに別の２つの工法が急速に広まった。それは複合橋と外ケーブル工法である。後者は施工後の PC 鋼材の取扱いが容易な点に特徴がある。前者は鋼材部とコンクリート床板とが組み合わさったもので、当初はあまり使われていなかった。1994年末にあった34,200橋、橋面積にして2,330万㎡のうち823橋、100万㎡そこそこにしか用いられていなかった。

　複合橋の建設をより一層進めるとのゴーサインは連邦交通省から出された。旧東ドイツ地区の道路網の整備との関係もあり、次のような事情があったためである。

・旧東ドイツ地域のアウトバーンが路肩確保を標準に、４～６車線に拡幅されることになった。このため橋梁はおしなべて改築するか、再架橋す

ることが必要になった。こうした工事の進め方は旧西ドイツ地域と同じであった。ただ、旧西ドイツ地域では、工事はかなりゆっくりと進められてきたため、その工事量は際立つものではなかった。

・帝国道路時代に建設された大規模な橋梁もかなりあり、その場合の経過年数は60年以上に及んでいた。こうしたケースでは、拡幅や大規模な改修は、技術的にもまた経済的にもできないことであった。

・費用の面からも、また往々にして技術上の歴史遺産の保護の面からも、例えば、天然骨材を利用したコンクリートのみごとな支柱や既存の橋台を引き続いて利用したいという要望があった。その場合、新たに橋梁に施工を施すとしても、橋梁の自重の増加はごくわずかなものに抑えることが必要であった。以上の要求を満たせるのは複合橋であった。

・道路工事と環境保護に対する要求とを調和させることが必要であった。このため橋梁の下の部分は広く空けておくことが要請された。これは橋梁のスパン長を長くすることに繋がった。

さらに別の問題も生じた。アウトバーンは、農道等と交差することがかなりあった。跨道橋ごとに新たに設計をしなくてすむよう、連邦交通省は、80年代に簡易な方策をとることとした。すなわち設計のタイプをPCのプレキャスト工法1つにしぼったのである。これは資金を節約することになったし、設計上の要求も満たすものであった。架設する跨道橋が別の形態となった場合でも、工事設計、構造計算とを実態に合わせることができるようにされていた。

こうした経緯から連邦交通省は、複合橋の設計についても同様な設計手法を編み出そうとした。桁橋と箱桁橋についても別の設計案が策定された。その検討上、最も重視されたのは建設費の節減であった。検討は、複合橋のみに限定せずに進められた。これと並行してPC橋について、外ケーブル工法による工事が進みつつあった。この方式は、PC橋よりも有利であることが明らかになった。80年代半ばになると技術陣はPC橋の設計は、外ケーブル工法を前提に行うようになった。これは道路行政当局の指導によるものであった。行政当局はPC橋の施工と補修の事例を収集していた。そもそもの発端は、コンクリートで覆われたPC鋼材の詳細な検査が不可能、あるいは相当の費用をかけなければ不可能であるという認識であった。そしてその中心素材を交換するのであればさらに膨大な資金が必要という

11. まとめ

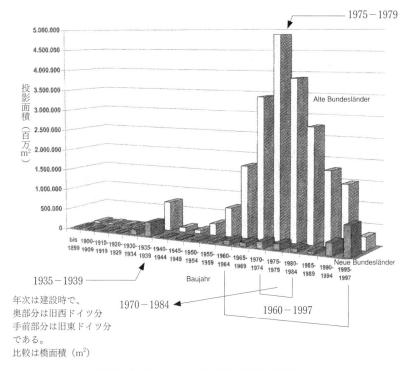

年次は建設時で、
奥部分は旧西ドイツ分
手前部分は旧東ドイツ分
である。
比較は橋面積（m²）

図11-5　ドイツの長距離道路の橋梁の経過年数

ことになり、およそそうした可能性はないのである。

外ケーブル工法のPC橋の事例がそれまでに全くなかったわけではない。1937年の鉄道施設を跨ぐアウエの橋（写真11-6, p.277）はよく知られており、また1941年のブレスラウの東側グラッツァーナイセを越えるアウトバーン橋も、これとあわせてわが国での先行事例であった。

この工法の長所ははっきりしている。橋梁の外面に設置されたPC鋼材は、その全長にわたって高品質の保護皮膜で覆われている。そしてこのPC鋼材の検査はいつでも容易にできる。必要な場合には、PC鋼材に張力を後で加えることも、またPC鋼材そのものを交換することも可能である。さらに、他にはない長所もある。すなわち、箱形PC橋の場合には、緊張材がコンクリート部に埋め込まれていないということである。これはコンクリート部材とPC鋼材とが互いに分離していることを意味する。こ

275

のため通常の場合コンクリートの材質が一層良くなる。
　この工法によれば、橋の工事品質は全体として大きく向上し、あわせて修繕も容易になるため、公共側にも施工企業側にも有益であった。

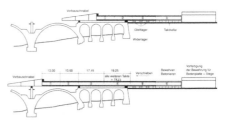

写真11－5・図11－6　押出し架設で再建されたA72号線のザーレ橋と工法を示す図

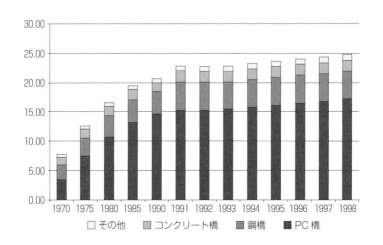

年 種類	1970	1975	1980	1985	1990	1991	1992	1993	1994	1995	1996	1997	1998
PC橋	3.50	7.55	10.78	13.23	1470	15.28	15.30	1551	15.83	16.13	16.43	16.80	17.20
鋼橋	2.51	3.07	3.57	386	378	4.81	4.77	4.59	4.66	4.75	4.83	4.74	4.74
コンクリート橋	1.29	1.44	1.58	1.78	1.53	1.91	1.90	1.89	1.87	1.88	1.88	1.82	1.83
その他	0.48	0.62	0.67	0.64	0.71	0.86	0.81	0.83	0.93	0.88	0.93	0.99	1.02
	7.78	12.68	16.60	1951	20.72	22.86	22.78	22.82	23.29	23.64	24.07	24.35	24.79

（原著のデータをもとに作成したもの。端数処理の関係で原著と一部異なる）
　　図11－7　連邦長距離道路の橋面積と種類（単位：100万 m^2）

11. まとめ

旧東ドイツ地域の橋梁

現在使用されている橋梁の経過年数は、東西で非常に異なっている。これは驚くまでもない。ドイツ東部の橋梁の大半は30年代、つまり第二次世界大戦前に建設されたものなのである。その後建設された新しい橋梁はほんのわずかなものに過ぎない。

資材が恒常的に不足していたため、東ドイツでは既存の橋梁の維持がなおざりにされていた。このためドイツ統一後も旧東ドイツ地域の道路橋は走行車線幅も狭く、そのキャパシティーは不十分であった。こうして過去50年間に旧西ドイツで必要であったように、旧東ドイツ地域の橋梁の全体を中期で修繕することが必要になった。

写真11−6　B93号線アウエで鉄道施設をまたぐ新しい橋梁

写真11−7　A4号線ケルン・ローデンキルヘン付近のライン橋（6車線拡幅工事が行われている）

構造物の維持

連邦長距離道路とその構造物の維持管理は、アウトバーン管理事務所と連邦道路管理事務所とがその任に当たった（9.3参照, p.213〜218）。既存の道路構造物を合理的かつ組織的に行うためには、定期の専門的な巡回監視と検査となる。その基本は、ドイツ工業規格1076（DIN1076）にある。これは1930年に初めて指針として公表されたものである。巡回監視と検査の際の重要な基礎をなしているのは、道路構造物原簿である。これはどの道路構造物についても備え置くことが義務づけられているもので、技術上、道路行政上重要なデータ、数値等、さらには実施済検査事項についても記録される。さらに、修繕・整備・補強工事、構造物の取り替え等に加え、工事機材の損傷、火災、洪水、地震等の特異事象も記録される。このように道路構造物原簿は、道路構造物の竣工から取り壊しまでの一種の「出生証明

書」と「履歴書」というわけである。

　連邦長距離道路の橋梁や構造物に関するデータの収集、管理、評価を行うため、システムプログラム、道路情報データベース（SIB-Bauwerke=Straßen-informationsbank Bauwerke）が構築された。ドイツ工業規格1076にいう損傷が道路構造物検査で確認された場合には、これもここに記録され評価の対象となる。またこのプログラムを用れば、どの道路構造物についてもその評価点を自動的に算定することができる。

　以上のデータは、連邦道路研究所（Bundesanstalt für Straßenwesen）の道路構造物マネジメントシステム（Bauwerkmanagementsystem）の基本情報となっている。道路網全体に関する情報、道路関連情報、車両重量等の規制状況、橋梁上の双方向同時走行の禁止といった情報と併せて、上記データは、分析の基盤となっている。分析の事例としては、経済性の算定、交通需要の把握と緊要度の高い道路区間リスト策定がある。このようにして州の道路当局を支援することができる。これは道路当局が道路構造物の維持管理について計画し実施しなければならないからである。また連邦によるコントロールも容易に行えるようにしているものである。

　道路構造物マネジメントシステムをより発展させるよう、全体で5段階からなるプログラムが組まれている。使用可能となるのは2001年になるものと思われる。システムの全面導入は2005年を予定している。

トンネルの建設

　ドイツには山岳地域は多くはないが、道路トンネルの建設には伝統がある。現在の連邦長距離道路に連なる古い道路トンネルはアルテナール（Altenahr）トンネルである。すでに1832年に建設に着手されていた。ドイツでは道路トンネルの建設の役割は、70年代半ばまではどちらかというと大きくなかったが、近年はますます重要性を帯びるようになってきた。1980年には、トンネルは41カ所、総延長約30km であった。1990年には76カ所、総延長は約60km であった。1998年には、ドイツはすでに157カ所、総延長115km のトンネルを有している。8年で延長が倍になったのである。トンネルの平均延長は500m である。半分を若干上回る数のトンネルが対面通行である。

　トンネルの建設が必要となる場合が多いが、これには2つのケースがあ

11. まとめ

る。1つは地理的に地域間の連結が要請される場合で、比較的長いトンネルを軸にして地域を繋げることが必要な場合である。もう1つは、騒音の緩和や景観の保護が要請される場合である。

トンネルは、橋梁と並んでもっとも多額の資金を要する道路施設である。これは建設当初の投資額に限られた話ではなく、その後の維持管理費用についてもいえることである。ことに予算が逼迫した時期にあっては、建設する側は、真に必要とされ

写真11－8　A8号線レオンベルク付近のエンゲルベルクトンネル

る事項を明確にしておくことが必要である。これには構築物の使用性能、耐久性、経済性に加えて、後日の施設の運営管理に関する事項がある。最終的に重要なのは、投入可能な資源を効率的に投入することである。こうした課題に応えるよう、連邦長距離道路に関して連邦交通省は、「道路トンネル建設にかかる追加的契約条件とその指針」と「道路トンネルの装備と管理運用に関する指針」を導入した。これらは法的拘束力を持つものである。

供用中と建設中の長距離道路トンネルを表に掲げた。この建設費は連邦の負担である。

連邦が建設費を負担するドイツのトンネル

トンネル名	道路	状態	延長（m）	その他
レンシュタイク	A71	建設中	7,915	
ケーニヒスハイナーベルゲ	A4	供用中	3,300	
ザウコプフーヴィルヘルム	B38	供用中	2,715	対面通行
エルプ	A7	供用中	2,650	
エンゲルベルク	A81	供用中	2,500	

トンネルは交通施設としては、特別の道路区間である。トンネル内の交通環境は、基本的には道路と同じものでなければならず、安全な通行を確保するものでなければならない。このためトンネルは、交通の安全と運

用管理の確実性を満たすための条件を満たしていなければならない。例えば、照明、換気、監視、交通管制、非常通報の各施設がこれを満足するものでなければならない。以上の装置を用いることによって、平時においても、また障害発生時においても道路利用者を危険から可能な限り遠ざけることができるのである。

　道路トンネルの建設は、ドイツではこれからも引き続いてその重要なものとなろう。重要なのは、現行の安全基準を維持しつつこれを改善していくことである。と同時に、経済性の側面もなおざりにしてはならない。

11. 4　道路の計画段階での交通安全への配慮

　1950年には、旧西ドイツ（ザールラントと西ベルリンを除く）では、25万件[56]の交通事故が発生した。15万人が負傷し、7,300人が死亡したが、このときの自動車台数は200万台をわずかに下回るものであった。統計的に見れば、16台に1台の車が負傷事故を起こしていたということになる。そしてこの事故のうち20件に1件の割合で1人が死亡していた。これを現在の情勢に当てはめると、1年に300万件の交通事故が発生し、15万人の死者が出るということになる。この信じ難い数値は、車両1台当たりの平均走行距離を勘案すれば著しく減少したことにはなろう。とはいえ、当時の道路交通がいかに高い危険性を孕んでいたかが伺えるものでもある。また同時に、それ以降の道路交通上の安全対策がどれだけの成果を収めたかを示すものでもある。実際1999年には、528,900人の負傷者が出たが、死者は7,772人「にしか」なっておらず、事実上50年代の初めの状態に戻ったのである。

　西ドイツ成立後の当初の数年間では――交通量の増大と並行して――交通事故が増加しそれとともに死傷者も年々増えていた。救急体制、車両装備、道路線形の分野で対策がとられたことにより、交通事故による重傷者や死者の発生リスクは減少した。しかし、1953年には2件の事故のうち1件は人身事故であった。わずかその10年後には、事故件数は2倍以上になっていたものの、死傷事故は3件に1件「のみ」となった。死者が最も

56）この25万件は、15万件（概数）の誤りのようである（連邦交通省の説明）。

280

多かったのは1970年で、この当時、その数は19,200人を超えていた。その後、その数は、ゆっくりとしたものであったとはいえ減少した。その要因は、1つにはすでに言及したシートベルト、ヘッドレストの装備等の車両に対するアクティブもしくはパッシブな対策や道路構造や救急

写真11-9　オートバイと乗用車の衝突試験

体制に関する対策がとられたことであった。また、連邦は啓発活動や情報提供にも資金を投じた。政府と民間組織の共同活動もここでは次第に成果を上げてきた。が、やはり立法措置や行政措置の与るところも多かった。国は州道に最高速度制限を課し、シートベルトやヘルメットの装着を義務化し、飲酒運転の規制も導入したほか、特に危険な違反行為に対しては罰則を強化した。交通安全に関わる多くの者の協力や数多くの運動によって交通事故死傷者数は大きく減少したのである。

　1999年の統計ではドイツ全体では――すでに記載したように――7,772人が交通事故で死亡している。109,550人が重傷を負った。ここ数年、死亡事故の約25％は、市街地で発生している。郊外の道路では約65％、連邦アウトバーンでは約10％ である。

　ここ数年、子供の事故は幸い平均を上回る速度で減少している。1972年には旧西ドイツ内だけで15歳未満の少年少女が2,114人も死亡していた。その28年後には、ドイツ全体でこの年齢層の死亡者数は317名になった。

　交通事故の原因は次のとおりである。
・スピードの出し過ぎ　　　　　20％
・前方不注意　　　　　　　　　15％
・右折・左折時の運転不適切　　14％
・車間距離不保持　　　　　　　11％
・飲酒運転　　　　　　　　　　 6％

　この分布はこの数十年固定したものではなく、むしろその変動が目立つ。例えば50年代をみると、依然として前方不注意が事故全体の4分の1の原因となっていたが、車間距離不保持を原因とするものは4％に過ぎなかった。飲酒運転を原因とする割合が大きく減少したことは幸いである。しか

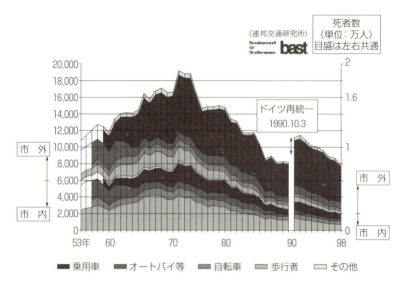

図11-8　1953年から1998年まで交通事故死者数の地域・利用交通手段別内訳

コラム 24
交通安全関係重要法規（法律と規則）

1957.9.1	一定地域での最高速度の50km/h制限
1973.7.26	運転時のアルコール血中濃度限度を0.8パーミルに規定
1974.1.1	前部座席でのシートベルト着用義務の導入
1974.3.15	アウトバーンでの適正走行速度を130km/hに規定
1976.10.1	片側1車線道路の最高速度を100km/hに制限
1980.8.1	オートバイのヘルメット未着用者に罰金
1984.8.1	シートベルト未着用者（前部座席）に罰金
1986.11.1	仮免許の導入
1993.4.1	子供用保護座席の導入
1995.1.1	重量貨物車量へのスピードリミッターの装備の義務付け
1997.9.1	自転車規則（一方通行路と歩道について）
1998.5.1	運転時のアルコール血中濃度限度を0.5パーミルに変更
1998.8.1	車両運行の際の薬物摂取の禁止
2001.2.1	電話の使用禁止（特別な装置が装備された場合を除く）

し、「スピードの出し過ぎ」と「右折・左折時の運転不適切」は様相が異なる。このうち後者が事故原因となる割合は比較的変動がなく、他車両の速度の判断が必ずしも正しくないことと関連している。しかし、この前者後者のいずれもが、現代の道路交通が到達している走行速度が、道路利用者にとって潜在的に高い危険性をもたらしているということを示すものである。

道路利用者

　様々な物理的対策が講じられているとはいえ、道路交通の安全のうえで決定的な要因となっているのは道路利用者である。このため連邦政府は、道路を利用する人々すべての安全性を高めるための運動を再三にわたって行っている。最近の道路利用者の啓発活動として次のような運動を挙げておくべきであろう。
・ドイツ交通安全審議会と共同で行った「ちょっと待って！」
・特に飲酒運転防止に向けた「飲みません！」
　道路の交通安全のためには今後もまだ行うことがある。これは車両そのものに対する対策もあるし、また、道路施設、道路関連組織、道路の管理運営にも関係する。もっとも、交通安全キャンペーンや交通安全対策のすべてが、一般からおしなべて積極的、好意的に受け入れられたわけではない。運転が安全意識をもって行われるようにしたり、道路や車両に安全対策講ずる方向

写真11-10　『締めた？』チャイルドシートのポスター

写真11-11　「点灯」の標識

での連邦政府の活動は、市民の大多数の賛同を得た。道路交通法上の対策には議論を呼び、賛否が分かれたものもいくつかあった。アウトバーンの速度制限、運転中の喫煙の禁止やアルコールの血中濃度基準0.5mg/ml がその例である。個人の自由が制限されると考えた人が多かったのである。

自動車技術

　ドイツは通過交通が多く、さらに国内に自動車メーカーも多く、欧州の交通関係法規には強い関心を寄せている。これは自動車技術についてもいえることであり、欧州と欧州外の情報を得る必要があった。

　国連欧州経済委員会が検討する法規は勧告に留まるものであったが、欧州共同体の技術規定は共同体の公報で公にされる指針であって、拘束力のあるものであった。この共同体の指針は、18カ月以内に国内法に取り入れる必要があった。

　国際的な枠組みのなかで特に重要視されたのは、危険物輸送の事故を減らすことであった。これは事故件数は少ないが、発生する損害の規模が甚大になる可能性があるからである。道路上の安全性を最大限確保するよう、国内外の危険物輸送関連法規を定期的にその時々の技術水準に合わせるようにされている。さらに連邦は、関連研究事業や内外の危険物関連法規の情報システム構築も支援している。

道路

　3番目に大きな交通安全のファクターは、人と自動車に次いで道路そのものである。連邦、州その他の自治体は、数十年にわたってかなりの資金を安全性の観点から投じてきた。これは25年以上にわたって事故件数が継続的に減少していることに大きく寄与しているものと考えられる。

　アウトバーンと連邦道路はすでに高い安全性を備えるに至っているが、安全性への取り組みはなお進められている。これは次の事例から明らかである。
・バイパスの建設
・連邦道路の鉄道踏切の撤去
・可変道路標識、可変案内板、可変警告表示の設置
・凍結警告装置の設置

- 登坂車線の付加
- 並木道の潜在的な危険性の除去

　過小評価してならないのは路上のマーキングである。耐久性、形状、色彩、その使用手法が研究されている。特に探求されているのは、夜間の視認性の改善である。自発光式の交通標識は、今日では可変の交通標識に取り替えられることが多くなっ

写真11-12　並木道は美しいが危険でもある。(B195号線ペルレンブルク付近)

ている。光ファイバーにより必要な標示が即時に行えるのである。

　道路建設や交通運用組織に関連する決定を下す場合、安全水準を高く保つ姿勢の持つ影響が大きい。しかしだからといって道路の安全がもっぱら国が担う役割であるということにはならない。1973年の連邦政府の交通安全プログラムのアピールは、現在も生きているものである。

　「交通安全は市民の一人一人にかかっている。交通安全は、これに対する民間の取り組みとともに道路を利用する一人一人の責任感に決定的に依存している。」

11.5　道路建設の決定要因

　道路建設は、それ自体が目的なのではない。道路は、国民経済上必要なもの、すなわち人と貨物を運搬し個人のモビリティを可能とするものであるがゆえに建設されてきたし、また建設されているのである。そこで重要なのは、交通を複雑なものでなく、確実で、経済的、さらに迅速なものに形作っていくことである。

　ここで必要となるのは、量的にもまた広さからも交通需要をまかなえるだけの交通網である。このためまず第一に、相互の連結やアクセスに対する要求に耐えるものでなければならない。第二に、常時増大する交通量を処理できるものでなければならない。この点、道路交通は、50年代以降道路インフラへの投資を大幅に上回って増大してきたことに留意する必要がある。

　このように急激に交通が増大したため、人々の生活は2つの著しく相反する質をそなえることになった。すなわち、一方では、社会経済活動が自

写真11-13　Ｂ１号線のホルン＝バートマインベルク市街の地域通過区間

動車を最も重要な交通手段として成り立つことになった。つまり交通、特に道路交通が、現代社会の前提として中心的なものへと成長して行ったのである。こうして人々は（当然のことながら？）、移動がスムーズでまた、煩わしいものでないことを要求するようになった。経済界も市民もモビリティと役務の提供とが改善され発展していくことを一般に良いことであると考えるようになった。道路、交通インフラはさらに拡充することが必要となり、最新の研究成果や技術に合わせていくことも必要になったのである。

　しかし、他方で道路交通は、その短所と危険性をもたらした。騒音、大気汚染、保養地の景観への悪影響である。これは歴史的建造物や街の景観の破壊にまで及んだ。交通事故による危険、健康への影響がこれに加わった。特にその影響を受けたのは、子供、老人、自転車利用者、歩行者そして身体障害者という交通「弱者」であった。

旅客輸送の動向

　旅客輸送の動向は、第一に人口動態と経済的要因によって決まってくる。経済が発展するにつれて、市民の福利厚生状況は大きく向上する。最初はゆっくりと、70年代には急激にモータリゼーションが進行した。そして今度はモータリゼーションの進行によって、モータリゼーションとは無縁の交通機関は乗用車とは逆にその重要度を失うようになった。1950年には旧西ドイツ地域では乗用車が100万台に達した。1990年には、すでに3,100万台となった。統一後には、ドイツ東部においてもこのような状況が時間的に遅れて、それ故になお早い速度で進んで行った。1999年に統一ドイツでは、4,300万台の乗用車を数えた。すでに住民1,000人当たり500台を超える乗用車があることになった。乗用車はなお増加している。モータリゼー

11. まとめ

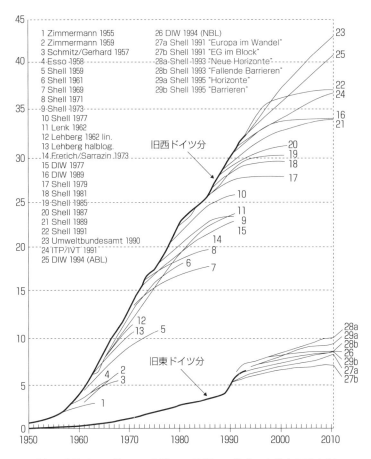

（左の番号ごとに付された記載は、予測した学者や企業名と論文名）
図11-9　ドイツの乗用車台数予測と実際の推移（単位：百万台）

ションの進行の終わりはまだ見えない。近い将来1,000人当たり乗用車は600台にさえなろうという兆候が見て取れる。

　現在、旅客輸送の動向は乗用車の所有の状況でなく、その利用状況によって左右されている。注目されるのは、以前よりも移動の回数は少なくなっているが、移動1回当たりの距離が長くなっていることである。これは、目的地への移動距離が延びたことを意味する。交通行動を普通に言われるように、仕事、買い物、余暇活動等のような自宅外での行動と捉える

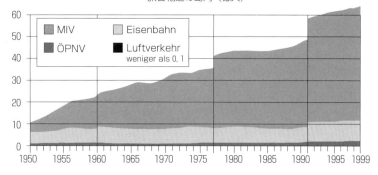

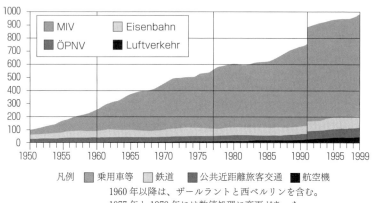

凡例　■乗用車等　□鉄道　■公共近距離旅客交通　■航空機
1960年以降は、ザールラントと西ベルリンを含む。
1977年と1979年には数値処理に変更があった。
1992以降は全ドイツが対象である。

図11－10　旅客輸送の動向

と、ドイツ人は毎日2.5億回の移動を行っていると推定される。1960年には、この移動はまだその70％が徒歩か自転車によるものであったが、これは現在ではおよそ40％ほどにしかならない。分析の結果によれば、道路を移動中の車両が増えていることが示されている。このような変化は交通行動の変化と関連している。乗用車は、人々の行動範囲を広げ、その活動を支えているのである。人々はもはや職場のある地域に留まったり、あるいは自分と距離的に近いところで余暇を楽しむというのではなく、こうしたものが距離的に離れていてもそちらに赴くのである。

車両（オートバイも含む）で移動する人の割合は、交通全体から見て1950年時点ではその４分の１であった。これに対して現在はもはや８割を超えている。これは年々増加しており、1950年には約300億人キロであったものが、1990年には約6,000億人キロに達している。これは20倍ということである！この数値を１人当たりに換算すると、ドイツの市民は１年に平均して１万kmを乗用車で移動しているということになる。これは子供、高齢者者を含む全世代のものである。

かつては交通の目的は通勤通学が第一であった。しかし70年代以降、余暇目的の交通がもっとも大きな増加を示している。これが全体交通量に占める割合は、すでに通勤通学の割合を超えている。

道路貨物輸送の動向

西ドイツ時代の数十年間には、製品の生産方式が変わってきた。これはそれだけに留まるものではなく、製品そのものにも変化が生じた。このため原材料、半完成品、製品の輸送もこうした動向に合わせていくことが必要であった。

50年代から60年代にドイツで主に運搬されたのは、何よりもまず経済の再建に必要な原材料であった。石炭、鉱石、屑鉄その他の嵩の多い資材である。運搬の規模は大きかったが、安価に輸送することが可能であった。保管・積み替えに費用がかからなかったためである。経済が復興してからは、製品輸送が増えるようになった。食料品、化学製品、その他の商品である。こうした製品の運送には、保管場所などを計画しておくことが必要であった。ケルンからハンブルクまで石炭を１トン運ぶ方が、同じ重量の化学繊維やミルクを運ぶよりも容易で安価であった。

次に輸送貨物の内容の変動を表に示す。

輸送貨物 （全輸送機関）	単位：百万 t/ 年		順　　位	
	1950	1990	1950	1990
石　　　炭	147	100	1	3
石材／土砂	111	157	2	2
鉱石／くず鉄	78.5	82	3	4
商　　　品	50	200	4	1

商品の道路輸送は1950年には690万トンであったが、1990年には１億

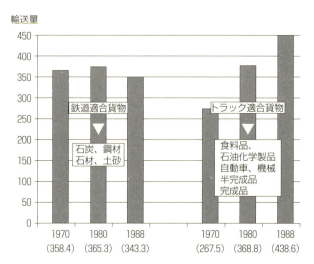

図11-11　貨物輸送の構造の変化（単位：百万トン）

（訳者補足）上図は、原著の表を見やすいよう書き改めたものである。関連資料からは本図の輸送量に相当する数値が得られないこと、鉄道輸送とトラック輸送の輸送量の相互関係が、輸送分担率で考えるとそれと合致しないことから、本資料はそれぞれの交通機関が特定の貨物を運搬する前提でのものなのか連邦交通省に照会したところ、次の回答を得た：

『基本的にはそのとおりです。ここでその推移を取り扱っているのは、鉄道輸送に適するばら積み貨物（Schüttogut）とトラック輸送に適した小口貨物（Stückgut）という財のグループです。したがって、ここで言い表そうとしているのは、典型的に鉄道で輸送されるのが典型的であるばら済みの資材の輸送量がかなりの年数にわたって同じに留まっているのに対して、トラックで輸送される小口貨物は増加しているということです。このことからトラック交通は、鉄道と比較してより強力に成長することにならざるを得ないのです。』

5,420万トンへと増大した。同時期の鉄道輸送は、1,770万トンから4,420万トンに増加した。鉄道と道路での商品輸送の内訳では、道路輸送の占める割合は28％から78％に上昇している。

貨物輸送については道路輸送の割合が10％（1950）から一貫して増え1999年には60％を超えるに至った。

現在は産業配置の分化が進む中で、産業界はますますグローバルな体制に合わせた姿勢をとるようになってきている。その影響は資材の調達に

11. まとめ

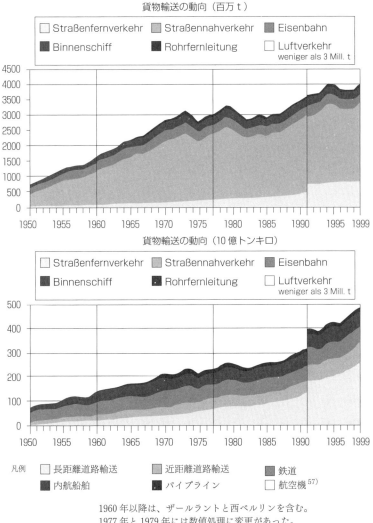

図11-12 貨物輸送の動向

1960年以降は、ザールラントと西ベルリンを含む。
1977年と1979年には数値処理に変更があった。
1992以降は全ドイツが対象である。

も、また製品の販売にも及んでいる（グローバルソーシング）。企業は製品生産拠点と在庫集積場所をあらためて検討し、資金運用を有利に行おうとし

57）航空機は取扱量が小さくグラフには現われていない。

ている。原材料や最終製品を在庫として抱えておくことはもはや無条件に有利とは言えない。在庫品によるコストがかさむためである。物流拠点を用いれば、こうした在庫費用は搬送量を増やしながら減らすことができる(just in time)。同時に、大型貨物が減少し、代わって部品や部材の輸送が増えることになる。搬送品目は軽量化する一方であるが、同時に高価なものになっている。以上と並行して1回当たりの搬送量が少なくなっている。輸送能力と柔軟性がより求められるようになっているのである。

　こうした状況の変化に適切に対応する方策としては、いわゆる交通モードを組み合わせることが1つの可能性である。ドイツでは、様々な交通機関が動いており、かなり以前からこの方向が目指されるものとなった。交通モードを組み合せることにより交通政策上、2つのことが期待されていた。1つは、鉄道の輸送能力を用いて付加価値の高い貨物の輸送を行い、その収入を増加させ、鉄道所有者である連邦からの補助金を減額させるということであった。もう1つは、道路の減耗に大きな原因を与え、また他の交通機関のみならず環境にマイナスの影響を与えている貨物輸送を道路から離すということであった。こうした形態で輸送量の増強し、合理化を進め、さらに輸出を振興することを目的に、1950年に「コンテナ輸送研究会」が設立された。連邦交通省は後日、コンテナ輸送にかかる国際関税協定案の策定と軽量貨物自動車協会に加わった。

　交通モードを組み合わせようという考え方は、それ以来ドイツの交通政策の中では評判の良いものとなっている。しかし、期待が先行し過ぎた。このため、現実は長期にわたって期待とかけ離れたものとなってしまった。

　1950年代に連邦鉄道は、コンテナ輸送への転向を拒否した。コンテナ輸送は、コンテナ輸送研究会が提案していたものであった。翻って考えると、「鉄道当局」と民間の運送会

写真11-14　鉄道駅のコンテナ施設

社、運送・積込担当者との間の組織的な連携を、もっぱら技術的に解決しようとしていたことに決定的な欠陥があった。また、当初良いものと考えられていた自動車を鉄道車両に乗り入れさせる形態は、後に現れたコンテナ方式に比べ不経済であることが明らかになった。結局のところ利益獲得を目標とする民間運送業者と公共の福祉を目的とする公共鉄道との協調がならなかったのである。双方の相互理解は、後の規制緩和によって進んだものの、国境を越えて交通モードを組み合わせようとする場合、「鉄道ナショナリズム」が問題を難しくしているということが明らかになった。

交通モードの組合せが運送業者にもうまみのあるものとなるよう、数十年にわたって次のような優遇措置が講じられてきた。

・交通モードの組合せの促進と軌道相互乗り入れ等の改良に向けた2億5,000万マルクの事業
・自動車税の軽減
・運送車両の車両総重量引き上げ
・週末と日曜の運送禁止の解除
・国際貨物運送運行許可の撤廃（1998年までは、道路運送の許可件数に上限が設定されていた）

連邦は、交通モードの組合せの推進のために法律の制定のみに取り組んでいたわけではない。実際、連邦交通網計画では、交通機関を相互に結び、物流センターを設置するということが優先すべき目標として掲げられている。さらに、これらは道路網と繋げるのが望ましい。このため、独立した投資項目を創設していた。欧州レベルでもこうした構想は進められている。交通政策上欧州共同体では、欧州横断交通網の一環として交通モードの組合せが評価、促進されていくこととなるだろう。欧州共同体の責任者は、交通機関の相互連携が貨物の増大に対処する適切な手段であると見ているのである。

道路網の拡大の障害となる要因

60年代にモータリゼーションが著しく進行した。このため交通網の整備が一層進められた。そこで道路が原因となった環境問題が、強く人々の関心をひくことになった。これ以降、交通関係の組織や部門は、交通が環境の悪化と資源の浪費に的確に対処するよう、次のような部門で活動をして

いる。
- 交通政策
- 道路計画
- 道路工事
- 交通技術
- 自動車技術

　こうした部門の協力によってめざましい成果が上がっても、効果が続かない場合もあった。その最たる理由は、こうした努力を進めても、それと併行してますます多くの車両が、より長い区間を覆ってしまうことであった。

　他に努力が傾けられたものとしては騒音対策がある。過去においても、また、今もなおその対象であるのは、「騒音の原因をなす車」である。どれだけ成果が上がったかは、法律が定めた制限値で明らかである。1970年と対比すれば、関係基準において騒音の限度は、ともかく 8 − 12dB 下げることができたのである。これは車両が走行する周辺環境にあてはめると、従前の騒音量の15%程度の減少に相当する。

　この関係で行われた対策には、例えばタイヤ騒音の減少対策やその他の積極・消極の騒音対策がある。このように努力は払われたが、1950年以降の20倍もの交通量の増加により、騒音公害の減少はごくわずかなものに過ぎなかった。道路網は、ますます密になるとともに拡大が進む人口密集地

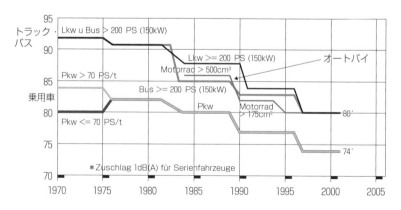

図11−13　車種別騒音規制値の動向（単位：dB(A)）

11. まとめ

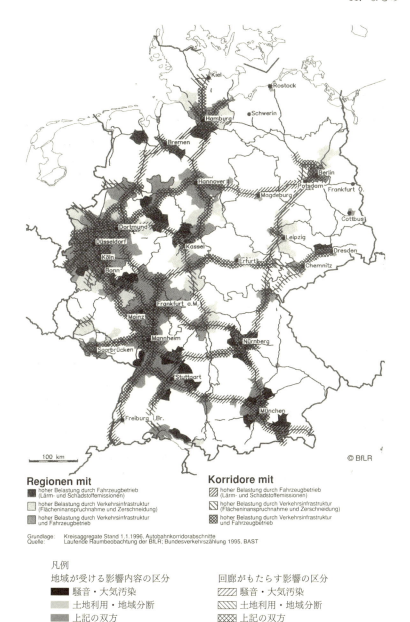

図11-14 ドイツ国内で交通による大きな影響を受ける地域
（口絵25頁参照）

域にその集中が進んでいる。

　騒音と並んで排気ガスも問題である。スモッグ、酸性雨、森の枯死、オ
ゾーンホール、温室効果のような現象は、特に70、80年代に政府の行動を
強く促すものであった。交通が原因となる有害ガスの排出量は80年代末ま
で増大していたが、減少に至った。この増大を押し進めたものが何である
かは、旧東ドイツ地域でしばらく続いていた大気汚染の状況が環境政策と
は別の理由で大きく減少したことを踏まえても、なお明確にはわからない。
まずは生産活動が大きく後退したことがあげられるだろう。だがかなりの
台数の車が、排気ガス排出量が少ないものに替えられたこともその理由か
もしれない。

　騒音や排気ガスの他にもまだ別の問題がある。交通網には土地が必要で
ある。旧西ドイツでは、これは全面積のおおよそ５％を占めていた。道路
は１％である。調査したところ、４車線のアウトバーンは延長１kmにつ
き平地では4.5から６ヘクタール、山間部では10ヘクタールの土地を要す
る。もっともこの数値は構造物をもととしており、場合によっては変更が
必要である。道路工事の場合には土地が必要となるのは道路本体と構造物
のためだけではない。次のような要因によって、沿道沿いの土地も影響を
受けさらに土地が必要となる。

・騒音・排気ガス
・道路により一体となって地区が分断され、様々な機能が分断される場合
・景観が影響を受ける場合

　このような場合には、道路用地の数倍の土地が必要となる場合がその大
半である。

　以上の事情から、専門家は道路沿いを「道路影響帯」と呼んでいる。こ
れは500mまでの幅がある。連邦の1986年の国土利用・形成計画報告書は、
道路交通によって直接、間接の影響を受ける土地の面積（旧西ドイツ内）は、
11.3％に及ぶと算定している。

テレマティックス

　道路建設は様々な方面で二律背反の問題に直面している。片や道路の建
設が必要とされる一方で、そのための土地は自由に増やすということはで
きない。さらにすでに述べた問題も加わってくる。こうした問題は、当然

のことながら特に人口密集地域でより厳しいものとなる。以上のジレンマによって1つの技術が重要性を帯びるようになった。それがテレマティックスである。テレマティックスとは、通信技術と情報技術との組合せである。

テレマティックスは、異なる交通部門を密に組み合わせることにより、資源の最適利用を可能にする。旅客・貨物輸送のいずれを問わず、交通機関の利用者はその提供された情報を利用して、意識的に交通機関を選択することが可能となるのである。

テレマティックスが的確に運用されれば、本来、引き延ばすわけにはいかない交通インフラ改良工事を延期することが可能となる。

旅客・貨物輸送のシステムが改善されるだけではない。テレマティックスを用いれば、それぞれの交通機関は、その交通容量を引き上げたり、環境にマイナスの影響をさらに与えることなく、自らの機能領域を広げることができる。情報通信分野の急速な発展状況からすると、さらに別の展望も開けてくる。以前は交通手段を用いて行っていた業務が、今日ではこれなしに済ませるようになっているのである。ネットでの業務処理、ネットショッピング、ネットバンキングがその例である。もっともこのような動向には2つの側面がある。生産過程で製品価格が下げられることによって、製品の購入が拡大する可能性があるにしても、製品は消費者に届ける必要があるということだ。ネットショッピングでは消費者が購入に出向く必要はないが、生産者は商品を送らなければならないのである。

ドイツでは、80年代から90年代にかけて、テレマティックスは、総合交通マネジメントシステムの開発上、その優先的なファクターとして検討されることはなかった。道路の分野では、テレマティックスに関する検討は、この時点では情報関連に限って進められていたに過ぎない。連邦交通省が取り上げたテーマは次の試行的なものであった。

・可変案内標識
・走行速度
・連邦アウトバーンにおける警報表示

例えば、交通手段の選択が行えるようにすることは構想にはなかった。

連邦交通省が長年取り組んでいた「近距離交通に関する研究」の成果は有用性の高いものであった。現在ではすべての交通機関について、テレマ

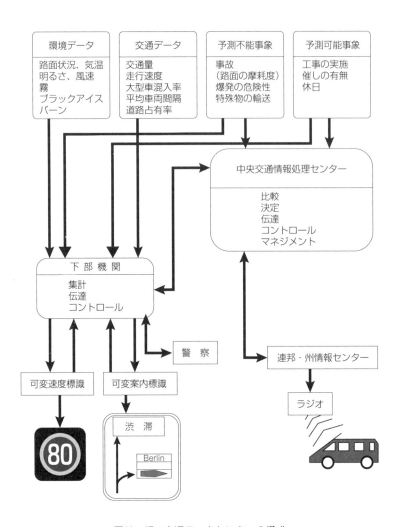

図11-15 交通データセンターの構成

ティックスを利用した交通システムが充実し、その運用が可能となっている。このシステムから、利用者情報と交通誘導情報の2つの重要な情報を提供することができる。システムには現在、不十分な点がある。それは次の点である。
・それぞれの交通システムを越えたネットワークの構築
・状況に応じた的確な交通運用。テレマティックスによる情報を利用して、

11. まとめ

各交通機関の状況に応じて活用すること。
・例えば複数車両の隊列走行のような路上の自動走行。これは都市内の路面電車については実現している。安全性を最大限に引き上げることが重要である。

テレマティックスは、交通容量、環境適応性、交通安全を同時に高めるとともに、このそれぞれの要求を相互に調和させることが目標である。最初の2つは、交通量が恒常的に増加していることから切り離して結果を出すということはできない。交通安全については、これとは異なり技術の活用によってすでにかなり改善がなされていることが明らかになっている。例を挙げよう。

アウトバーンの通行がスムーズである間は、渋滞表示や工事箇所の標示でこと足りた。しかし、交通量がますます増加しこれでは足りなくなってきた。そこで、60年代には、交通誘導を目的とした独自システムの開発が始まった。これは安全性を同時に向上させることができるものとなった。アウトバーンのミュンヘン－ザルツブルク間を思い起こしてほしい。ここでは、交通量が非常に増加していたにも関わらず渋滞が減り、事故件数も80％減少した。速度規制を行っただけで、通行が整然となり安全性も向上したのである。

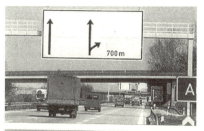

写真11－15　ネットワーク間交通誘導表示施設[58]
（口絵26頁参照）

58）標識の中の船形の図表示（口絵26頁の標識のオレンジ色の部分）は、アウトバーン網内での迂回推奨を表示する場合にのみ使われる。アウトバーンからの流出箇所での下位等級道路（連邦道路が多い）への迂回推奨の場合は、青地の表示（例えば『Ü29』といった表示）が行われる（連邦交通省の説明による）。写真の表示は、上から時間の経過順に状況を示している。最終の表示（最下段）は左が『渋滞危険＝STAU（渋滞）－GEFAHR（危険）』右が『Deggendorf（地名）、✈ München（ミュンヘン空港）』である。

今日では、交通誘導は単に個別路線を対象とするではなく、様々なレベルの交通網の区間を対象に積極的に行うことが期待されている。これに、例えば可変の誘導標識等を利用すれば道路の混雑状態を平準化することが可能になる。現在では15分程度の短時間の予測ができ、結果的に規格の低い道路では、渋滞の発生そのものが抑えられている。高規格の道路網の場合には、旅行時間の予測は15分から60分先あるいはそれ以上の時間的範囲のものが必要である。

　道路の交通誘導には、例えば速度制限、渋滞や霧の発生の警告や走行車線の指示などがあるが、これはその路線の特性に合わせて行うことが必要である。こうした規制や事故の予防措置は、道路の交通処理能力と安全性を高めるものでもある。技術陣が特に目を向けているのはインターチェンジやジャンクションといった連結部分である。このような箇所で積極的に交通誘導が行われると、交通処理台数が増加するとともに安全性のレベルも向上していく。このように交通流をいずれの方向にも効率よく流れるよう改善できるのである。

　以上のような設備は1970年から策定されている連邦交通省総合計画に基づいて設置されている。交通誘導に関する総合計画は1980年に策定された。1990年までに、連邦の補助を得て大規模な表示板が120カ所に設置された。その半分は連邦アウトバーンのものである。1995年までに、交通誘導が可能な区間は500km に達している。費用は1999年までで、９億マルクに上った。2001年までに、アウトバーン網の３分の１の区間にテレマティックスの整備が完了する予定である。連邦はそれまでに11億マルクの支出を行うものとしている。

12. 現況と展望

12. 1 交通政策とインフラ政策

過去50年間、交通量の増大は力強いものであった。あらゆる視点から見てこの動きが止まることはないだろう。いやそれどころかこの交通量の増大傾向は、今後一層強まると思われる。ドイツを通過する交通がこの傾向を下支えしている。それゆえドイツの交通政策は、同時に欧州の交通政策でもある。その第一の課題は、交通麻痺がドイツと欧州の経済発展にブレーキをかけることがあってはならないということである。

交通政策の１つの目標は、人と貨物のモビリティが環境と調和しつつ国土全体に広く確保されることである。そこでは、すべての交通手段が導入されるべきである。充実した交通インフラと、これが組み合わさった交通のシステムが経済成長と福祉双方の基盤である。経済成長と福祉とはドイツ国内の生活条件を平準化するとともに、また、将来においては欧州においても同様になることを進めるものである。

こうした目標や諸条件を前提に国の内外から要請が出てくる。これに対しては、もはや１つの交通手段への単一の政策手段を投じるというのでは適当とは言えない。そこで目標となるのは、多様な交通手段とインフラのネットワークとを繋げた環境に配慮した総合交通システムである。こうしたことでなければ交通網全体の容量をよりよく使用することはできない。また、道路と飛行機から鉄道と水路に交通を移転させる前提条件を整えることも併せて必要である。

将来のモビリティを形づくっていくには、単一の「インフラ政策」以上のものが必要である。交通政策は、輸送システムを計画し建設するだけに留まるものではない。交通政策は、現に存在しあるいは常に変化していく交通状況と他の様々な政策分野の間の相互の影響を検討し、考えていくも

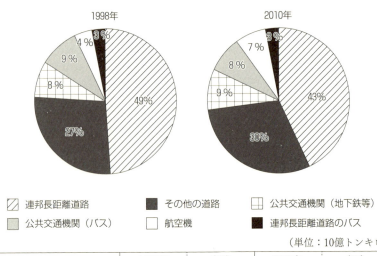

	1998年	（％）	2010年	（％）
連邦長距離道路	469	48%	469	43%
その他の道路	281	29%	327	30%
公共交通機関（地下鉄等）	74	8%	98	9%
公共交通機関（バス）	83	9%	86	8%
航空機	36	4%	73	7%
連邦長距離道路（バス）	28	3%	31	3%
合　　計	971	100%	1084	100%
欧州統合シナリオ	943 （1997年）	—	1130 （2015年）	—

図12-1　旅客輸送の実際と想定（原著の図を元に書き換えてある）

のでなくてはならない。ここにいうそれぞれの政策分野は、そのいずれもが社会において必要とされ、あるいは望ましいとされるモビリティに自らが、あるいは別の政策分野と併せて影響を与えるものである。この政策分野は経済政策、社会政策から教育政策にまで広がっている。その根底をなすのは政策目標である。政策目標があってはじめて、計画、法律、税制上の取り扱い、あるいは新技術、経済的動機付け、さらには情報、教育とがまとめあげられることとなり、持続可能なモビリティを可能とするのである。

　ドイツでは交通政策はこうした意味で、ドイツの成長と欧州統合のため

12. 現況と展望

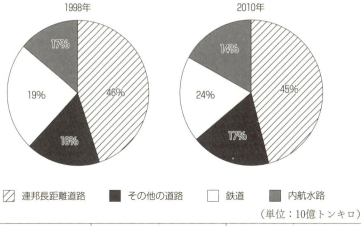

(単位：10億トンキロ)

	1998年	(％)	2010年	(％)
連邦長距離道路	170	46%	270	45%
	*(218)		(330)	
その他の道路	66	18%	104	17%
	(85)		(127)	
鉄　　道	73	19%	148	24%
内航水路	62	17%	86	14%
合　　計	371	100%	608	100%
	(438)		(691)	
欧州統合シナリオ	371 (1997年)	―	608 (2015年)	―

＊（　）内の数値は、近距離貨物輸送を加えた数値

図12-2　貨物輸送の実際と想定（原著の図を元に書き換えてある）

に
・欧州における交通市場を統一し、
・欧州における自由な交通市場を経済的に完成させ、環境にも配慮したものとし、
・東西に十分な交通動脈を築くことについて
　大きな役割を果たしている。
　欧州の分断を継続して克服し、広く欧州に現代的で充実した交通網と総合的な交通マネジメントを確立するには、以上のことを実施するほかには方策はない。

写真12−1　A72号線（プラウエン付近）では、整備されるまで石畳が敷き詰められていた。

1998年以来、交通の分野では、交通省と国土計画関係の省庁間で調整が行われるようになっている。これにより交通網計画と国土利用・形成計画の間で、あるいは都市計画と地方交通との間で相互に生じる問題を新たな形で解決していく可能性が開かれた。連邦交通省は、こうした機会を活かすように努めている。

12．2　投資政策の方向

資金調達手法の展開

　1992年の連邦交通網計画の策定に当たっては、緊急度が高いとされる事業とその財源の見通しとは突き合わせが十分に行われていた。しかし、わずか数年後には想定収入の水準を引き下げざるを得なくなったうえ、事業の大半のコストも上昇してしまった。そして事業の完成時期は当初よりかなり延びることとなった。事業の実施コストは上がるばかりで、公共の手に残る資金も減るばかりであった。こうした動きには2つの要因があった。

　1つは、旧東ドイツ地域であらたに実施されることとなった建設事業の通過地域が、もとより地勢的にも地質的にも複雑な箇所で、その施工が難しいということであった。このためkm当たりコストは――名目額でなく実質額でも――従前の建設区間よりも高額になった。もう1つの要因は、経費節減が要請されたことである。連邦交通省の投資予算も、特に道路建設予算も、連邦予算全体で行う経費節減の対象から免れなかったのである。

　ドイツは、8,000万人を超える人口を有し、今なお世界でも豊かな国に数えられる。しかし、20世紀の終わりの最後の十年間においては、その対峙せざるを得なかった困難はますます大きいものとなっていた。1998年にドイツが抱える債務は1兆5,000億マルクを超えていたのである。ここか

ら生ずる利払いだけで当時（現在でも）の税収の22％を当てることが必要となる。換言すれば我々は、利払いに当てるだけのために1マルクの税金から22ペニヒを支払わなければならないのである。

最近の連邦債務である実質500億マルク（実質）は、その大半は特別会計と国際的履行義務から生じたものといえる。1990年まではこうした経費はほとんど予測できないものであった。

1994年には、旧東ドイツの生活条件改善に向けた資金援助を目的に、「連帯協定（Solidarpact）」が連邦と州との間で締結された。2000年までに西側の州から東側の州に560億マルクが流された。連邦は、もっぱら鉄道の技術改良、生産性の向上を目的に、1994年から2002年までの間に330億マルクの資金を支弁した。連邦経済協力開発省が1996年に公表したところでは、西から東へ官民の年間の資金移動は約1,500億マルクに達したとしている。この額は、先進国が経済援助として第3世界や中進国に支払った経済援助の額の約40％に相当する。

欧州連合は、連帯という考え方を基本に据えており、これが加盟国間での財政状況の均衡を保たせる基礎となっている。加盟国はおしなべて支払い、欧州連合の分野ごとの基準によって補助金を受ける。ドイツの収支は、年間で200億マルクの赤字である。換言すれば、ドイツは旧東ドイツの地域が構造的に脆弱な地域であると見られているにもかかわらずEUに対する実質的な拠出金の3分の2を超える額を負担し、かつEUから資金の提供を受けているのである。

国際連合の場合も、その拠出金は加盟国の財政状況ではなく、経済力に応じたものとなっており、ドイツからは毎年10億マルク以上が提供されている。国の債務の軽減はドイツの財政政策の優先課題である。債務の着実な返済がなくては、将来において財政的に執行能力を保つことはできない。政府債務の削減によってのみ、教育、研究、投資の継続を財政的に確実なものとして責任を負うことができるのである。

財政を盤石なものとする必要はあ

写真12-2　A14号線（旧東ドイツ・ハレ＝マグデブルク間）のザーレ橋

るものの、今後数年にわたって連邦長距離道路の建設にむけて高水準の資金を用立てることとなろう。しかし、支出の構造は一層変わっていくと考えられる。現行の道路網を維持していくには、道路建設予算は絶対額でも、また、相対額でも増加させることが必要となろう。道路網が大きければより費用がかかることは事実である。それに加えて連邦アウトバーンの道路網の経過年数の影響も大きい。道路の表層の寿命は平均25年である。建設の盛んであった70年代にできあがった区間がその時期を迎えているのである。

　それゆえわれわれは、連邦長距離道路についてはその道路網を拡大することよりも、その維持に多くの資金を必要としている。その計画は、交通、施工技術、環境、経済、組織の観点から最適化し、少ない資金をより有効に生かすよう練り上げることが必要である。以上は予算も変えていくことになる。

　このような資金上の問題の解決に向けて、連邦交通省は交通網への資金の調達について第三者委員会（独立委員会）に案の提示を求めていたところ、同委員会は、連邦交通網の財源を公共予算から利用者料金に転換する案を答申した。この「ペルマン委員会」の勧告[59]は、2000年9月5日付けでクリムト連邦交通大臣に提出された。連邦長距離道路の関連では、連邦長距離道路融資会社の設立がその提案の中心の1つとなっている。また連邦アウトバーンでは、重量貨物車については km 当たり25ペニヒの対距離料金を徴収し、その他の車両についてはビニエットによって料金を徴収することがそのほかのポイントとなっている。連邦交通省は、提案事項に対してはオープンな姿勢で臨んだ。もっともこの時点では、乗用車にさらに負担を求めることは検討の対象外であった。

道路網の拡充

　連邦交通網計画の策定作業は、ドイツ再統一で一端休止となった。これは結果的には交通問題の別の側面を見えにくくするものになった。旧東ドイツ地域では、交通容量が明らかに不足となっている交通結節点の改善、

59）邦訳は、高速道路機構海外調査シリーズ No.17（ドイツにおける道路事業の PPP（その1）
　に所収されている。

疲弊の著しいインフラの交通需要にあわせた修繕や全面改修、旧西ドイツ地域へのミッシングリンクをなくすといった方策を優先することが必要であった。こうした工事が前面に出たことから、「積み残し工事と新規建設」とをどう考えていくのかという重要な課題をめぐる議論は、この時期には、舗装改良のマネジメント（走行の安全性の確保）と交通容量の拡大のための工事（例えば、加速車線、可変交通標識、車線拡幅等による交通量増への対応）によって、大きく左右されてしまったのである。ドイツ統一交通プロジェクトの大半が完了した後は、連邦交通網計画は、策定作業が休止となったドイツ統一以前とは様相を異にすることとなった。

　まず第一に、この間交通網の整備が一段と進められることになる。路線を新規に追加する場合には、比較的多額の資金が投ぜられることが少なくない（例えばトンネル）。さらに、工事を巡る諸条件が変化しており、さらにここ数十年に渉る新たな知見をもとに、マクロ経済的な評価手法を改めることが必要となっている。現在、補修、改良工事についてその作業は進められており、特にあげるべき点は次のとおりである。

・地域への影響分析（交通網が環境に与えるリスクの評価、Netz-URE）
・二酸化炭素排出削減の金銭的評価（金銭的インセンティブか課税か）
・交通網建設の自然環境及び景観に対する影響の金銭的評価（生活圏分断に関する評価、住居地外の騒音の評価）
・個別事業間の相互依存性に関する検討

現行のキャパシティーの有効活用

　現在ドイツの道路網の密度はすでに高い。このため、新規区間を追加してそのキャパシティーを高めるというわけにはいかないのは当然である。そこで現行の路線を拡幅して容量を上げるということにならざるを得ない。また例えばテレマティックスを活用した交通誘導により、路線、ネットワーク、インターチェンジやジャンクションでの交通流を最適化するといった手法も、いずれは尽きてしまうであろう。そこで交通インフラの改善については、次の点がきわめて重要になっていく。

・鉄道と水路を整備すること。
・乗り換え、積み換えの施設を設置し、異種交通モードによる交通ネットワークを形成すること。

・公共交通機関の拡充と異種交通モードの組合せを促進すること。

　テレマティックスシステムとそのサービスの導入は、現在、目標を実現する上で重要な道具であると見られている。この技術は、現在すでに広い範囲で、また様々な用途に使用されており、ボトルネックでの交通流を改善し、より賢くインフラを使用することに大きく役立っている。しかし、このテレマティックスの交通への応用は、1つの交通モードの最適化に留まるだけのものではなく、それ以上の可能性を有するものである。すなわち、努力目標とされている異種交通モードを統合した、総合交通システムの重要な大前提となるものなのである。このシステムでは、異なる交通システムが連携を強化してネットワークを形成していくこととなる。こうして各交通システムはそれぞれの強みを発揮することが可能となる。これは環境保全に適した交通機関にとっても望ましいことである。

　テレマティックスは、道路交通においては多面的な利用が可能である。ドイツではすでにほぼ20年以上にわたって連邦アウトバーンにおいて、渋滞や霧発生の警告を標示する交通誘導装置が設置されてきている。現在までのところ、この装置は、600kmの区間で円滑な交通の確保に寄与する

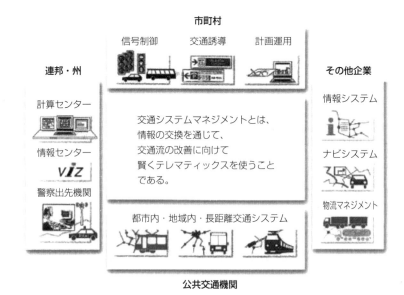

図12－3　交通マネジメントとテレマティックス

ほか、人身事故の大幅な削減にも役立っている。

1997年半ばには、ドイツではデジタル方式による交通情報チャンネル (Traffic Message Chanel) が導入されている。これによってドライバーは、ラジオ放送を中断せずに、いつでも任意の時に交通情報をリアルタイムで、それも繰り返し聞くこともでき、特定情報を得ることも可能になった。市場は情報チャンネルの装置の改良に常に取り組んでおり、安価で様々なアタッチメントを市場に出している。民間主導で出された交通情報、交通警報や非常通報システムも市場をますます席巻している。このため、近い将来には車両のおおよそ10％にオートナビゲーションシステムが搭載されるものと思われる。関連業界と行政当局との申し合わせにより、業界は1999年のテレマティックスサービスに関する官民協力に関するいわゆる「指針」に基づいて、担当自治体と所管警察署と緊密な協力を行うことが義務づけられている。この申し合わせでは、道路当局側が情報を提供するとともに、民間側に対しては、必要な装置の設置のために路上のガントリーの使用許可を下ろすこととされている。警察についてはリアルタイムの交通情報の取り扱いに関する義務、民間企業については、いわゆる基本情報の無償提供が規定されている。民間企業が情報に付加価値をつけて市場に出すのはその後である。

テレマティックスを用いて行えるのは交通流を最適化することだけではない。テレマティックスは、一定の範囲で物理的な移動を情報の移動をもって換えるという機会を提供するものである。例えば自宅と職場とがますます重なり合ってきている（インターネットによる在宅勤務がその例である）。このため特に旅客輸送は、従来のように、経済が拡大すれば交通も増大するという関係からは離れていくという可能性があるようにも一見思われる。もっとも現代の情報・コミュニケーション技術は、例えば余暇活動の領域のように、交通量をさらに増大させるというリスクもなお抱えている。

貨物輸送については、物理的移動が情報移動に置き換えられるというケースはあまり多くない。製造業では、分業の進行状況や立地条件の優位性は、完成品なり半完成品の輸送の必要度を決定する。市場はますますグローバル化しており、そこで勝ち抜こうとする者は、交通費がかさむとか、交通手段が限られるからといって、競争上の有利な条件を放棄する訳にはいかない。それゆえ貨物輸送はなお増加すると思われる。それ以上に、イ

ンターネット取引が広がるにつれて交通にもたらされる結果ははっきりとしている。それはインターネット取引を行う消費者は、購入には出かけないが、成約した商品はどういう形態であれ消費者に届けることが必要だということである。

とはいえ貨物輸送の側にも、物流システム導入による利益は存在する。テレマティックスの利用により、30％という余りに高い空車率を下げるだけでなく、トリップ数もトリップ長も減少して、貨物輸送の運行を全体として最適化することが可能となるからである。貨物の輸送と配達とはテレマティックスの利用によってより良く、より早くすることができる。このテレマティックスの技術の潜在力は、今なおおよそ尽きているものではないのである。

欧州構造計画

ドイツの長距離道路網の整備上、欧州のインフラ政策は2つの観点から重要である。

まず第一に、欧州横断道路網（TERN）は、必要に応じて拡充されていく必要があるが、その一部をなすドイツの道路には、交通量が多い既存の道路区間があるほか、なお計画段階の連邦アウトバーン A20号、A38号、A71号、A73号の各路線もあるということである。

第二に、欧州構造基金は従前 EU の独自事業にのみその資金を提供してきたが、今回初めて旧東ドイツ地区における連邦道路事業を加速すべく2000年から2006年にかけてドイツの事業に資金を融通することになったことである。

連邦政府は、インフラ事業費の75％までを融通する欧州連合の構造基金の補助金に、連邦予算の資金を加えることとしている。欧州地域開発基金（EFRE）の事業は新しい投資方式で、30億マルクをドイツに供給し、ドイツはこれを、約60億マルクに及ぶ連邦長距離道路、連邦鉄道、連邦水路にかかる事業に充て、その実施ができるようにしようとするのである。地域開発基金は、旧東ドイツ地区の発展と経済成長に大きく貢献することとなろう。

アジェンダ2000：欧州連合の拡大

　欧州の統合が進むにつれ、インフラ計画を欧州全体の視点から見ることが一層必要となっている。欧州連合が、中欧・東欧へと拡大して、結果的に道路交通の大がかりな変革が一段落しつつある。

　すでに1993年に欧州理事会はコペンハーゲンで、それまで協力関係にあった中欧・東欧が欧州連合に加盟可能であるとの決定を下した。この決定を受け加盟申請が、エストニア、ポーランド、ハンガリー、チェコ、スロベニア、キプロス（以上が第一次申請国）、続いてラトビア、リトアニア、スロバキア、ルーマニア、ブルガリア、マルタからなされた。トルコはすでに加盟候補国となっている。

　EU委員会は、理事会と調整し、さらには欧州議会をも引き入れた上（欧州憲章第235条）で、中欧・東欧諸国の加盟に向けた戦略を押し進めた。理事会は1995年12月の会議で、EUの東方拡大の影響の検討を行うよう欧州委員会に依頼した。1997年7月、欧州委員会は「アジェンダ2000」[60]と題してその分析結果を提出した。「アジェンダ2000」は、中欧・東欧諸国の加盟と統合によって生ずる重要な問題をすべて解決するよう求めている。

　欧州連合の諸国及び関係国の交通大臣による協議会は、1995年9月に勧告を行っている。これを基本にウィーンに事務局を置くいわゆるTINA-Prozess、交通インフラ研究所（Transport Infrastructure Needs Assessment）が設置された。

　TINA事務局の課題となったのは、まず次の事項であった。

・TINA幹部職員に対して、新たな加盟国内に設定される欧州横断道路網（TEN、TINAの名称を併せ持つ）の認定基準の決定を支援すること。
・TINAの事業評価手法を確立させること。
・TINAのための地理情報システムを開発すること。
・その後TINA事務局は解散し、継続業務はEU委員会が引き継いだ。

60）欧州連合の拡大を前提にした活動計画として、1999年に欧州理事会で採択された。

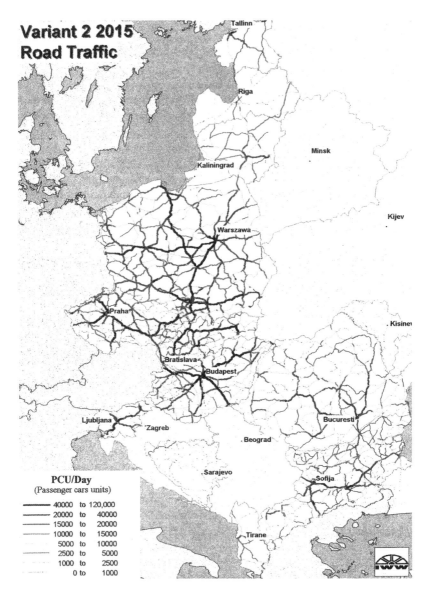

図12−4 TINA 道路網のための交通量予測
(口絵27頁参照)

12. 3　国土政策の手法

外部費用の検討

　交通インフラにはすべて——連邦長距離道路にも——資金の供給が必要である。しかし、道路も橋梁も建設するだけよいというものではない。交通そのものがいわゆる外部不経済効果を発生させており、そのコストは現在まで原因者が負担することはなく、社会が負担してきた。これには次のようなものがある。
・事故（その主たる発生原因が車両でないもの）
・騒音
・排出ガス及び二酸化炭素
・地域の分断
・土地の占有
　発生するコストのすべては、明確に「内部」費用、「外部」費用のカテゴリーに分類できるものではない。
　「インフラコスト」が何をもって構成されているのかが論議の的である。これを指すものと想定されているのは、何よりもまず道路の建設に必要とされる資金である。
　鉱油税と自動車税を「道路収入」と規定するのであれば、道路費用は賄えている。道路利用者が道路建設の費用を支払っていることになり、これで費用は内部化されることになる。
　しかしそうではなく、道路交通からの税収を一般税と捉え、そのインフラのコストとの関連性を争うのであれば、インフラコストは事実上「外部費用」となる。
　また、路上で発生する渋滞についても同様の議論がある。渋滞にはまったドライバーは理屈の上では自らも渋滞原因の一部をなしている。とすれば渋滞によって生じた部分のコスト（例えば時間換算コスト）は、ドライバーが負担すべきだということになる。
　その他の外部費用を道路利用者が負担していないということについては、全く争いがない。もっともこれは他の交通手段にも言えることである。

しかし、負担をどのようにすべきかという問いに答えることは難しい。今のところその解決の手がかりがわずかにあるに過ぎない。現時点においては——なお、争いのあるベースではあるものの——「環境に対する外部経済効果」については、少なくとも部分的にではあるが測定なり算定が可能ではある。もっとも測定の可能な排出ガス量やその金銭的損失を基礎に算定するにしても、これについては市場価格が形成されていないことからかなり問題がある。しかし、こうした外部経済効果のすべてを把握したとしても、次なる問題の解決には及ばない。それは、真の原因者に負担を負わせることがどうすれば可能かということである。

まず、外部経済効果の「量」が、車両特性に依拠する場合がある反面、まずは車両運行者の行動が問題となる場合もある。例えば、寒冷時にスタートしてわずかな距離しか走行しないときや、高速走行時に頻繁に加速を繰り返すのであれば、ガソリン消費量は多くなる。こうした負荷の「値」は、その時々の周辺環境によって変動する。自然環境や景観に対するマイナスの影響については、評価手法は現実問題として不十分、あるいは全く存在しない。こうしたことについては、そもそも金銭的評価の可能性に疑問を呈する専門家も多い。

幅広く諸案が検討されることとなるが、この場合経済的利益の他、道路交通上の便益にも配慮することが必要である。というのは、「外部費用」を価格メカニズムに結びつけた結論が、交通との関連性をもった経済効果を無視することになってはならないからである。さらに言えば、経済政策、社会政策、環境政策間にバランスのとれたものであることが最も望ましい。

以上のような比較的長期的に解決すべき問題の観点からすれば、現在実施されている重量貨物車に対する期間定額料金（ユーロビニット）は、インフラの費用負担を求める方向での第一歩とすべきである。というのは、道路インフラの維持保全に要する費用は、貨物自動車がこれを強く

写真12－3　A20号線ヤルメン付近のペーネ橋

12. 現況と展望

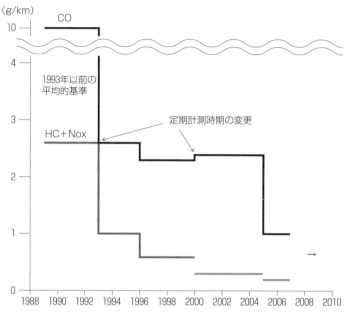

図12-5　乗用車（ガソリン車）排出ガス基準の推移

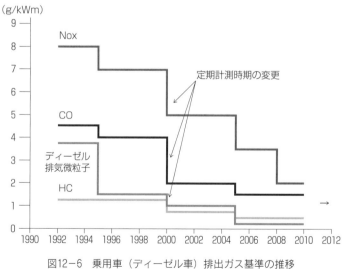

図12-6　乗用車（ディーゼル車）排出ガス基準の推移

315

決定づけているからである。加えてユーロビニエットには、2001年から環境もその要素に含むこととしている。これは車両の環境への影響がその理由である。ガス排出量が多い場合には、より高い料金を支払うこととする見込みである。

　連邦政府は原因者が道路の費用を払うことになるよう、2003年から上記の重量貨物車料金を対距離料金に変更する予定である。これは実際の走行距離に即したものであると同時に、環境保全の要素をも容れたものである。

交通安全

　1992年のマーストリヒト条約（1999年アムステルダム条約第71条）によって交通安全はEUの交通政策の所管をなすものとされた。欧州委員会と各加盟国の所管をめぐる重要な事項は次の点である。
・「欧州連合が所管する」技術基準の各国基準との調整
・国民性に由来する各国の規範の尊重

　欧州委員会は交通安全をその所管とするようになってから、交通安全行動計画を2回にわたって（1993年と1997年）策定した。その実施には、「交通安全の水準の高い」加盟国から支援を受けている。

　交通安全はもとより国境を跨いだ問題である。EU内での居住・営業の自由が認められたことや旅行の増加によって、ドライバーが生まれてからこのかた言語もその国民性も馴染みのない地域を走行する車両が

写真12-4　乱暴な運転を戒めるポスター『乱暴運転の人いないかな。』[61]

---

61) ポスターに掲げられているハゲタカ・ハゲワシは、ドイツ語文化圏では、腐肉や死を連想させるものである。こうした猛禽類は死にかかっている動物の周りに集まり、動物の死後すぐに食にありつく。このことから、猛禽類は確実に差し迫った死のシンボルともなっている。ポスターの意味するところは、乱暴運転をする者の死は確実なので猛禽類が集まる。彼らに必要なのは待つことだけだということである。交通安全キャンペーンとしては、通常よりかなり強烈なものであったという（連邦交通省の説明による）。

12. 現況と展望

写真12-5　携帯電話は交通安全上の問題

写真12-6　維持作業中の事故

増加することになった。加えて、EU内の国境——EUとEU外の国境も——が開放され、人間やインフラ、技術そしてコミュニケーションが下支えしている交通安全の確保がより難しくなった。

　また、ドライバーの平均年齢が上昇していることも問題である。国内でも、また広く欧州においても、道路を利用する際には、なお一層正しい行動をとることが求められている。この問題の大きさを十分に認識しない限り、将来の道路交通の安全を確保する適切な方策を見い出すことはできない。

　もとより交通安全対策は複雑なものとなっているが、アムステルダム条約以降、欧州レベルでの意思決定手続きが複雑に絡みあって時間がかかるものとなってしまっている。将来に向けて必要とされる交通安全対策を適切な内容の法的基準をもって行おうとするのであれば、こうした手続きについて、欧州全体の構造改革やEU拡大の前の段階で大胆に簡素化することが必要である。

　さらに、危険物輸送については、その安全性の確保と輸送に伴う環境汚染の防止とは実効性のあるものとしなければならない。もとより交通量が拡大する中で、危険物の輸送はその占める割合が大きくなることが予測されており、この問題は一層重要性を帯びている。この問題は単なる立法措置の問題ではない。危険物輸送関係者はすべからく自己責任を負い、あるいは共同責任を負っているのである。

　危険物輸送については、交通市場での過当競争によって危険な事態が発生する可能性があるが、これは受け入れられるものではない。

317

12. 4　経済発展と交通の増大

　ここ数十年に特徴的であったのは、この報告書で述べられている交通量の激増に限られるものではない。国の経済力と国民の福祉水準も同じ時期に大きく向上したのである。ここで顕著なのは、経済と交通がほぼ並行して推移していることである。経済が停滞している時期には交通量の増加も緩慢である（p.145コラム11参照）。つまり、交通量の増加と経済成長とはメダルの裏と表であるということになる。ところで先に述べたように、国がその財政力を行使しようとしても、これは高い経済成長がなくてはその実現はほとんど不可能である。そこで、交通政策、特に道路の建設に関する政策については疑問が生じることになる。この必要とされる経済成長は、相応の交通量の増大と結びつくことが不可避――だとすれば現時点での交通状況が望ましいものである場合にも交通量が増加することになる――に違いないということなのかということである。

　モビリティが十分に確保できないと、これが経済の阻害要因となることは確かだと考えられている。社会的活動、特に経済活動がモビリティと結びついていることにも争いはない。交通の増大（少なくとも旅客輸送）と経済成長とは2つの動きを形作るものである。しかしこの2つの動きは間接的にしか相互に依存しておらず、それゆえ、両者は切り離し得るということを多くのことが暗示している。資源が限られていることからすれば、これは避けがたいように思われる。

　旅客輸送について言えば、交通というものは、労働、学習、必需品の購入、余暇といった活動から発生するものである。したがって交通移動の件数が比較的狭い市民の行動半径内で増加するのなら、モビリティの確保に向けた努力目標としての交通容量は比較的小規模のものとなり得る。他方、交通網の整備によって増大するのは、モビリティ、つまり実際の移動回数の合計なのはなく、自らが移動の機会を適切に選択することができるという、潜在的な移動可能性なのである。このことと関連して言えば、交通網を充実させたいという欲求は、人間の本性によるものと思われる。経済成長は交通量増加の原因なのではなく、むしろこれに対応する資金を用立てる前提をなすものなのである。交通手段がより安価になった場合にも同様

の効果が生ずることとなろう。

　社会がコミュニケーションとサービスに重点を置くものへと大きく変革を遂げようとする兆しがある。そしてこのことが将来における人々の余暇行動とそれに伴う交通と予測することを一層困難なものにしている。同時に、現在のコミュニケーション技術が将来にどのような影響をもたらすものか誰も予測できない。これは高性能ではあるが安価な交通手段とコミュニケーション技術によって空間の壁が急激に取り払われつつあり、新しい住宅地、商業地域、さらにはその近郊にレクリエーション施設が作られ、人口集中地域が均等に拡大するという国土を覆うような開発が進んできていることと関連しているというのが1つの事情である。また、一方では、近距離交通と近距離内の地域が見直されているということもある。個人の選好の変化が予測しにくいということ、余暇に特段の位置づけが与えられていること、個人個人によって時間の利用の仕方がますます異なって来ていること、人々が決定をする際の基準としての質的側面が重要になっていることも社会的変革の内容をなしている。加えて、コミュニケーションとモビリティとは、ますます居住地から独立したものとなってきており——何か所かで見られるボトルネックを別にすれば——なお、安価になっ

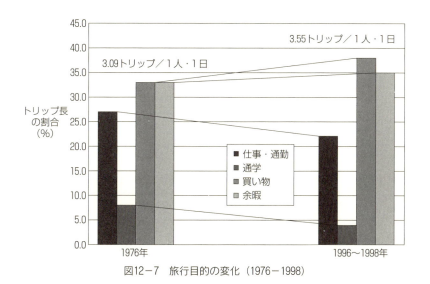

図12-7　旅行目的の変化（1976-1998）

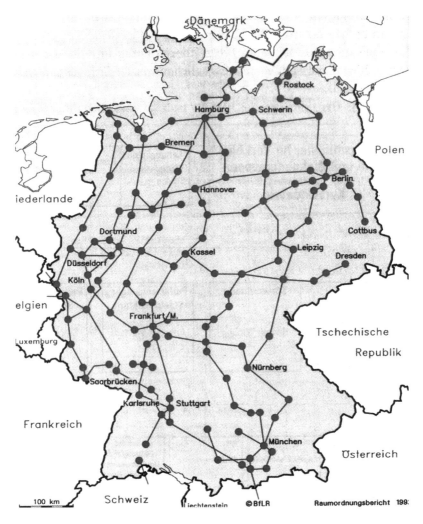

図12-8 データハイウェイ――道路に代わるものなのか？
(口絵28頁参照)

てきている。しかし、すでに示したように交通需要というものが、その選択肢を可能な限り最大限のものにしておきたいという欲求から事実として常に生ずるものであるとすれば、交通事情の緩和や交通費の下落は経済成長がなくても交通量の増大に繋がることになる。将来、交通需要がテレコミュニケーションにますます取って代わられることになるとしても、これ

は今のところ、物理的交通手段、特に道路へ需要が減少することを意味するものではない。図12−7が示すように、通勤、通学のための交通は減少しても、余暇活動や買い物での需要がこれを補ったのである。

12. 5　展　　望

　ドイツにおける50年に及ぶ道路建設は、その構想が基本的に間違いのないものであったことを反映している。このように首尾よく工事が進んだ背景には、政治家、技術陣や経済関係者が困難な状況を挑戦と受け止め、質的な飛躍を行う機会としてこれを生かしたということがある。実際問題として、文明の発展の象徴として世界に広く認められた自動車とアウトバーンが人々を魅了し、これが経済発展の起動力として効果を収めることになった。道路とは別の交通網も同時に発展して道路の交通量が過大なまでに増加することを抑制し、道路への負担の増加を止め、将来における交通機関の選択肢を維持し続けるものとなった。関係者がすべからく問題を挑戦と受け止め、道路の質を不断に向上させ、モータリゼーションの産物である道路に対する支持を得たことは、道路政策に有利に働いた。長距離道路法の計画確定手続、市民参加、環境保全、ドイツ再統一後の改革手続きの簡素化も政策の成功例として挙げることができよう。
　道路交通がダイナミックなシステムであるということは、例を挙げれば、道路が延伸してネットワークを形成し、またその形態も様々であるということに示されている。つまり、道路交通が恒常的に増大しているのは、一面、正常なことなのである。他方、現在の交通形態のままで、交通量が将来も増大するということになるものではない。ここにパラドックスがある。自動車交通の危うさは、まさしくそれが持つ誘因力に存する。道路交通が拡大の一途を辿ると、道路交通は魅力を失うという逆の作用が生ずる。
　ここから結論が得られる。モータリゼーションの進行は、このように自らを崩す危うさを有しているのであるから、残る交通需要を吸収してはならないということである。交通政策は、経済生活に必要な交通手段を保証し続けるものでなければならない。このためには——必要とあれば道路以外の交通形態の意に反しても——それが持つ誘因力を高め、道路交通の魅力を維持し、その力を発揮できるようにすることが必要である。

321

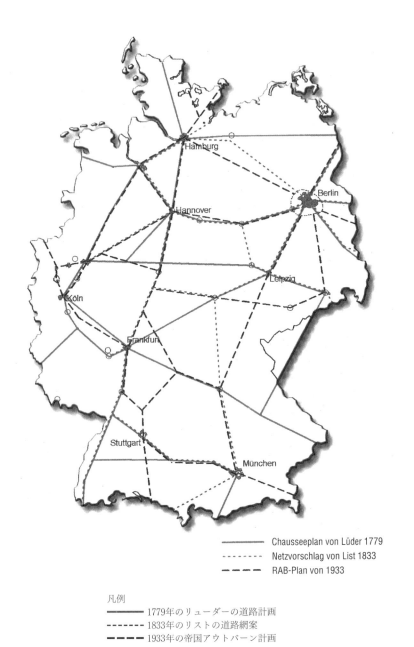

図12-9　リューダーの計画と他の計画の比較
(口絵29頁参照)

12. 現況と展望

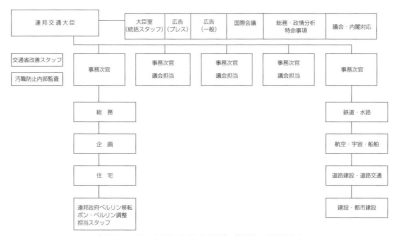

上図12-10　連邦交通省組織（抜粋、2000年）

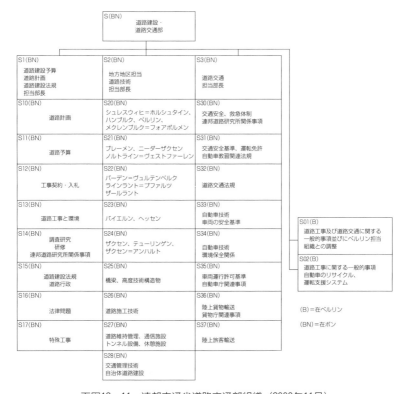

下図12-11　連邦交通省道路交通部組織（2000年11月）

ドイツは今日の欧州の中央に位置し、その最大の交通市場を有している。このように戦略的な要衝にあることから——少なくとも長期的には——通過地域としてその重要性は増していく状況にある。将来的には、交通政策の策定上重要な課題は、最新技術を用いて各交通モードへの交通配分を最適化するよう誘導することに限定されるものではない。道路の輸送量の重みを踏まえれば、なお大量に必要となる資源や環境への負荷といったその交通活動がもたらす弊害は、是非とも回避することが必要である。

　EU連合の拡大統合を目前に控え、改めてこれまで道路計画の歴史を振り返ると、これは実に教訓的なものがある。1770年に、カステルラウン（コブレンツ南方）で、クーラプフェルツのフォン・リューダーという上級官僚がドイツ総合道路計画を公にしている。この計画では、当時の領邦国家を跨いで重要な商工都市間を繋ぎ、併せて周辺諸国の道路とも接続する道路網の構想が描かれていた。フォン・リューダーは、その実現に向けて「帝国道路部」の設置を提言していたが、後年ドイツとなる中小諸国にとっては、いまだ時期尚早なものであった。しかし——200年以上を経て——この道路網計画は、決して「骨董品」となったわけではない。

　以上の関連では古い計画上の規範も重要である。それによると、ある地域の居住人口の密度が高まると、そこを通過する潜在的交通量の全体交通量に対する割合は減少するといい、その原因は次の2つである。

・域内の交通量の増加が通過交通よりも大きいこと。
・通過交通は、人口密集地域をできるだけ迂回しようとすること。

　一域内交通の増加が著しい場合には、渋滞は増加するが発生地区は限定される。旅客交通がまずは近距離交通の形態で現れるからである。一方、連邦アウトバーンで渋滞が発生した場合には、ナビシステムを搭載した車両が交通容量がかなり低い下位ランクの道路に逃げ、今度はこちらで渋滞が発生するというおそれが現実的なものとなる。これでは、全体としてみると、地方道路の交通容量を増強して渋滞対策とするのはますます難しいということになる。こうした動向はより高いレベルでの解決策の導入に好都合であ

写真12-7　懸念に根拠はあるのだろうか？

る。それゆえ現在、総合交通政策の新たな方向が姿を現わしつつある。これは連邦や州レベルでの国土利用や国土計画に関する原理原則だけでなく、テレマティックスを用いて交通需要をランク付けすること、さらには従来の「聖域」を排除する価格政策をも含めたものである。

交通量の増大にどう対処するかという議論は、将来においては、どの交通機関を用いるのか、どういう基準でこれに対処するかという側面は後退していくであろう。議論の焦点となるのはむしろ、交通活動による悪影響と人間の生活条件や生活の質とを、どのように折り合いをつけるかということになるものと思われる。条件的には難しく、生活様式や個人の欲求にマイナスとなることも避けられないであろう。それゆえ、今後は、道路利用者には、その年齢や所得層とは関係なく、これまで以上に市民参加がなされるよう、また、理解を得ておくことが必要とされる。「面倒はお隣にお願いする。私には迷惑をかけないでほしい。」という地域エゴは古く廃れたもので、時代にそぐわないものということになろう。むしろ持続可能性を基本に据えて行かなければなるまい。

「この世界は、われわれが子孫の代から［彼らのために］これを護っていくよう預かったものである。」

「道路——われわれの運命」と題する1964年の文書には次の言葉がある。

「道路は万人にとり、昼と夜とが代わる代わるやってくることと同じほど当たり前の存在である。道路は人々を結び、一人一人を目的地に連れていく。道路はわれわれを外に連れだし、スピードを与え、何も考えなくともその歩みを進めてくれる。われわれが道路をどのように使おうと、われわれはその歩みには思い至らず、人も物もそこに詰め込むばかりだ。誰がこういう思いを道路に向けてくれるのだろう。」

道路は将来、魅力を持ち続けることになるのだろうか。そのためには、道路と道路交通の問題について多くに人に考えてもらわなければならない。

そしてこれは様々な専門分野の人たちが協力しなければ解決できない問題である以上、次の Gautier (1975) のような見方は、完全に過去の物となろう。

「建築物が永くもったのなら監督官には敬意が表される。だが、毎年修理を要するのであれば、その責めは技術者が負わねばならぬ。」

補　説

──ドイツの道路整備の歴史的背景と展開──

1．欧州における近代舗装道路の発祥とドイツ………329

2．18世紀末から第二次世界大戦終了まで……………330

3．第二次世界大戦終了後東西国境開放前まで………332

4．東西国境開放・ドイツ再統一後……………………338

＊本解説本文で参照表示されているページは本書のページです。また、上述4．以下の記載の大
半は連邦が発行する各年次の Straßenbaubericht 又は Verkehrsinvestitionsbericht に依るもので
す。

補　説

1．欧州における近代舗装道路の発祥とドイツ

　ドイツは、アウトバーンの国として道路の分野において世界の先端をいく国の一つであることは今日疑いがない。しかし、歴史を紐解けば、最初からそうだったというものではないことがわかる。

　欧州の17・18世紀において、「最初に地域間交通が改善したのはフランスであった。1664年ルイ14世は、街道新設と国立の郵便馬車に関する勅許を出した。こうして舗装された何本かの帝国道路が、当時の欧州最強の中央集権国家における交通を支えることになった。18世紀半ばには、道路橋梁訓練校が創設された。1760年には、技師のトレサゲ（Trésaguet）が、路盤、粗砕石層、細石層の有名な3つの層による道路の建設を開始した……1789年には、フランスは、パリを中心に据えた優れた舗装道路網を有することになった。スペインがこれに倣い、フランス・スペイン両国では長距離の旅程に馬車が普通に用いられるようになった。ロシアのエカテリーナ2世とオーストリアのヨーゼフ2世もその影響を受けた。18世紀の地図によればイギリスには優れた交通網が存在しているが、実際にはそのほとんどが通行不能で、良かったのはかつてローマ帝国の街道だけであった。」[1]フランスが、近代舗装道路のパイオニアだったのである。

　一方ドイツは、17世紀のドイツ30年戦争で国土は荒廃し多くの小国が乱立し、その統一国家の発展が阻害された。統一国家の成立は1870年まで待たなければならなかった。そして道路事情も遅れていたようで、文豪ゲーテがその記録をしたためていた。本書はここからその叙述を開始している。ゲーテが最初に顔を出すというのは何とも意外ではある。しかしゲーテ（の作品）は、後に東西ドイツ分裂状態の時にもまた顔を出すのである（後述）。

---

1 ）Hugh Thomas, Geschichte der Welt（独語版）, 1984, Stuttgart, S.234の叙述による。原本（英語版）は An Unfinished History of the World. London 1979

329

２．18世紀末から第二次世界大戦終了まで

18世紀末から第一次世界大戦終了まで

18世紀末の道路の状況は文豪ゲーテが、ザクセン・ワイマール・アイゼナハ公国の特設の道路建設監督官として道路建設に携わった時の叙述から、その整備が遅々として進まなかったことがわかる (p.1)。また、国家として政策面から見ると1870年に成立したドイツ帝国において、その責任中央官庁が機能していなかった (p.2)。1909年には自動車の通行に関する法律が制定された。その内容、構造は現在の道路交通法規に連なるものとなっている (p.4)。

第一次世界大戦終了後ヒトラーの政権掌握まで

第一次世界大戦 (1914–1918) でドイツ帝国は崩壊し、いわゆるワイマール共和国の時代に入る。ワイマール憲法 (1919) は中央権力を強化する一方で、道路建設について国と州とに権限が一部競合していたが、帝国はこの権限を行使しなかった (p.4)。

こうしたなかで、自動車が増加する時代に入り、1921年には自動車道路実験線 (AVUS[2]) が建設された。道路建設連合会や自動車道路研究会 (STUFA, p.5) といった道路関係団体や道路研究団体が設立され、20,000～30,000km に及ぶ長距離あるいは幹線道路網の構想が出された (p.5)。これは後に帝国交通省が策定する長距離道路路線網の礎となるものであった。ほかにも構想があり、そのうちハフラバ (HaFraBa：ハンザ諸都市－フランクフルト－バーゼル自動車道準備協会) が策定したものが有名である (p.5)。1924年に帝国交通省に自動車に関する審議会が設置された。この時代になると、交通量の計測や技術的試験研究にも力が注がれるようになり、1925年以降には道路設計、建設技術的や契約に関する基本的事項の検討が急速に進んでいった。1926年には、工事請負規則が制定された。この規則は1952年まで変更されることはなかった。1929年にはドイツで初めての高速道路

2）この路線は1998年までカーレースに用いられた。

330

補　説

（アウトバーン）計画が着手され1932年に開通した（p.5-6, p.9）。様々な技術的
検討がなされたが、コンクリート舗装に関するものが重要なものであった。
後日アウトバーン建設の土台となったコンクリート舗装計画、施工管理
（品質管理）が進んだ。1930年には、帝国長距離道路網整備路線図が発表さ
れた（p.7-8）。

ヒトラーの政権掌握以降第二次世界大戦終了まで

　1933年にはヒトラーが政権を掌握した。原著では、ただの一度もヒト
ラーの名は現れない。「1933年に新たに権力を手にした者」と呼び、アウ
トバーンの歴史を都合よく利用したとして非難している。

　ドイツの最初のアウトバーンは、後の西ドイツ首相アデナウアーがケルン
市長時代に建設した。そして、本書の記述からわかるように、道路に関する
研究はヒトラーが政権を掌握する以前に進められてきたのであって、こうし
た積み重ねなくしては、突然アウトバーンができるわけはないのである。

　とはいえ、1933年11月『全国道路総監』という新しい帝国の最高位の道
路担当組織が創設され（p.9）、総監は、線形設定や帝国アウトバーンの道
路構造の統一性がもたらされるよう事務処理を行ったという。そこで、他
国と比較しても早く指示書等が出され、『帝国アウトバーンの車線舗装に
関する指針』も相当早く出されている。1934年、延長6,900kmの帝国ア
ウトバーンのネットワークが発表され、早くも1936年末にはこのうちの
1,000kmを超える道路が完成した[3]。1938年には延長は3,044kmとなっ
ており[4]、平均して年間760kmという驚異的ともいえる速さで延伸して
いる。これは、どう見てもヒトラーの強力な後押しがあってのことであ
ろう。また、1937年に出された『州道の整備に関する指針（暫定版）RAL』
は、設計に関する項目のすべてが網羅されており、設計技術者のバイブル
となり、第二次世界大戦後のかなり長期間にわたって変らないままであっ
た（p.10）。

　道路総監は国内道路網を4つの等級に分けた。これはそれぞれの道路の
建設費負担者をも定めるもので、この基本的構造は現行法に引き継がれて

3）Autobahnen in Deutschland, Kirschbaum Verlag 1985 Bonn S.13（『アウトバーン』（財）道
　　路経済研究所・道路交通研究会，岡野行秀監訳，学陽書房，1991）
4）三石善吉（トット・アウトバーン・ヒトラー：アウトバーン物語，p.5）

いる（p.11-12）。

さらに、この当時から環境保全と道路建設とをあわせて検討していくことが考えられていた点も注目に値する（p.13）。これは自動車道路研究会に負うところが多く、同研究会にはかなり早い時期から衛生委員会が設けられ、「砕石道路」の埃の問題、汚物、騒音、空気の浄化といった問題に取り組んでいた。1930年、40年代には担当官庁ではすでに大規模工事の際の景観問題にも着目しており、この時期に設立された「道路研究会」（FGS, p.7）は「景観形成」に関する委員会を設置している。こうして、景観等に関する知見も集積され、文書に取りまとめられ基準化された。工事段階での現存植物の保全、鳥類保護に資する植林手法などもテーマであった（p.13）。以上の点は、振り返りに値するものである。

以上の史実を素直に見る限り、ヒトラー出現以前に道路に関する研究は着実に進められており、これを土台にヒトラーが強力に建設を推進したとみることができよう。また、ヒトラー時代における研究は、上述のRALや環境・景観等に関する研究から見られるように、あるいは戦後もその使用に耐え、あるいは戦後の政策の方向にさえ目が向けられたきわめて先進的なものであったと言えるかもしれない。また、この時期に道路法制上の基礎的事項も定められ、戦後に繋がっていったことも忘れてはならないであろう。

3．第二次世界大戦終了後東西国境開放前まで

戦後西ドイツの状況：1960年代まで

戦後、占領軍により帝国アウトバーンの行政組織は廃止され（p.17）、1949年10月に戦後の暫定的な道路担当組織が統合されて『連邦交通省』となった（p.25）。長距離道路に関する行政については、連邦がすべてを所管するという形態でなく、基本法（憲法）の規定に基づいて連邦からの委託によって州が実施するというものになった（p.26）。

戦後のドイツでまず必要であったのは戦災瓦礫の撤去であった。分量は膨大でその完了には数年を要した（p.33）。西ドイツが成立した1949年には、

補　説

同国内にアウトバーン網[5]の枢要部分2,100km と後に連邦道路網となる21,800km の道路があった。その戦災による橋梁の破壊状況はひどく、幅員5 m を超える1,500余りの橋梁が破壊されていたが、1950年時点で、連邦道路の55％が通行可能になった（p.34）。

このように戦後ドイツの復興は日本とは異なり、すでにあった道路網の復旧がスタートだったのである。

1953年には連邦長距離道路法が制定された（p.30）。1957年に連邦長距離道路網の最初の整備[6]計画（1959－1970, p.55-56）が策定された（コラム4参照）。これは、1952年に連邦交通省が策定した国家道路計画（p.39）をほぼ踏襲するもので、3 次にわたる4 カ年計画で実施に移された（p.53-57）。1970年末の整備計画の終了時点では、連邦アウトバーンが約4,500km、連邦道路が約32,500km となった。

道路財源の確立等[7]

この間1955年に交通財政法、1960年に道路建設財政法が成立し道路特定財源の制度が整うことになった（ドイツでは戦前に道路特定財源が存在していたが、占領軍によって廃止された。この戦前に既に道路特定財源があり、これがいったん廃止となったということは、今までわが国では知られていなかったように思われる。連合国が廃止したというのも、いかに国力にとって交通網が重要かということの裏返しなのだろう（p.57））。

当初の交通財政法は自動車税を財源としたが、その後の法律（改正交通財政法も含む）では鉱油税を財源としている。鉱油税から道路財源への割り当てについては、漸次引き上げられ、1966会計年度には、暖房用の油等から徴収される税収を除いて、その50％が道路工事目的に使用するものとされた（もっともこの特定財源は、1973年の予算法が道路以外の交通機関にも利用できる措置をとり、これが継続したことからこの財源は道路だけのものという性格を失った

---

5) 帝国アウトバーンの建設は1942年に停止していた。それまでに3,900km が開通していたが、このうち54％（約2,100km）が旧西ドイツ地域に、35％（約1,360km）が旧東ドイツ地域に、残る11％（約440km）が、ドイツ国外に残っていた（p.20）。
6) 原語は「Ausbau」である。この中には新規建設も規模の大きい改築や拡幅も含まれており、日本語の「整備」に近い。新設工事の含まれない区間では、整備完了後も道路延長は変らないことになる。
7) p.351 参考文献①〜③参照。

333

（p.53-56, 60-61, 80））。

　1960年代初めになると、重量車両の通行が増大し舗装面の状態が悪化する一方であった。このため工事渋滞が多く発生し利用者やマスコミから批判が出るようになり、1963年から夏季期間（6月20日〜10月10日）はアウトバーンでは補修工事は行わないこととされた。また、工事手法として車線幅を狭めるものの車線数は確保する工事方式が採用され効果を収めた（p.88-89）。

レーバープラン

　50年代前半から、モータリゼーションが進み、石油がエネルギーの主力へと変わりつつあった。これに伴い貨物輸送の比重は鉄道から道路に移りつつあった。こうした状況の中で当時のレーバー連邦交通大臣は、鉄道・道路・水路の交通網を網羅的に取り扱うという意味での総合交通計画と呼べるプランを提示した（1967年）。この中では、連邦鉄道の不採算路線を廃するとしたものの、併せて特定品目の自動車運送の禁止、一定輸送量を超える貨物自動車からの道路貨物運送税の徴収といったことが提案されていた。これには、経済団体が貨物自動車が社会にもたらす便益を主張して反対し、結局運送禁止は導入されず、時限的な道路貨物運送税が導入された。また、鉄道改革には及ばなかった。

　この案は自動車交通に圧迫を加えているよう見えるがレーバー大臣本人は、鉄道輸送を合理化し、道路の負担を減らすのが目的であると言っていたようである（日本での講演記録によるが、西ドイツの論壇では批判も少なくなかった）。とはいえ、道路か鉄道かという論争に一石を投じ、また、将来の総合交通計画に繋がっていくという時代的には意義のあるものであった（p.77-79, 111）。

戦後西ドイツの状況：1970年代から80年代前半

　その後の長距離道路整備の進捗状況は別表（p.352）のとおりとなっている。
　「1971年から1985年における長距離道路の整備に関する法律」が制定（1971年6月30日）された（p.82）。この法律による整備計画では、4車線以上の連邦長距離道路を全体で15,000km整備するものとし、うち12,500kmは新設するものとした（p.86）。同法の資料としてこの整備計画に必要とされ

補　説

る道路網が添付された。これが需要計画（p.82-83）であり、3次のそれぞれの5カ年計画に組み入れられるものとされた。そして需要計画は各5カ年計画の終了時に、見直されることとなっていた。この上記の法律による需要計画では、道路の整備の緊要度を3つ（Ⅰ、Ⅱ、Ⅲ）にランク付けした。

・第1次5カ年計画（1971-1975、第1次需要計画に対応）
　整備計画の最初の実施計画の終了時には、アウトバーンの延長は約6,200km となった（p.114）。
　この時点での需要計画の見直しにより、資金調達に限度があることから緊要度のランクⅠは、さらに Ia と Ib の2つにランク分け（p.86-87, p.114-115）された（それまでの需要計画は資金計画を基礎に置くものではなかったが、これ以降は資金手当ての可能性に依存するようになった）。
　なお、1970年代初頭に、東西ドイツ政府は、ベルリンと西ドイツとを結ぶ道路を中心とする事業計画で合意し、その建設費のほとんどを西ドイツが負担することになった（p.185-186）。この道路は、1982年に開通し（ハンブルク－ベルリン）た。その開通式の際、西ドイツのドリンガー連邦交通大臣が、ゲーテの次の文言を引用した。

　　『ドイツが分かたれていても私は恐れるところはない。立派な道路と
　　将来の鉄道とがしっかりと繋いでくれるのだから。』

　これを聞いた東ドイツのアルント交通大臣は、詩人の言葉を聞いて、冷酷な面持ちで言葉を発しなかったという。[8]
　ゲーテが言わんとしたことは、当時小国が分立していたドイツだが、全体として道路や鉄道がそれらがやるべきこととしてドイツをまとめてくれるということだったのだろうが、東西冷戦下にドイツが東西にドイツが分かれ、なおかつ西側陣営西ベルリンが東ドイツの真っただ中に陸の孤島となっている状況では2つの解釈が可能であった。1つは、ドイツが東西に分かれても道路があれば1つにまとめられるという意味である。そして、もう1つは、そして現実にはこちらの方が東ドイツにとってはより問題

―――――――――――――――――――――――――――――――
8）20 Jahre 1991-2001 Wege sind unser Ziel Band 2, S .6, DEGES（p.199参照、DEGES 20年史）

335

だったのだろうが、西ベルリンと西ドイツとが道路で直接繋がり一まとまりになるということである。これは政治的な意味がある。すなわち、ベルリンは当時英米仏ソの四カ国の管理下にあって、国際法上西ドイツの領土ではなかった。しかし、西ドイツはことあるたびに、西ドイツ領土として取り扱っており、東側は不満だったのである。どちらの解釈も、東ドイツを西ドイツとは別個の主権国家として国際的承認を得ることを外交目標としてきた東ドイツには都合の悪いものだったのである。

・第2次5カ年計画（1976－1980、第2次需要計画に対応）
　終了時にはアウトバーンの延長は7,540km に達した（p.115-116）。
　1980年に策定された連邦交通網計画以降、需要計画（1981年以降のもの）はこの連邦交通網計画の一部となり、その「道路編」の扱いとなった（p.117）。
　この1970年代は、西ドイツの歴史上もっとも道路建設が進んだ時期であった。ちなみにアウトバーンは、この10年の間に年平均で約280km（p.352）も延伸していったが、石油危機を経た（p.120）70年代後半になると、エネルギー問題や市民の価値観の変化を背景に、新規道路の建設よりも現行道路資産の保全、改築・拡幅を優先させることや、計画に市民の意向を一層組み込んでいくことが目標とされるようになった。
　こうして環境問題や国土利用・形成計画との調整や市民参加等の問題に対応すべく法改正などが行われた（p.117）。1980年の連邦交通網計画においても、その投資計画の判断に当たっては、より広く利害を勘案するものとされ、それに関連して鉄道整備に一層力を注ぐものとされた。この結果、1971年に立案された整備計画はかなり縮減されることになった。アウトバーンについては、約7,000km に及ぶ計画が完全に中止するか、これに代えてより費用が少なくてすむ連邦道路で代替することとなり、計画の最終段階でアウトバーンの延長は10,500km とするということになった（p.119図6－2参照）。
　1980年末に、需要計画の2度目の見直しが行われ第3次5カ年計画（1981－1985）が策定された。この計画期間中における投資額は年平均47億マルクであり、それ以前の5年間の年平均54億マルクを下回るものであった（p.119）。

補　説

・第 3 次 5 カ年計画（1981 – 1985、第 3 次需要計画に対応）

1985年末のアウトバーン延長は8,350km であった。

戦後西ドイツの状況：1980年代後半以降の状況

1971年の整備計画の進捗により、1985年にはアウトバーンは計画当初か
ら約3,900km の延伸（p.352）をみた。しかし、この整備計画期間の当初の
時期、すなわち石油危機以前からエネルギー政策、交通政策はその変化の
兆しを見せていた。1973年 1 月に連邦政府は交通政策の重点が、公共旅客
輸送、連邦鉄道、道路工事、交通安全に移ったことを明らかにし（p.109）、
同年、すべての交通機関を対象とする連邦交通網計画が、1977年には1985
年までの連邦交通網総合投資計画が策定された。この重点変更の影響は後
になって現れた。すなわち1980年から1982年の長距離道路投資額は、ほぼ
20％減少した（p.113）のである。1971年の整備計画による事業が進められ
る間に、こうした状況が進行していたということになる。

1982年に政権が交代した（p.146）。財政状況もあり、新規建設よりも現
行道路の整備保全に力を注ぐ方針で臨んだ。これは、新規建設による環境
へのマイナスの影響を避けるものでもあった。そして1985年の「連邦交通
網計画」策定の第 1 の目標も、既存道路の保全であった。もっとも新政権
の連邦交通大臣は、1970年代以降削減される一方であった道路建設に対す
る資金投入の再度引上げに努力しており、この計画を受けた第 4 次 5 カ年
計画時の投資資金は、過去 5 年を若干上回った。

・第 4 次 5 カ年計画（1985 – 1990、第 4 次需要計画に対応）

1990年末にはアウトバーンの延長は約8,960km（p.152）に達した（p.352の
1991年当初の数値10,854.4km は、旧東ドイツ分を含むためこれと一致しない）。

1971年の整備計画策定の際、計画完了時の1985年には、国民の85％が最
寄りのアウトバーンから10キロと離れていないところに所在し、また自動
車の所有台数は住民 3 人に 1 台で、西ドイツ国内に2,000万台の車両が存
在することになり、この時点でモータリゼーションの進行は終わるであろ
うということが想定されていた（p.84）。そして、その後人口は減少すると
考えていたため、「長期的需要を満たす道路は建設している。」と道路関係
者は考えていた。しかし、モータリゼーションの進行は、予想をはるか

337

に上回り、実際には1985年には乗用車は2,500万台となり、住民２人に１台という状況に到達した。1980年代にはアウトバーンの走行台キロは60％増大したが、長距離道路網は10％しか延伸していなかった。1989年末には、乗用車の登録台数は3,000万台に達した（p.144-145本文・コラム11）。

戦後の東ドイツの状況

　戦争直後の旧東ドイツ地区の道路状況は、旧西ドイツ地区より劣悪であった（p.165以下）。西ドイツ地区と同様に帝国アウトバーン総局は廃止され、アウトバーンの維持管理は、一旦州政府に戻ったが、「社会主義的建設」の一貫として州が解体されて、中央の権限が強化された。基本的には、管理は人民公社道路管理局が、建設は人民公社アウトバーンコンビナートが担う形となった。

　この体制のもとで、資材を多く使用する業務への高い評価の付与、工事条件を無視した公示価格の導入、中央の指令を受けた工事の優先といった状況などの事情により円滑な事業の推進には至らなかった。また、ドイツ帝国鉄道の輸送力に限界があり、運行がまばらだったことから建設企業が工事資材をため込むという事態も生じた。さらに石油危機後には、外貨不足の影響もあり（暖房用燃料、ガソリンまで輸出した）政府は瀝青の使用も制限し工事に影響が出た。こうして「東ドイツは基本的に道路網の延伸をしなかった」（p.182）。また、東ドイツのアウトバーンは路肩が設置されていないのが普通であった。交通安全上のリスクは高く（p.218-219, p.267-268）、走行性能の低い区間がかなりあった（p.179）。これはドイツ再統一の際に交通事故の犠牲者を出す一因になった（p.222）。

４．東西国境開放・ドイツ再統一後

東西ドイツ国境開放直後の情勢への対応と21世紀に向けた動き

　1989年11月ベルリンの壁が崩壊し東西国境が開放された。これによる問題は一瞬にして明らかになった。それは東西を繋ぐ道路がそもそも存在せず、あるいはあっても貧弱だということ（p.201写真9－2参照）であった。また、東ドイツ内の道路網はもはや手をつけられない状況にあり、その改修

補　説

が喫緊の課題となっていた。

　こうして道路をめぐる情勢は一変し（p.191以下）、道路整備計画の改編が余儀なくされることになった（p.306-307）。

　この情勢に対処すべく、1990年に当時の東西両ドイツ政府により交通委員会が設置（p.220）され、西ドイツ政府は次の3つの施策を進めていった。

　西ドイツ資金により、東西ドイツ国境付近の寸断道路44か所の復旧に着手（1990年春）した（道路建設報告書1990による、p.198-201）。

　旧東ドイツ地域での速やかなアウトバーン等の整備を目的に、ドイツ統一長距離道路計画建設会社（DEGES）を設立（1991年11月）した。その出資金はその半分を連邦、残る半分を旧東ドイツの州に依った。同社により、旧東ドイツの交通インフラの整備計画である「ドイツ統一交通プロジェクト」（VDE＝Verkehrsprojekte Deutsche Einheit）の道路事業の相当部分が実施されることとなった。同事業は、道路、鉄道、水路にかかる17のプロジェクトを内容とし、うち7事業が長距離道路に関するものであった（p.198-201）。道路にかかる事業総額は約300億マルクである。

　なお、同社は、最近では、旧西ドイツの道路事業にも手を伸ばしている。

　道路建設に要する行政手続き、裁判手続きの簡略化を目的として交通計画策定促進法（1991年12月発効、時限立法）を制定（p.193-194コラム14参照）した。同法は、その実効性が確認され、後に交通網計画手続簡略化法（1993）に引き継がれた（p.194）。

・第5次5カ年計画（1993-2000、第5次需要計画に対応）

　上述の3つの施策はやや短期的なものであったが、1993年に連邦議会は第4次長距離道路整備法改正案を可決（p.202）して1992年連邦交通網計画（p.203-204コラム16参照）を承認した。これを基礎に、第5次5カ年計画が2000年までの見込みを含めて策定された。さらに、緊急工事の実施に向けた投資計画（1999−2002）、将来のための投資計画（＝長距離道路投資の上積み、2001−2003）、渋滞対策計画（2003−2007）が策定実施されていった（p.55-56コラム4参照）。

　連邦交通網計画は2002年、2016年に見直しされており、それぞれ連邦交通網計画2003、同2030と呼ばれている。連邦交通網計画2030の重点等については後述。

　2001年当初現在で、アウトバーン（全ドイツ）の総延長は11,712kmになった。

民間資金（PPP）導入への動き等

　ドイツが再統一された90年代頃には道路財源に関連する情勢に変化が見られた。多くの国々で道路財源が逼迫する中で民間資金を活用する動きがみられ、無料のアウトバーンを標榜してきたドイツにも変化が及ぶようになった。

　1994年には民間資金が道路事業に活用できるよう、「連邦長距離道路建設のための民間資金調達に関する法律[9]（p.206[10]）、Gesetz über den Bau und die Finanzierung von Bundesfernstraßen durch Private）」が制定（1994年8月）された。

　この法律により、道路事業においても PPP が実施できるようになり、諸事業が実施されている。しかし、連邦会計検査院は、民間資金コストが高いことや、イノベーションへの期待の少なさなどを主たる理由に PPP に否定的[11]である。また、昨今、日本においても道路事業の PPP に関心が向けられている。しかしその検討は、訳者のみるところその視点が建設事業のケースと事業の採択そのものに傾きがちであって、管理段階における PPP 事業の実際が従来の方式と比較しどのように異なり、どのような根拠で合理的なのか、また、実際の契約においてどのように効率性が確保されるのかという、いわば契約マネジメント（契約の長期的コントロール[12]ともいえる）の検討が少ない。外国の事例に対してもこうした観点からの考察が行われていることはあまり見受けられない。このため訳者はきわめて短日間であったが、ドイツでこの面を含めた現地調査を行った。調査結果の概略は、p.351参考文献⑥に示すとおりである。訳者としては、現在のようにすでに多くの業務が民間に委託されている時代にあっては、事業形態を PPP に変更しても、高い民間資金コストを上回るこれまで以上の業務合理化（特に管理部門）や、イノベーション

9）p.351の参考文献④を参照。なお、アウトバーンについては料金徴収権者が連邦であることから、PPP 実施については、あらためて根拠法を必要としないものとされている。

10）原著本文では法令名称から「Bundes（連邦）」の文言が抜けており本書本文訳もこれに従っている。

11）連邦会計検査院は次の報告書を出している。Bericht an den Haushaltsausschuss des Deutschen Bundestages nach §88Abs.2BHO über Privatschaften（ÖPP）als Beschaffungsvariante im Bundesfernstraßenbau がこれで、V3-2013-5166（04.07.2014）と V3-2006-0201（05.01.2009）の2つがある。後者の邦訳は、参考文献⑤に所収。なお、参考文献⑤（p.45-46）には、コンセッション収入（＝料金収入）との関係で、コンセッション契約終了時における道路の残存価値に関する言及がある。これは日本の償還主義と密接に関連するものであり注目に値する。

12）p.351の参考文献⑦（p.52-53）は、『プロジェクトコントロール』としてこの点について言及している。

補　説

が期待できるというようには思われない（実際、現地調査でも、イノベーション
と名付けるほどの事例は提示されなかった。）というのが正直な感想である。

　1995年１月から重量貨物車に対してビニエット方式による期間制のアウ
トバーン利用料金が課された（p.206）。また、料金は自動的に回収される
ことが合理的であるので1995年から96年にかけて、その可能な方式の実験
が行われた（p.207）。

ペルマン委員会報告[13]とその方向

　こうした時代の推移の中で、ドイツ政府は交通インフラに関する資金調
達をいかにすべきかを、前ドイツ連邦鉄道総裁ペルマン氏を委員長とする
交通インフラ資金調達委員会（Kommision Verkehrsinfrastrukturfinanzierung）、別
名ペルマン委員会（p.306）に諮問した（1999年）。同委員会は翌2000年９月
に報告書を採択した。その主たる内容は次のとおりである。
１．連邦道路財源を税金から料金に転換する。
２．全連邦道路において、全車種について対距離課金を行う。
３．アウトバーン管理会社（当面は、料金収入を原資とする連邦長距離道路融資
　　会社＝Bundesfernstraßenfinanzierungsgesellschaft）を設立する。

　以上の方針は、直ちに完全に実現するには至らなかったが、重量貨
物車の対距離課金は2005年１月から開始され（ビニエット方式は2003年８月
に廃止）、連邦長距離道路融資会社に相当する交通インフラ融資会社（＝
Verkehrsinfrastrukturfinanzierungsgesellschaft＝VIFG社）も2003年に設立された。
一時、ペルマン委員会報告の完全実施はその実現が危ぶまれたが、報告内
容そのものは現在予定されているアウトバーンの乗用車課金へ基本的枠組
みとなっており、今後その構想はほぼ実現されることになる（p.344参照）。

　また2011年には連邦長距離道路料金法[14]（Bundesfernstraßenmautgesetz）が
成立し、同法には次の内容が明文化された。
１．連邦道路からも料金を徴収することが一般化された（適用要件あり）[15]

13）p.351の参考文献①を参照。
14）p.351の参考文献⑤を参照。
15）2007年に３つの連邦道路が、アウトバーン迂回車両を防止するよう課金路線に編入された
　　が、これはその料金回避防止のために特定路線について命令で実施されたもので、連邦道
　　路一般に適用が可能なものではなかった。

341

（翌2012年には、一定条件を満たした連邦道路1,135km が、さらに2015年には1,100km が課金対象道路に編入された。2015年には、同時に課金対象車両重量が、12.5t から 7.5t に引き下げられた）。

2．料金収入は連邦の歳入としすべて道路財源とされた（第11条）。

（それまでは、ビニエットによる料金収入も含め、道路、鉄道、水路の三部門に分配されていた。2011年当初からは予算措置で、道路のみへの配分が実施されていた）

このような事情を背景に、長距離道路への財政資金の流入も大きく変容をきたすことになった。すなわち2004年には、それまで特定財源が手当をしていた予算財源のほとんどが料金収入にとって代わるようになり、料金収入と一般予算の割合も変化していった（p.349、図表A、B）。こうした資金調達の見直しの背景には、資金不足はもとより、連邦制度改革[16]によって連邦の任務を限定する考え方や、公債発行を抑制（連邦は2016年から、州は2020年から）する基本方針も背景にあった。

2015年現在でアウトバーンは12,949km、連邦道路は38,917km となった（p.352）。

重みを増す維持管理

ドイツにおいても、道路の維持保全に注目が注がれるようになっている。例えば、2013年の連邦交通投資報告書には、次のようなくだりが見られる。

・アウトバーンの性能を十分に確保するには、資産価値を保つよう維持保全に力を入れていくことが必要である。

・このためには、ここ数年内に、舗装路面の抜本的改良（表層、基層、場合によっては路盤に及ぶ）や構造物の大規模な改良を行って将来の交通に備えることが必要である。

・適切な保全計画と、必要資金の確保が必要である。

・加えて高水準の投資に見合った人材を確保することも、また業務水準を確保することも連邦、州双方に必要である。

以上のような道路投資は「積み残し工事（Nachholbedarf）」と呼ばれ、2015年ころから10年をかけて処理しようとの考え方が存在していた（ドイ

---

16) 連邦と州との意見対立による行政の停滞や、財政負担の在り方を巡って議論がなされていた模様である。アウトバーンの連邦による一体管理もこの議論の枠内にあったようである。

補　説

ツ・州交通大臣会議報告書[17]による）。

　この報告書（正確には2つの報告書からなる）は、これに必要な財源として、公共予算の投入の拡大、交通部門の税収（特に自動車税、鉱油税）、利用者料金によることが必要であるとしている。なお、道路財源を安定化させる手法として基金の必要性についても言及している。

　また、同じ時期に成立した連立政権協定（2013年12月）の交通の部においても次のような記述がなされている

　「道路網の拡充が数十年にわたって進められ、今や道路本体の保全が最優先事項となった。われわれは、維持補修や改修が新設や改築に優先するということを重視しなければならない。橋梁、トンネル、閘門（運河の水位調整用の水門）の強化策には引き続いて力を注いでいく。」（Deutschlands Zukunft gestalten — Koalitionsvertrag zwischen CDU, CSU und SPD）これは政権与党の認識ということになろう。

　さらに最新の交通網計画である連邦交通網計画2030は、次のように述べる。

　　「交通量や避けられぬ経年変化により、道路網資産の損傷が増大する一方であり、この数年の間に、かなりの部分で交通量に応じた路面の抜本的な改良、また、構造物の補強、大改築が必要となっている。」

　そして、維持補修費の増加状況を具体的に数値で次のように示している（単位：ユーロ）。

　2011年：19億⇒2012年：23億⇒2013年：26億⇒2014年：28億

　これに対して連邦交通網計画2030の対象年次（2016-2030）の維持補修費総額は、670億ユーロで、年平均45億ユーロ（約6,300億円）で、その増加は明白である。同計画の全体経費と道路事業の概要は、それぞれ図表C、図表D（p.350）のとおりである。バイパスの事業数が多いことと、鉄道への投資額が道路への投資額とかなり接近していることが注目される。これはすでに幾度か触れられた「道路か鉄道か」という二者択一的な問いを発する時代が過ぎたことを示すようにも思える。複数のモードの活用が、昨今、持続可能性の観点から唱えられることが多いということも関連するのかもしれない。

17）p.351の参考文献③を参照。

343

過去の課題と今後の乗用車課金

　2017年連邦アウトバーンと連邦道路利用に乗用車も課金する法律が通過した。実施は2019年の見込みである（現重量貨物車課金は、2018年からすべての連邦道路がその対象となる）。ドイツ政府は当初、2016年の実施を目標としていた。しかし、ドイツ国内での自動車税の軽減の絡みから、外国人を差別するとしてEUから異論が出され（連邦交通大臣は、イギリスやオーストリアで、有料制度に関連して、それぞれ自動車税の軽減や通勤費控除の大幅引き上げが行われたと反論を行った（交通省ホームページ記者会見資料による））、導入が延びていたが、EUとの合意が成立したものである。当初案よりも、環境により配慮した形となっている。

　料金は、エンジンの方式、排出ガス性能を勘案したもので、上限は130ユーロとされる。平均で一台当たり67ユーロになるとされ、総収入は39億ユーロであるとされる。

　次に、今回の乗用車課金の枠組みからみた、乗用車課金、また課金対象道路拡大に関連して、過去の課題との関連で訳者が把握した点について補足しておく。

　第一は、ドイツでは道路の有料化がそもそも受け入れられないだろうというものの見方である。しかし、これは必ずしも正しいものではない。というのは、ヘルマン・シュライバーの「道の文化史」[18]によれば、「1933年6月27日の『国有高速自動車道路企業設立に関する法律（本書 p.9参照）』には、この企業が使用料をとっていいという規定が含まれていた（このことは今日ではしばしば忘れられる。）」という記述があり、歴史的経緯を見れば道路の有料化は絶対に無理というわけではないと考えられるからである。本書にもこのことを指すとみられる記述がある（p.11）。

　第二は、アウトバーンの管理主体に対する考え方である。本書でも言及しているが、ドイツのアウトバーンの管理体制は、連邦が州に委託するという体制で行われている。実は、今回の乗用車課金とあわせてこれを変更するというのが大きなテーマになっているのである。これは、2つの意味

---

18) Hermann Schreiber, Sinfonie der Strasse. Der Mensch und seine Wege von Karawanenpfaden bis zum Super‐Highway. Econ Verlag 1959 Düsseldorf（「道の文化史」（関楠生訳、岩波書店、1962年 p.329)

で検討課題が存在する。

　その１つは、そもそも連邦はどこまでの行政を担うべきかという観点である。国家全体の体制にかかることを行うのであればともかく、それがあまりにも広くなると、行政費用は大きくなる。また、均一性を要求されることから非効率的となり無駄も出よう。また州の立場から見れば権限を奪われることになり、あるいは財源も持っていかれてしまう。

　こうした観点から、ペルマン委員会報告でも、連邦行政の「上限」という考え方を出している[19]。連邦はどこまでやるのかということである。ここでは行政内部の問題として取り上げているが、切り口によっては、連邦か民間かという問題にもなる。また現実の行政執行に目を向けると、委託するというのであれば資金は連邦が出す、実際のところは州で臨機にとなろうが、現実には、州が連邦の要請に応えなかったり、方針に反したり、はたまた、人事にお互いに口出しするということも出るようである。

　もう１つはアウトバーンの管理主体の規模である。具体的には、連邦全体規模とするか州規模とするかである。高速道路は高速移動空間であるので、走行車両は一度に長距離を走行する。そこで、アウトバーンの管理主体が複数に分かれ、管理水準なり管理活動の方針が異なれば不便なのは利用者である。このためアウトバーンの一体管理が望ましいという話は出てもおかしくない。これについては訳者は VIFG 職員から直接聞いている。なお、前述のペルマン委員会報告でもアウトバーン管理会社の単一・複数の双方の可能性が示された。

　予算運用の面からみても、高速道路の場合には全国統一が望ましい部分が存在せざるを得ず、隣国オーストリアで高速道路全体を１社で管理する民間会社 ASFINAG に、ドイツはかねてから関心を抱いていたようである。これは先に述べた州交通大臣報告書でも言及されている。乗用車課金に関する議会公聴会にも ASFINAG が招聘されている。訳者は、VIFG 職員から ASFINAG について連邦で研究しているとも聞いた（2015年３月）。また、2016年からは、連邦長距離道路にかかる全資金（租税及び料金収入）が VIFG 社をとおして執行されるようになった（2015年11月同社設置法が改正）。

19）p.351の参考文献①の p.150 ［訳注］112及び p.163参照。なお、p.352の連邦長距離道路延長
　　が短縮している年次には、連邦道路の州道への振り替えがなされた可能性がある。

以上のような状況を考え合わせれば、先にあげたペルマン委員会の打ち出した方向性のうち、管理形態についてはかなり広い方面の問題に関連していると言わざるを得ない。

　そして現実に、乗用車課金等を定めた法律群は、乗用車課金そのものを中心課題とした法律群ではなく、連邦と州の関係を中心とする財政改革全般に関して、憲法（13項目及ぶ）と並ぶ広範囲な法律群の改正となっている。アウトバーンの委託行政の見直しは、その一構成要素なのである。これは連邦会計検査院も明確に認めているところである[20]。

　以上を背景に乗車課金の前提となる法形態は次のようになった[21]。

◆連邦アウトバーンの委託行政方式を連邦管理に変更（憲法改正）

　（連邦アウトバーン以外の連邦道路は、現行のままとする。ただし、2018年までに州からの申し出により連邦管理に移行することが可能。その移行は2021年から）

◆連邦道路の私法的処分を憲法明文で禁止

◆連邦長距離道路庁（Fernstraßenbundesamt）を設置

◆長距離道路会社を設立。同社の私法的処分を憲法で禁止

◆連邦管理への完全移行は2021年1月

　ここに設立が予定されている長距離道路管理会社と現VIFG社との関係については、改正VIFG社設置法に規定されており、それによればVIFG社が長距離道路管理会社にその業務を移転して合併するとされている。VIFG社から最近（2017年12月）に得た情報では、2017年の議会選挙後の連立政権樹立の難航により、長距離道路会社の具体的内容の検討が遅れているとのことである。

（訳者追記）

　ドイツ政府は2018年9月13日に政府100％出資［売却処分を不可とする］の長距離道路会社（Infrastrukturgesellschaft für Autobahnen und andere Bundesfernstraßen）を設立（本社ベルリン）した。これによりアウトバーンの計画、建設工事、管理、維持補修、資金調達並びに資産管理はすべて連邦の所管となる。会

---

20) Gutachten des Bundesbeauftragten für Wirtschaftlichkeit in der Verwaltung zu Organisationformen und Finanzierungsvarianten für die Bundesfernstraßen（April 2017）

21) 以下の記述は、Drucksache 18/11131, 11135, 11186,（Deutscher Bundestag 18. Periode）に依った。

補　説

社が全業務を開始するのは2021年1月からになる。将来的には、15,000名の職員、10の支店、41の現場事務所と多数の管理事務所とを擁するドイツ最大のインフラ管理会社となる。新会社役員は、当面、VIFG社の役員2名が兼務する。会社設立と併せ連邦交通デジタルインフラ省は、10月1日に連邦長距離道路庁をライプツィヒに設置した（以上連邦交通省記者発表資料（2018.9.13及び10.1）、組織配置図をp.348に掲載）。

（訳者補足）連邦長距離道路と需要計画について

◆連邦長距離道路の連邦アウトバーンと連邦道路との差異

　連邦長距離道路は日本の国道に相当し、高速道路に該当する連邦アウトバーンとそれ以外の国道に該当する連邦道路とからなる。「連邦アウトバーンは、高速車両に供するもので、立体交差をなし、出入りは特定のインターチェンジ（Anschlussstelle）に限られ、車線は方向別に分離されなければならない（連邦長距離道路法第1条第3項）。」その構造の違いは、基本的には本書（p.71）に掲載されている。この図面による限り、両道路の車線分離の有無がその相違の最たるものである。なお、連邦アウトバーンは、アウトバーンと表記されることもある。

　しかし、アウトバーンならぬ連邦道路においても、アウトバーンに類似した道路（以下「類似道路」と記載する。）が存在する。これは、最近の道路構造基準（Richtlinien für die Anlage von Autobahnen＝RAA 2008年）にも記載されている。それによれば、4車線（片側2車）の場合を例にとると、アウトバーンの車線幅が3.75mであるのに対して、類似道路では3.0m、同じく路肩幅は3.0mに対して2.5m等と規格が異なっている。こうしたことから、最近では、ドイツ本国でもネットで「アウトバーンと連邦道路の違いは何か？」との質問も一般の者から寄せられている。当該道路はアウトバーン類似（autobahnähnlilhce Straße）道路と呼ばれ、標識も地の色が通常のアウトバーンで用いられている青でなく黄色または白が用いられているという。こうした道路は、州でも建設されているようである。

◆『需要計画』

　需要計画を基本とする道路建設の流れを図表E（p.350）にまとめた。

　この「需要計画」の語はドイツ語のBedarfsplanの訳語（直訳）で、ドイツの道路計画に関する限りほぼ定訳となっている。しかし、日本語の語感として、そもそも需要は計画できるものではなく、訳語の違和感は拭えない。調べてみると、保険医の配置や救急車の配置といった検討に「需要計画」の記載がみられる。これからすれば、需要計画とは、社会が必要とする行政サービスに対する供給計画を指すことになる。つまり、「需要（予測）」に基づく「計画」なのである。したがって、日本語としては道路であれば素直に長期的必要延長とか予想必要延長といった訳語に改めてもよいかとも考えられる。

　p.119の図6−2（需要計画の比較図）は、将来的にどれだけ道路が必要だと考え（＝需要計画）これを年次ごとにどこまで満たしていったかを示しており、また、1981年には需要計画は据え置くが中止、つまり実行の対象として取り扱われなかったことが示されている。

347

需要計画そのものの取扱いについては、本書ではまとまった記述がないが、1957年の最初の整備計画の時から計画の前提とされており、1971からの整備計画では、法律の添付書類として取り扱われるようになった。1980年からは連邦交通網計画の「道路編」が需要計画として用いられるようになったとの記述もある（p.116-117）。なお、現行の需要計画は、連邦長距離道路整備法第5次変更法（2004年10月16日発効）に付属する計画である。

Quelle: BMVI（出典：連邦交通省）

訳者追記資料：長距離道路会社（IGA）と連邦長距離道路庁組織の全国配置図
（IGA＝アウトバーン及び他の連邦長距離道路のためのインフラ会社）
（口絵30頁参照）

348

補　説

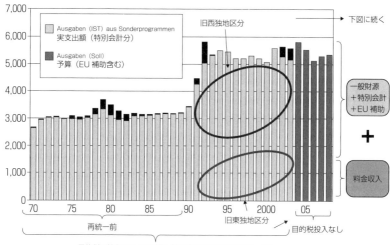

①2001-2003：「将来のための投資計画」による追力、②2005-2008：EUからの20億ユーロプロググラム、③2007-2010：ミッシングリンク対策及び渋滞対策プログラムの追力分（②③は本図では明示されていない）があり、2004年からは、料金収入が投入されている。
（以上原注による。ただし、②③に関する記述に作成年次によってその記載に相違がある。）

図表A　1970－2008年の連邦道路予算支出の推移

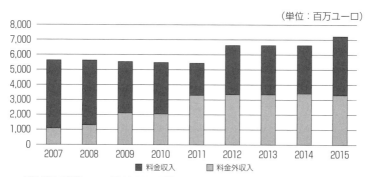

・2007-2013 は決算ベース、2014 と 2015 は予算ベース。
・2011年から料金収入はすべて道路に回されることになった。
・全体経費に占める料金の割合は、以前には2011年の形が想定されていたが、税収の割合が増加している。
・原資料の記述に微妙な相違があったため、上記のグラフは概数として理解されたい。
・ペルマン報告は、道路予算を料金に転換するとは言いながらも、料金収入が税収不足を超えた段階での減税を想定していることに注意する必要がある。料金と租税全体の負担の問題にも言及している（高速道路機構海外調査報告書 No.17 p.49-150, p.180 参照）

図表B　2007－2015　道路予算と料金収入の割合

349

		その他投資 (2016-2030) (改築と並行実施分を含む)	維持補修 (2016-2030)	改築・新設 (2016-2030) 着手済み等事業	改築・新設 新規事業 VBA/B-E	改築・新設 (2031以降) VBA/B-E 維持補修と同時実施
連邦道路	130.7	12.0	67.0	15.9	19.3	16.4
連邦鉄道	109.3	7.4	58.4	8.4	17.2	17.9
連邦水路	24.5	2.2	16.2	0.9	1.8	3.5
合　計	264.5	21.6	141.6	25.2	38.4	37.8

図表C　連邦交通網計画2030の全体経費（単位：10億ユーロ、同計画より抜粋）

同計画の最終的な目標＝旅客・貨物双方の円滑な交通の確保
　　　　　　　　これが基本的に優れた交通網に依存するという前提で、計画が組み立てられている。
　　　　　　　　具体的には：改築に重点を置き、ボトルネックの解消のためバイパスの建設に力を入れる。

事業の内容

	事業数	延長（km）
連邦アウトバーン（新規）	53	884
連邦アウトバーン（改築）＊	167	1,685
バイパス（連邦道路）	510	2.172
その他の連邦道路	180	1,337

＊大半は拡張

図表D　連邦交通網計画2030―その目標と実際の内容のポイント

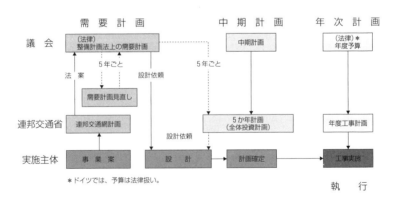

連邦交通網計画2030より。連邦交通網計画には、法的性格もなく資金計画もない。以上の形が整うのは1973年の連邦交通網計画以降である。本文 p.121も参照のこと。

図表E　ドイツの道路整備の流れ

補　説

◆「補説」参考文献

①高速道路機構海外調査シリーズ No.17

「ドイツにおける道路事業の PPP（その１）－ PPP 事業の概要とアウトバーン有料化関連『ペルマン委員会』最終報告書』－ p.15-16., 19, 132., 177

②「高速道路と自動車」（平成2014年６月号）

「ドイツにおける将来の高速道路財源をめぐって－『80代』を迎えたアウトバーン、維持管理の財源確保に向けて－」p.60

③高速道路機構海外調査シリーズ No.26

「交通インフラ財源の安定的確保を目指すドイツ」ドイツ・州交通大臣会議報告書（p.54以下では、道路建設財政法が道路財政法と訳されている。なお、同書 p.66-68, p175）

④高速道路機構海外調査シリーズ No.21

「ドイツにおける道路事業の PPP（その３）」－Ａ－モデル及びＦ－モデル事業に関する報告書－　p.131以下に「連邦長距離道路建設のための民間資金調達に関する法律」の邦訳を所収。

⑤高速道路機構海外調査シリーズ No.23

「ドイツにおける道路事業の PPP（その４）」－ PPP に関するドイツ会計検査院報告とリストマトリックスほか－　p.152以下に「連邦長距離道路料金法」（2013年７月現在）の邦訳を所収。なお第11条を参照。）

同法の基本的内容については、高速道路機構海外調査シリーズ No.17、p.15-16参照）

⑥「高速道路と自動車」（平成2015年7月号）「PPP 契約マネジメント等の実際」p.67

⑦高速道路機構海外調査シリーズ No.20

「ドイツにおける道路事業の PPP（その２）」－ PPP プロジェクト経済性調査指針・Ａ－モデル事業経済性調査指針－

（別表：数値は年頭のもの）

連邦長距離道路の延長の推移（新設・等級変更・計測変更による）

年	アウトバーン	対前年延伸	年平均延伸延長（10年）	連邦道路	対前年延伸	道路整備法令	実施計画
						整備法令・実施計画対応期間	（単位：km）
1950	2,128.0			24,349.4		以下に記す整備計画等については、p.55-56	
1951	2,128.0	0.0		24,327.4	-22.0	コラム4を参照。	
1952	2.128.0	0.0		24.327.4	0.0		
1953	2,131.3	3.3		24,250.4	-77.0		
1954	2.163.0	31.7		24.267.7	17.3		
1955	2,186.6	23.6	42.3	24,474.1	206.4		
1956	2,186.6	0.0		24,553.5	79.4		
1957	2,261.0	74.4		24,481.8	-71.7		
1958	2,272.2	11.2		24,480.2	-1.6		
1959	2,420.0	147.8		24,508.3	28.1	1957年	第1次4ヵ年計画
1960	2,551.2	131.2		24,950.9	442.6	道路整備計画	
1961	2,670.6	119.4		25,262.2	311.3		
1962	2,830.4	159.8		28,014.3	2,752.1		
1963	2,935.8	105.4		29,206.1	1,191.8		第2次4ヵ年計画
1964	3,076.9	141.1		29,586.4	380.3		
1965	3,204.3	127.4	144.0	29,906.9	320.5		
1966	3.371.5	167 2		30,516.1	609.2		
1967	3.508.4	136 9		31,418.4	902.3		第3次4ヵ年計画
1968	3,616.6	108.2		31,986.8	568.4		
1969	3,966.6	350.0		32,047.7	60.9		
1970	4,110.3	143.7		32,205.0	157.3		
1971	4,460.6	350.3		32,465.3	260.3	1971年	第1次5ヵ年計画
1972	4,827.8	367.2		32,590.4	125.1	連邦長距離道路整備法	
1973	5,258.3	430.5		32,696.0	105.6	（第1次需要計画）	
1974	5,481.0	222.7		32,703.0	7.0		
1975	5,741.8	260.8	283.1	32,594.0	-109.0		
1976	6,207.0	465.2		32,518.0	-76.0	1976年	第2次5ヵ年計画
1977	6,434.5	227.5		32,460.0	-58.0	連邦長距離道路整備法	
1978	6,711.0	276.5		32,292.0	-168.0	（第2次需要計画）	
1979	7,029.0	318.0		32,252.0	-40.0		
1980	7,292.0	263.0		32,248.0	-4.0		
1981	7,539.0	247.0		32,558.0	310.0	1980年	第3次5ヵ年計画
1982	7,806.0	267.0		32,356.0	-202.0	連邦長距離道路整備法	
1983	7,919.0	113.0		32,239.0	-117.0	（第3次需要計画）	
1984	8,080.0	161.0		31,553.0	-686.0		
1985	8,198.0	118.0	128.3	31,485.0	-68.0		
1986	8,350.0	152.0		31,372.0	-113.0	1986年	第4次5ヵ年計画
1987	8.437.0	118.0		31.368.0	-40	連邦長距離道路整備法	
1988	8,618.0	181.0		31,196.0	-172.0	（第4次需要計画）	
1989	8,721.0	103.0		31,108.0	-88.0		
1990	8,822.0	101.0		31,063.0	-45.0		
1991	10,854.4			42,554.0		1991年以降、旧東ドイツ分のデータが加算さ	
1992	10,995.0	101.0.		42,123.0	-431.0	れている。	
1993	11,013.0	58.0		42,169.0	46.0	1993年	第5次5ヵ年計画
1994	11,080.0	67.0		41,995.0	-174.0	連邦長距離道路整備法	（2000年までの計画
1995	11,143.0	63.0	66.1	41,770.0	-225.0	（第5次需要計画）	も追加）
1996	11,190.0	47.0		41,729.0	-41.0		
1997	11,246.0	56.0		41,487.0	-213.0		

補　説

年	アウトバーン	対前年延伸	年平均延伸延長(10年)	連邦道路	対前年延伸	整備法令・実施計画対応期間 （単位：km）
						道路整備法令　　　　実施計画
1998	11,309.0	63.0		41,419.0	-68.0	
1999	11,427.0	118.0		41,386.0	-33.0	1999－2000年：投資計画・道路の部
2000	11,515.0	88.0		41,321.0	-65.0	
2001	11,712.0	197.0		41,282.0	-39.0	2001-2003年将来のための投資計画・道路の
2002	11,786.0	74.0		41,228.0	-54.0	部
2003	12,037.0	251.0		41,246.0	18.0	
2004	12,044.0	7.0		41,139.0	-107.0	2003-2007渋滞対策事業・道路の部
2005	12,174.0	130.0	110.1	40,969.0	-170.0	
2006	12,363.0	189.0		40,983.0	14.0	
2007	12,531.0	168.0		40,711.0	-272.0	
2008	12,594.0	63.0		40,416.0	-295.0	
2009	12,718.0	124.0		40,203.0	-213.0	
2010	12,813.0	95.0		39,887.0	-316.0	
2011	12,819.0	6.0		39,710.0	-177.0	原著述対象外
2012	12,845.0	26.0		39,673.0	-37.0	
2013	12.879.0	34.0		39.604.0	-690	
2014	12,917.0	38.0		39,389.0	-215.0	
2015	12,949.0	32.0		38,917.0	-472.0	

連邦交通投資報告書（Verkehrsinvestitionsbericht）を基に作成。前年との差に一部相違があるが
原文のまま。

本表のデータと本文で言及されている道路延長との差異については、「＊道路延長データについ
て」（xviii）を参照のこと。

353

(参考)

外国為替邦貨換算額 （1950-2000）

年	通過	基準相場 米ドル（1ドルにつき円）	ユーロ （1ユーロにつき円）	ドイツ・マルク （1マルクにつき円）
昭和25年	1950	360.00	—	—
26	1951	360.00	—	—
27	1952	360.00	—	—
28	1953	360.00	—	—
29	1954	360.00	—	・—
30	1955	360.00	—	86.14
31	1956	360.00	—	85.72
32	1957	360.00	—	85.72
33	1958	360.00	—	85.72
34	1959	360.00	—	85.72
35	1960	360.00	—	85.72
36	1961	360.00	—	90.00
37	1962	360.00	—	90.00
38	1963	360.00	—	90.00
39	1964	360.00	—	90.00
40	1965	360.00	—	90.00
41	1966	360.00	—	90.00
42	1967	360.00	—	90.00
43	1968	360.00	—	90.00
44	1969	360.00	—	98.36
45	1970	360.00	—	98.36
46	1971	308.00	—	95.58
47	1972	308.00	—	95.58
48	1973	308.00	—	103.57
49	1974	308.00	—	124.80
50	1975	308.00	—	116.52
51	1976	308.00	—	124.12
52	1977	308.00	—	114.42
53	1978	234.00	—	107.03
54	1979	206.00	—	138.88
55	1980	242.00	—	102.84
56	1981	210.00	—	97.97
57	1982	233.00	—	98.88
58	1983	237.00	—	85.13
59	1984	231.00	—	79.59
60	1985	254.00	—	82.14
61	1986	185.00	—	83.32
62	1987	151.00	—	78.32
63	1988	127.00	—	71.14
平成元年	1989	130.00	171.02	84.78
2	1990	150.00	183.69	90.13
3	1991	135.00	167.88	82.50
4	1992	130.00	151.06	76.98
5	1993	118.00	124.79	64.35
6	1994	107.00	122.68	64.37
7	1995	93.00	135.14	71.58
8	1996	106.00	145.35	75.25
9	1997	120.00	143.49	72.24
10	1998	130.00	132.80	69.45
11	1999	118.00	102.92	—
12	2000	106.00	107.87	—

補　説

（訳者補足）交通財源関連のドイツ法令名の邦訳について

　交通財源に関するドイツの法律の邦訳は、定訳が存在するとは言いにくい状況です。

　そのいずれにも -finanzierungsgesetz という語句が付加付されています。これは資金の手当に関する法律であることを示すものです。法律それぞれについて、個別の名称にこの語句を付加した法律名が与えられているわけです。その中には実質的に補助であるケースもあります。そこで実態を見て訳し分けることも考えられます。

　しかし、このような名称の法令は、一定の税収入を直接交通財源とする根拠とされるせよ、あるいは、連邦から地方に資金を流す根拠とされるものであるにせよ、交通関係資金の財政上の取扱い（租税財源とその配分）を定めたという点で変わるところはありません。そこで、本書ではこうした法令は一律に「○○財政法」の訳語を当てることにしました。

　そこで「道路建設助成法」と訳されることのあった法令名を道路建設財政法とし、また、あわせて、「市町村」、「自治体」の語を「地方」に統一し、「市町村交通インフラ助成法」、「自治体交通財政法」等と訳されることのあった法令は「地方交通財政法」の訳語を当てることにしました。

　もっとも「長距離道路建設のための民間資金調達に関する法律」は、租税ではない通行料金の徴収を実施し、その資金を用いて道路新設等を行うことを主眼とする法律です。上記諸法令のように租税収入をどのように配分するかが主題なのではなく、民間事業者が民間セクターから資金を得ることに主眼がある法律ですので、「資金調達」の邦語をあてています。同法令の邦訳は、参考文献④（p.351）に所収されています。

索　引

「補説」については、本文に掲載がないか、説明の少ない主要事項についてのみページを掲載しています。

あ行

アウトバーン建設コンビナート（ABK）　169
［連邦］アウトバーンと連邦道路の差異（訳者補足）　347, 348
アウトバーンのシステム　21
アウトバーン連結箇所にかかる工事に関する当面の基本方針　70
アジェンダ2000　311
アデナウアー　6, 9
アルコール摂取限度（血中濃度限度）　124, 282
一般標準速度　125
オイルショック　120, 145
欧州横断交通網（TEN-T）　247
欧州横断道路網（TERN）　247
欧州横断道路網の拡大（TINA）　251-257
欧州横断ネットワーク（TEN）　247, 250
欧州交通大臣会議　235
欧州道路　33
欧州の交通政策と国連　233
横断構造に関する指針（RAL-Q74）　99
汚職防止に関連する規定等　265, 266

か行

影の予算　54
貨物運送法（Güterverkehrsgesetz）　48
仮免許　155, 282
環境［への］影響［評価］　117, 134, 135, 163, 164
環境に適合した道路計画と指針並びに市民参加　226-230
環境保護運動　136, 137
環境保全（1930-1940）　13
完全性の原則　54
基幹道路網　59, 60
危険物（EUでの取り扱い、1994.11）　220

危険物（再統一の際の東西ドイツ間協議）　220
危険物に関する規定整備　20, 21
危険物の国際路上輸送に関する欧州条約　43, 95, 96
危険物輸送車用ルートマップ　157
危険物輸送に関する法律　127
機能型建設契約（Funktionsbauvertrag）　266
救急用ヘリコプター　125, 126
休憩施設の民営化　208-212
グリーンウェーブ　128,129
クロソイド曲線　22
計画策定の促進と簡素化　193, 194
計画への市民の参加　140, 141
景観保全　75, 105, 118, 136, 161, 163, 227
ゲーテ　1, 329, 335
建設工事入札規則（VOB）　121
建設工事に関する入札規則　A編（VOA/A）　263
建設工事に関する入札規則　B編（VOA/B）　263
建設工事に関する入札規則　C編（VOA/C）　263
鉱油税　48, 50, 53, 57, 60, 79, 80, 87, 111, 197, 198, 205, 206
公共事業協会　54
工事請負規則（1926）　10
交通安全関係重要法規一覧　282
交通違反者登録　67
交通インフラ必要性評価（TINA）　252
交通稀少非分断空間（UZVR）　148
交通協定（東西ドイツ間協定、1972）　186
交通計画の手引き（1985）　128
交通財政法（Verkehrsfinanzgesetz）　39, 49, 50, 53-55, 57, 60, 79
交通モードの組合せ　292, 293
5カ年計画　56
国土利用・形成計画　23, 43, 72, 104, 131, 162

357

国土利用・形成計画担当大臣会議（MKRO）
　73
国土利用・形成計画に関する専門委員会
　（SARO）　73
国土利用・形成計画に関する専門委員会報
　告（SARO-Gutachten）　101
国土利用・形成計画法　102
国立道路管理会社（SSUB）　168
国連欧州経済委員会　33
国家道路計画（1952）　39
国家道路工事監督局（SBA）　168
国家道路自動車交通総局　167
コンテナ輸送　292

さ行

最高速度の制限　125
シートベルト　113, 124
資源の持続的利用　74
実験された料金システムの仕様（表）　207
自動車教習　156
自動車交通実験線（AVUS）　4
自動車税と環境基準　195-198
自動車道路研究会（STUFA）　5-7, 13, 14
州道の整備に関する暫定指針（（RAL [19]37）
　10, 21
需要計画　55, 82, 114-121
需要計画（訳者補足）　347, 348
小規模交通改革　50
乗用車課金（アウトバーン）　344-347
将来のための投資計画（ZIP）　56, 110, 116,
　119, 152, 204
スパイクタイヤ　89
西欧道路理事会　254
整備計画（Ausbauprogramm）　52-61
整備計画（新）　80, 82, 85, 86
整備計画（最初の）　81
整備計画［法］（1971）　114, 202
世界道路会議　171
線形に関する指針（RAL-L-1=73）　99
戦後西ドイツの交通政策の基本的観点　233
総合交通計画（KIP, 1977）　116, 117
総合交通計画に関する包括指針（1979、
　RaRiGVP）　128
走行速度　129, 130
促進法（Beschleuinigungsgesetz）　144
速度制限　126

た行

対距離課金　341, 342
対距離料金　205-208
第1次5カ年計画　56, 114
第2次5カ年計画　56, 115, 116
第3次5カ年計画　56, 119, 120
第4次5カ年計画　56, 152
第5次5カ年計画　56, 339
タンク・アンド・ラスト（＝給油・休憩）社
　（Tank & Rast）　210
地域通過区間（1934）　12
地域通過区間（1953）　30
地域通過区間（1961）　51, 62
地域通過区間（1974）　112
地域通過道路に関する指針（1937）　21
地方交通財政法　70, 87, 88, 111
地方自治体の交通事情改善に向けた手法に
　関する専門委員会報告書　98
中央交通登録書（VZR）　66, 67
長距離道路建設のための民間資金調達に関
　する法律（→PPP）　206, 207
長距離道路会社（アウトバーン及びその
　他の連邦道路のためのインフラ会社）
　346, 347
長距離道路路線図（1930）　5, 7, 8
通過協定（1971、東西ドイツ間協定）　185
積み残し工事　205, 342
帝国アウトバーン（企業名）　9
帝国アウトバーン工事指示書―設計原則
　（BAURAB TG, 1942）　22
テレマティックス　224, 225, 296-300
ドイツ交通安全会議　93
ドイツ交通安全協会　94
［ドイツ］統一契約　87, 194
ドイツ統一交通プロジェクト（VED）　198-
　201
ドイツ統一長距離道路計画建設会社（DEGES）
　199
ドイツ道路建設連合会　5, 6
統一交通政策マスタープラン　236
［オートバイ利用者のための]等級別免許　155
道路貨物輸送の欧州域内市場　240
道路研究会（FGS）　7, 9, 13, 19
道路研究会（FGS, 1947）　9, 19, 99. 134
道路建設財政法　54, 57, 60, 62
道路建設人民公社　169
道路建設費負担者（連邦長距離道路）　30
道路工事における植栽に関する指針　105

索　引

道路工事の現況と課題（会議名）　171
道路構造物マネジメントシステム　278
道路交通規則（1971）　91
道路資産価値と保全　213-218
道路施設に関する指針（RAS, 1980年代）　23
道路情報データベース　278
道路総監　7, 9, 11, 13, 15, 18, 32
道路等級（1934）　11
道路特定財源　57
道路の接続機能と道路のカテゴリーのマトリックス（図）　160
道路負荷軽減法（案）（Straßenentlastungsgesetz）　48, 50
道路網の保全　146-152
道路利用料金（帝国アウトバーン）　11, 344
道路利用料の徴収（1990年代）　195
都市建設促進法　101
都市内道路施設に関する指針（RAST, 1944）　23
都市内道路に関する指針（RAST-L-68, RAST-Q-68）　100
トット契約　15

は行

排気ガス調査　129
ハフラバ（HAFRABA＝ハンザ諸都市－フランクフルト－バーゼル自動車道　5
準備協会
ヒトラー　6, 9
ビニェット方式による料金　195
PPP（→長距離道路建設のための民間資金調達に関する法律）　340, 341
標準横断図（連邦長距離道路、1972）　71
ブキャナン報告書（英国、1963）　98
付帯施設会社（GfN）　210
ブルーネットワーク　58, 59
ペルマン委員会　306, 341

ま行

マーストリヒト条約　236, 243
水管理法　133
3つのF　22
民営化　203
民間先行投資方式　206
無鉛ガソリンに関する法律　105
森の枯死　129

や行

4カ年計画　55, 56
4＋0，3＋1　工事方式　89

ら行

立体交差による道路接続の設計指針（RAL-K-2=76）　100
レーバープラン　77-79
瀝青　65, 176, 177
連帯協定　305
連邦アウトバーンとその他の連邦長距離道路と財産上の法的関係に関する法律（1951）　26
連邦アウトバーンの横断構成に関する指示書（BBA-Q-55）　70
連邦委託行政　28
連邦建設法　101
連邦公害防止法　133
連邦交通省（組織）　25-27
連邦交通網計画　55, 56, 79, 121
［ドイツ統一と］連邦交通網計画　306
連邦交通網計画（1973）　109, 111, 116, 117
連邦交通網計画（1980）　117, 139
連邦交通網計画（1985）　150, 151
連邦交通網計画（1992）　189, 202, 203, 304
連邦交通網計画（2003）　339
連邦交通網計画（2030）　339, 343, 350
連邦交通網総合投資計画（KIP, 1977）　109
連邦自然保護法　133
連邦道路研究所　29, 34, 35, 96, 97, 178, 278
［連邦］道路建設研究所　19, 96
連邦長距離道路庁　346-348
連邦長距離道路（交通インフラ）融資会社（VIFG）　306, 341, 345, 346
連邦長距離道路整備計画（1961, 図面）　58
連邦長距離道路整備計画（1959-1970）　55
［連邦］長距離道路整備法（Fernstraßenausbaugesetz）　56, 117, 203
連邦長距離道路法（Bundesfenstraßengesetz,1953）　30, 32
連邦長距離道路法（1961）　51, 62
連邦長距離道路法（1974）　112
連邦長距離道路料金法（Bundesfernstraßenmautgesetz）　341, 351
連立政権協定　343
ローマ条約　233

359

路面舗装の全国標準（1966）　213

わ行

ワイマール公国　1
ワイマール共和国　4

【監修者】

杉山　雅洋

流通経済大学理事・早稲田大学名誉教授
主たる著書（共著含む）として
「西ドイツ交通政策研究」（1985.4 成文堂）
「交通・情報通信」（（事典現代のドイツ）1998.6 大修館書店）
「わが国における道路政策の在り方に関する研究」（2004.1 道路経済研究所）
「日本の交通政策」（2015.6 成文堂）等がある。

【訳　者】

中田　勉

公益財団法人　高速道路調査会前審議役兼総務部長
現ハイウェイ・トール・システム株式会社監査役

本書は、2017年3月に公益財団法人　高速道路調査会から翻訳発行された
「ドイツの道路50年−その回顧　1949〜1999」に加筆訂正し、表題を「アウト
バーンの歴史−その前史から21世紀まで−」として刊行するものです。

本書の正確な内容はもっぱらドイツ語原テキストによります。

アウトバーンの歴史
─その前史から21世紀まで─

発行日　2019年2月21日　初版発行

編　者　ドイツ連邦共和国交通省

監　修　杉　山　雅　洋

訳・著　中　田　　勉

発行者　野　尻　俊　明

発行所　流通経済大学出版会
　　　　〒301−8555　茨城県龍ヶ崎市120
　　　　電話　0297−60−1167　FAX　0297−60−1165

ⒸMasahiro Sugiyama, Tsutomu Nakada, 2019
Printed in Japan/アベル社
ISBN978−4−947553−79−9 C3022 ¥3300E

無断複製・転載を禁ず